COLEÇÃO FILOSOFIA — 37

COLEÇÃO FILOSOFIA

1. *Para ler a Fenomenologia do Espírito*, 2ª ed.
   Paulo Meneses
2. *A vereda mágica do Grande Sertão: Veredas*
   Sonia M. V. Andrade
3. *Escritos de filosofia I*
   Henrique C. de Lima Vaz
4. *Marx e a natureza em O Capital*, 2ª ed.
   Rodrigo A. P. Duarte
5. *Marxismo e liberdade*
   Luiz Bicca
6. *Filosofia e violência*
   Marcelo Perine
7. *Cultura do simulacro*
   Hygina B. de Melo
8. *Escritos de filosofia II: Ética e cultura*, 2ª ed.
   Henrique C. de Lima Vaz
9. *Filosofia do mundo*
   Filippo Selvagi
10. *O conceito de religião em Hegel*
    Marcelo F. de Aquino
11. *Filosofia e método no segundo Wittgenstein*
    Werner Spaniol
12. *A filosofia na crise da modernidade*, 2ª ed.
    Manfredo A. Oliveira
13. *Filosofia política*
    Eric Weil
14. *O caminho poético de Parmênides*
    Marcelo Pimenta Marques
15. *Antropologia filosófica I*, 3ª ed.
    Henrique C. de Lima Vaz
16. *Religião e história em Kant*
    Francisco J. Herrero
17. *Justiça de quem? Qual racionalidade?*
    Alasdair MacIntyre
18. *O grau zero do conhecimento*
    Ivan Domingues
19. *Maquiavel republicano*
    Newton Bignotto
20. *Moral e história em John Locke*
    Edgar J. Jorge Filho
21. *Estudos de filosofia da cultura*
    Regis de Morais
22. *Antropologia Filosófica II*, 2ª ed.
    Henrique C. de Lima Vaz
23. *Evidência e verdade no sistema cartesiano*
    Raul Landim Filho
24. *Arte e verdade*
    Maria José Rago Campos
25. *Descartes e sua concepção de homem*
    Jordino Marques
26. *Ética e sociabilidade*
    Manfredo A. de Oliveira
27. *A gênese da ontologia fundamental de M. Heidegger*
    João A. A. Mac Dowell
28. *Ética e racionalidade moderna*
    Manfredo A. de Oliveira
29. *Mímesis e racionalidade*
    Rodrigo Antonio de Paiva Duarte
30. *Trabalho e riqueza na Fenomenologia do Espírito de Hegel*
    José Henrique Santos
31. *Bergson: intuição e discurso filosófico*
    Franklin Leopoldo e Silva
32. *O ceticismo de Hume*
    Plínio Junqueira Smith
33. *Da riqueza das nações à ciência das riquezas*
    Renato Caporali Cordeiro
34. *A liberdade esquecida*
    Mª do Carmo Bettencourt de Faria
35. *Hermenêutica e psicanálise na obra de Paul Ricoeur*
    Sérgio de Gouvêa Franco
36. *A idéia de justiça em Hegel*
    Joaquim Carlos Salgado
37. *Religião e modernidade em Habermas*
    Luiz Bernardo Leite Araújo

LUIZ BERNARDO LEITE ARAÚJO

RELIGIÃO E MODERNIDADE EM
HABERMAS

Edições Loyola

Filosofia
Coleção dirigida pela Faculdade de Filosofia do Centro de Estudos
Superiores da Companhia de Jesus
Diretor: Marcelo F. Aquino, SJ
Co-Diretores: Henrique C. Lima Vaz, SJ e Danilo Mondoni, SJ
Instituto Santo Inácio
Av. Cristiano Guimarães, 2127 (Planalto)
31720-300 Belo Horizonte, MG

Dados Internacionais de Catalogação na Publicação (CIP)
(Câmara Brasileira do Livro, SP, Brasil)

Araújo, Luiz Bernardo Leite
Religião e modernidade em Habermas / Luiz Bernardo Leite Araújo. — São Paulo : Loyola, 1996. — (Coleção filosofia; 37)

Bibliografia.
ISBN 85-15-01259-6

1. Filosofia e religião 2. Filosofia moderna - Século 20 3. Habermas, Jürgen, 1929- 4. Mito 5. Religião e sociologia I. Título. II. Série.

96–0468 CDD–193

Índices para catálogo sistemático:

1. Habermas : Religião e modernidade : Filosofia alemã 193

Edições Loyola
Rua 1822 nº 347 — Ipiranga
04216-000 São Paulo — SP
Caixa Postal 42.335
04299-970 São Paulo — SP
✆ (011) 914-1922
FAX: (011) 63-4275

Todos os direitos reservados. Nenhuma parte desta obra pode ser reproduzida ou transmitida por qualquer forma e/ou quaisquer meios (eletrônico, ou mecânico, incluindo fotocópia e gravação) ou arquivada em qualquer sistema ou banco de dados sem permissão escrita da Editora.

ISBN: 85-15-01259-6

© EDIÇÕES LOYOLA, São Paulo, Brasil, 1996.

Para Teresa Cristina,
Ana Beatriz e Bernardo José.
Com amor e reconhecimento.

ÍNDICE

APRESENTAÇÃO 9

PRIMEIRA PARTE

Introdução 15

Capítulo I – Religião, legitimação e evolução 17
  1.1. Considerações iniciais sobre a obra habermasiana . 17
  1.2. Trabalho e interação: um novo quadro conceitual .. 24
  1.3. A religião e a lógica da evolução social 40

Capítulo II – Mito, religião e razão moderna 61
  2.1. Introdução ao tema da razão comunicativa 61
  2.2. O pensamento mítico e
      a interpretação moderna do mundo 71
  2.3. Considerações intermediárias
      sobre a ética discursiva 89

SEGUNDA PARTE

Introdução 109

Capítulo III – Racionalização e desencantamento 111
  3.1. A teoria da religião:
      eixo de leitura da obra weberiana 111
  3.2. Racionalidade e ação: de Weber a Habermas 118
  3.3. A racionalização das imagens de mundo 130

Capítulo IV – Sociedade moderna e futuro da religião 145
    4.1. Mundo vivido e "verbalização" do sagrado 145
    4.2. A modernidade: um projeto inacabado 171
    4.3. Considerações finais sobre a religião em Habermas   189

Bibliografia
    I. Obras de Habermas (citadas) 203
    II. Obras sobre Habermas 205
    III. Outras obras (seleção) 209

APRESENTAÇÃO

Jürgen Habermas, filósofo e sociólogo alemão, é tido como um dos mais importantes pensadores da atualidade. Seus escritos transcendem amplamente o marco de disciplinas particulares, bem como o contexto de formas concretas de vida. Os incontáveis estudos sobre sua teoria do agir comunicativo atestam que a obra habermasiana suscita uma atenção que só se presta a raros pensadores capazes de elaborar uma síntese original e plena de criatividade.

Como todos os ambiciosos projetos teóricos, sua teoria da comunicação divide os espíritos, gerando comentários opostos. Nossa pesquisa, concebida inicialmente num eixo mais amplo, rendeu-se à evidência de que o pensamento de Habermas merecia enfoque exclusivo. Lê-lo implica levar em conta vários movimentos intelectuais, forjados em contextos heterogêneos. Sua teoria representa uma das melhores fontes de inspiração na reflexão acerca de nosso tempo, tanto pelas questões levantadas quanto pelas respostas dadas.

Entretanto, por mais importante que seja um pensador, é normal que se penetre em seu universo teórico a partir de um feixe de temas e de questões que previamente interessam ao estudioso. Neste sentido — e por mais irônico que possa parecê-lo numa obra que trata, do princípio ao fim, do pensamento habermasiano —, o problema de nossa relação com a tradição religiosa dentro do quadro da modernidade ocidental representa um *actus primus* deste estudo. Na medida em que a teoria do agir comunicativo demonstrou ser importante, e até mesmo vital, para compreender, e também para retomar sob nova e mais elaborada forma, aquela complexa relação, passamos a dar ao pensamento de Habermas um lugar central no conjunto da pesquisa.

No intuito de explicitar o conteúdo que o título deste livro estiliza, dir-se-ia que se trata aqui de sistematizar a "teoria crítica da religião" de Habermas. Fala-se em sistematização porque o tema da religião não recebe um tratamento específico por parte deste autor, encontrando-se disperso nos meandros de seus escritos. Não constitui, portanto, um *corpus* sólido, fechado e conclusivo. Assim sendo, foi nossa tarefa primordial tornar explícito e coerente, lógico e compreensível, um tema implícito (porém suficientemente elaborado) e marginal (mas não necessariamente decorativo) no conjunto da obra — vale dizer, prolífera — de Habermas.

Evidentemente, o fato de tomar a via mencionada obrigou-nos a propor uma espécie de apresentação geral do projeto teórico de Habermas. Nesta ótica, estimamos que nossa exposição, independente do tema tratado, poderá servir aos que buscam uma introdução aos eixos norteadores de sua teoria do agir comunicativo. A teoria habermasiana da religião, devido às razões aludidas, é apresentada numa dupla conexão: primeiro, com outros temas fundamentais de sua produção; segundo, com as releituras feitas por Habermas das teorias clássicas sobre o fenômeno religioso nos campos da antropologia cultural, da sociologia e da filosofia. Eis aqui um aspecto metodológico fundamental do estudo: não se caracteriza jamais, em momento algum, a *Religionstheorie* de Habermas como um aspecto isolado do conjunto de sua obra.

Este trabalho foi escrito originalmente em língua francesa, como tese doutoral defendida junto ao "Instituto Superior de Filosofia" da *Université Catholique de Louvain*, Bélgica, em 1991. Ao traduzi-lo, suprimimos diversas passagens e modificamos algumas outras, a fim de tornar mais amena a leitura. Teria sido por demais oneroso buscar para cada autor citado uma eventual versão portuguesa. Tal empreitada ficou restrita às obras de Habermas editadas em nosso vernáculo, conforme abreviações encontradas logo no início do primeiro capítulo.

*** *** ***

Gostaríamos de expressar alguns agradecimentos. Inicialmente, ao Prof. André Berten, orientador do trabalho, que demonstrou enorme competência não apenas no trato da obra habermasiana mas também do tema em questão. A ele agradecemos os conselhos e a amizade (extensiva à família, que se tornou nossa no *séjour* europeu de quatro anos). Que seja aqui registrada a honra pela interlocução permanente e pela presença na banca do Prof. Jean Ladrière, cuja inteligência de filósofo só se equivale à modéstia de sábio. Agradecemos também aos colegas do *Centre de Philosophie du Droit* e do *Séminaire de Philosophie en Amérique Latine* pelos valiosos encontros que permitiram refinar nossos conhecimentos.

Este livro contou com o apoio indispensável do CNPq, organismo ao qual agradecemos a bolsa de Pesquisa no marco do projeto intitulado *Modernidade, Razão Comunicativa e Religião*. Recordamos, em nota sentimental conclusiva, a passagem do décimo ano de falecimento de nosso saudoso pai, Geraldo Alves de Araújo.

PRIMEIRA PARTE

INTRODUÇÃO

A primeira parte de nosso estudo está dedicada, em linhas gerais, à teoria habermasiana da evolução social, eixo primário sobre o qual repousa sua *Religionstheorie*. Tendo adquirido contorno maduro durante a década de setenta, tal teoria evolucionária representa o modelo de uma reconstrução pragmática da racionalidade, assinalada por Habermas nos momentos capitais de seu trajeto teórico. Devido ao seu enraizamento na estrutura universal do mundo vivido — cuja racionalização é apreendida com base na reconstrução da lógica da evolução social por meio do paradigma do agir comunicativo —, a religião ocupa, apesar da ausência de um tratamento sistemático, um lugar importante no conjunto da obra habermasiana.

O primeiro capítulo, que se inicia com breves notas biobibliográficas e uma periodização meramente pedagógica da obra habermasiana, gira em torno da produção teórica do "jovem" Habermas. Nele traçamos um esboço do quadro conceitual elaborado por Habermas a partir de uma nova leitura da *Filosofia do espírito*, do jovem Hegel. Da tipologia das sociedades, proposta com base na dualidade entre trabalho e interação, emerge a recorrente interpretação habermasiana do fenômeno religioso sob a ótica da legitimação social. Tal visão se prolonga na reconstrução do materialismo histórico, cujo projeto, de cunho programático, permite reconhecer, numa etapa seguinte, os aspectos pertinentes da perspectiva evolucionária de sua teoria da religião. Estes aspectos, como veremos oportunamente, continuam presentes na obra "madura" de nosso autor, sob o tríplice registro das teorias da racionalidade, da sociedade e da modernidade, que constituem temas interconectados da teoria do agir comunicativo.

O segundo capítulo já enfoca a obra magna de Habermas, particularmente o imenso capítulo introdutório sobre a questão da racionalidade, de extrema importância para nossa pesquisa. Tal como na análise weberiana, as imagens religiosas de mundo possuem relevância heurística na teoria social de Habermas. Elas representam, por assim dizer, um enorme espelho no qual a compreensão moderna de mundo se reconhece e se manifesta. Daí que Habermas introduza a problemática da racionalidade sob enfoque comparativo entre as visões modernas e pré-modernas de mundo, a partir do qual tece seu conceito de razão comunicativa e sua embrionária teoria do mito. Por outro lado, no ilustrativo debate da antropologia cultural Habermas deixa patente sua posição universalista baseada no modelo discursivo de racionalidade.

Ora, tal universalismo crítico da razão comunicativa abre caminho para nossas considerações intermediárias acerca da ética discursiva, ao final da primeira parte do trabalho. O universalismo, o formalismo e o cognitivismo constituem, como se sabe, os traços principais da *Diskursethik*, a qual, na esteira de Kant, define-se como teoria pós-convencional da moral. Trata-se, por isso mesmo, de uma ética da responsabilidade solidária ou ainda de uma ética da fraternidade de caráter secular.

Capítulo I

RELIGIÃO, LEGITIMAÇÃO E EVOLUÇÃO

1.1. Considerações iniciais sobre a obra habermasiana

Habermas é um autor que permite várias leituras, mercê da habilidade com que navega de uma tradição a outra das ciências humanas e sociais. Seu método reconstrutivo é marcado por uma apropriação sistemática de múltiplas teorias com base na mudança de paradigma representada pelo conceito de agir comunicativo, a *clef de voûte* de seu pensamento. Mas se a citada habilidade gera fascínio, por vezes provoca o sentimento de impenetrabilidade. Acusado de ecletismo e de hermetismo, o pensamento de Habermas se caracteriza pela adição e integração de aspectos teóricos provenientes de inúmeras tradições de pesquisa. Assim, os temas principais do *opus habermasiano* se desenvolvem a partir de hipóteses primárias que, após amplo e sinuoso percurso, recebem um contorno sistemático. A noção de agir comunicativo representa, em todo caso, o eixo de leitura da obra de Habermas, seu ponto de unidade e seu fio de continuidade. Ela permite elaborar um conceito formal de *racionalidade* apropriado ao horizonte da *modernidade*, bem como fundamentar uma teoria da *sociedade* baseada em tal conceito de razão. Vejamos, em breves notas, seu percurso, assinalando nele as principais obras[1].

---

1. As breves notas biobibliográficas são parcialmente extraídas de nosso recente artigo "Razão comunicativa", in: HÜHNE, Leda M. (Org.). *Razões*. Rio de Janeiro, UAPÊ/SEAF, 1994, pp. 139-155.

Nascido em 1929 em Düsseldorf, Habermas fez os estudos universitários em Zurich, Göttingen e Bonn. Do ponto de vista acadêmico, formou-se, como diz, "num contexto provinciano... no mundo da filosofia alemã, sob a forma de um neokantismo declinante, da escola histórica alemã, da fenomenologia e também da antropologia filosófica"[2]. Em 1954, Habermas defendeu sua tese de doutorado sobre Schelling[3]. Dois anos depois, com apenas vinte e sete anos de idade, tornou-se assistente de Adorno na Universidade de Frankfurt, onde trabalhou até 1959. Neste período, demonstrou vários interesses, seja por pesquisas empíricas sobre comunicação de massa e sociologia política, seja por estudos sobre o marxismo (Marx, Lukács, Bloch, etc.), a teoria crítica da Escola de Frankfurt e os clássicos das ciências sociais (Weber e Durkheim em particular). Os dois primeiros livros de Habermas — *Mudança estrutural da esfera pública* (**MEP**)[4], de 1962, e *Teoria e Prática* (**TP**)[5], de 1963 — cristalizam o que designa como a "tentativa de prosseguir o marxismo hegeliano e weberiano dos anos vinte com outros meios", experiência que lhe deu a sensação de uma evolução "para horizontes de experiência diferentes e decididamente mais amplos"[6], livres do provincianismo e do idealismo. O primeiro livro é fruto de uma tese de livre-docência em sociologia defendida na Universidade de Marburg.

De 1961 a 1964, Habermas trabalhou como professor de filosofia em Heidelberg, regressando então a Frankfurt para ocupar a cadeira vacante de filosofia e sociologia, pertencente a Horkheimer. Naqueles anos sessenta, as intervenções acadêmicas e políticas se multiplicaram. Ao lado de uma efetiva participação no nascente e

---

2. HABERMAS, J. "A philosophico-political profile". *New Left Review*, 151 (1985): 75-105; citação da p. 76.
3. *Das Absolute und die Geschichte. Von der Zwiespältigkeit in Schellings Denken*. Bonn, 1954, 424 pp.
4. *Strukturwandel der Öffentlichkeit*. Berlin, Hermann Luchterland Verlag, 1962 (trad. de Flávio R. Kothe: Rio de Janeiro, Tempo Brasileiro, 1984). Nota importante: as referências a Habermas remeterão às traduções assinaladas entre parênteses, de acordo com as abreviações indicadas no texto. Toda e qualquer modificação feita pelo autor será imediatamente explicitada em nota.
5. *Theorie und Praxis*. Frankfurt, Suhrkamp, 4ª ed., 1971 (trad. francesa de G. Raulet: *Théorie et Pratique*. Paris, Payot, 2 tomos, 1975).
6. "A philosophico-political profile", *op. cit.*, p. 76.

acalorado movimento estudantil, Habermas reencontrou seu caminho filosófico pelas vias da hermenêutica, da filosofia da linguagem e do pragmatismo, fato que demonstra sua dívida para com a obra de Gadamer[7] e as sugestões de seu amigo K.-O. Apel[8]. Por outro lado, Habermas engajou-se na querela sobre o positivismo e concentrou boa parte de seus esforços teóricos em questões de ordem epistemológica, visando fornecer bases metodológicas mais sólidas para uma teoria crítica da sociedade. As obras de referência do período são as conhecidas *Técnica e ciência como "ideologia"* (**TCI**)[9] e *Conhecimento e Interesse* (**CI**)[10], ambas de 1968, e também a menos comentada, mas não menos importante, coletânea sobre *A lógica das ciências sociais* (**LCS**)[11]. A distância de cerca de quinze anos permitirá a Habermas afirmar que, desde o início, seus interesses teóricos "estiveram determinados fundamentalmente pelos problemas filosóficos e socioteóricos emergentes do movimento de pensamento que vai de Kant a Marx"[12], e que sua contribuição residiu sobretudo num projeto de renovação da teoria social fundada na tradição do marxismo ocidental.

Até aqui situa-se o período de *gênese* da teoria habermasiana, no qual as questões centrais estão definidas e a concepção cooperativa das ciências claramente prefigurada. Mas não estamos sugerindo nenhuma ruptura brusca no trajeto de Habermas. Longe disso. Sublinhamos apenas o valor pedagógico da periodização de um projeto cuja unidade reside numa redefinição da razão com base no paradigma da intersubjetividade. Os aspectos centrais da teoria crítica da sociedade elaborada por Habermas são, na avaliação de

---

7. Os principais textos de Habermas sobre a hermenêutica gadameriana foram reunidos na obra: *Dialética e Hermenêutica*. Porto Alegre, L&PM, trad. de Alvaro Valls, 1987.
8. Cf. APEL, K.-O. *Transformation der Philosophie*. Frankfurt, Suhrkamp, 1973.
9. *Technik und Wissenschaft als "Ideologie"*. Frankfurt, Suhrkamp, 1968 (trad. francesa de J.-R. Ladmiral: Paris, Gallimard, 1973).
10. *Erkenntnis und Interesse*. Frankfurt, Suhrkamp, 4ª ed., 1973 (trad. francesa de G. Clémençon: *Connaissance et Intérêt*. Paris, Gallimard, 1976).
11. *Zur Logik der Sozialwissenschaften*. Frankfurt, Suhrkamp, 1970 (trad. francesa de R. Rochlitz: *Logique des sciences sociales et autres essais*. Paris, PUF, 1987). A versão francesa parcial baseia-se numa edição ampliada de 1982.
12. "A philosophico-political profile", *op. cit.*, p. 77.

McCarthy, reconhecíveis desde sua concepção original até suas últimas reformulações: "é empírica sem ser redutível a ciência empírico-analítica; é filosófica, mas no sentido de crítica e não de filosofia primeira; é histórica sem ser historicista; é prática, não no sentido de possuir um potencial tecnológico mas no sentido de estar orientada ao esclarecimento e à emancipação"[13].

De 1971 a 1983, Habermas dirigiu o Instituto "Max Planck" de pesquisas sociais, situado em Starnberg, perto de Munique. A década de setenta pode ser tida como o período de *elaboração* lenta e progressiva de seu contributo teórico. Culminou com a publicação de sua obra sistemática mais importante, a volumosa *Teoria do agir comunicativo* (**TAC**)[14], de 1981. Na obra em questão fica patente o giro lingüístico produzido por nosso autor na teoria crítica da sociedade, fruto de uma grande capacidade de adicionar e integrar novas perspectivas ao seu projeto teórico de base. Combinando estudos intensivos do estruturalismo genético de Piaget e Kohlberg, da sociologia de Weber, da teoria dos atos de fala desenvolvida por Austin e Searle, da teoria dos sistemas de Luhmann[15], entre outros, os vários escritos dos anos setenta[16] correspondem a uma montagem da teoria habermasiana da comunicação, da qual obras como *A crise de legitimação no capitalismo tardio* (**CLC**)[17], de 1973, e *Para a reconstrução do materialismo histórico* (**RMH**)[18], de 1976, já fazem uso concreto de certos elementos. Excluídos alguns cursos em universidades fora da Alemanha, Habermas manteve-se cerca

---

13. McCARTHY, Th. *The Critical Theory of Jürgen Habermas*. Cambridge, Polity Press, 1984, p. 126.

14. *Theorie des kommunikativen Handelns*. Frankfurt, Suhrkamp, 1981 (trad. francesa de J.-M. Ferry (TAC I) e J.-L. Schlegel (TAC II): *Théorie de l'agir communicationnel*. Paris, Fayard, 1987).

15. O debate com Niklas Luhmann redundou na obra em co-autoria: *Theorie der Gesellschaft oder Sozialtechnologie. Was leistet die Systemforschung?* Frankfurt, Suhrkamp, 1971.

16. Habermas reuniu os mais importantes escritos deste período numa obra intitulada *Vorstudien und Ergänzungen zur Theorie des kommunikativen Handelns*. Frankfurt, Suhrkamp, 1984.

17. *Legitimationsprobleme im Spätkapitalismus*. Frankfurt, Suhrkamp, 1973 (trad. de Vamireh Chacon: Rio de Janeiro, Tempo Brasileiro, 1980).

18. *Zur Rekonstruktion des Historischen Materialismus*. Frankfurt, Suhrkamp, 1976 (trad. de C. Nelson Coutinho: S. Paulo, Brasiliense, 1983; versão parcial).

de doze anos afastado do meio acadêmico, integralmente dedicado às pesquisas. A partir de abril de 1983 retomou suas atividades docentes na Universidade de Frankfurt.

Desde então, Habermas tem ampliado de forma considerável os campos de aplicação da pragmática universal, quer na fundamentação racional da ética discursiva (*Consciência moral e agir comunicativo* — **MC**)[19], na explicitação das premissas filosóficas da modernidade presentes em sua obra capital (*O discurso filosófico da modernidade* — **DFM**)[20], na compreensão do novo papel desempenhado pela filosofia no contexto da guinada lingüística (*Pensamento pós-metafísico* — **PPM**)[21], quer ainda em intervenções sobre temáticas atuais (jurídicas, estéticas, culturais, históricas, etc.), reunidas sob a forma de escritos políticos sucessivos[22]. E Habermas continua produzindo, tendo lançado recentemente seu prometido tratado sobre filosofia do direito[23]. Como é notório, trata-se de um autor prolífico[24], em pleno processo criativo, cuja obra, embora suficientemente elaborada para permitir uma visão geral, encontra-se inacabada.

A publicação de TAC configura um momento essencial no percurso teórico de Habermas. É uma obra sistemática, que con-

---

19. *Moralbewusstsein und kommunikatives Handeln*. Frankfurt, Suhrkamp, 1983 (trad. de Guido A. de Almeida: Rio de Janeiro, Tempo Brasileiro, 1989).
20. *Der philosophische Diskurs der Moderne*. Frankfurt, Suhrkamp, 1985 (trad. de Antônio Marques et alii: Lisboa, Dom Quixote, 1990).
21. *Nachmetaphysisches Denken*. Frankfurt, Suhrkamp, 1988 (trad. de Flávio B. Siebeneichler: Rio de Janeiro, Tempo Brasileiro, 1990).
22. Após os *Kleine Politische Schriften I-IV* (Frankfurt, Suhrkamp, 1981), Habermas já lançou três outros pela mesma editora, sob os números: V (*Die Neue Unübersichtlichkeit* — 1985), VI (*Eine Art Schadensabwicklung* - 1987), VII (*Die nacholende Revolution* - 1990). Os textos mais significativos foram reunidos em tradução francesa (*Écrits Politiques* - **EP**) de C. Bouchindhomme e R. Rochlitz: Paris, Cerf, 1990.
23. *Faktizität und Geltung. Beiträge zur Diskurstheorie des Rechts und des demokratischen Rechtsstaats*. Frankfurt, Suhrkamp, 1992.
24. Deixamos de mencionar vários textos de Habermas, que oportunamente comentaremos. Vale lembrar que nosso estudo acompanha o desenvolvimento de sua *Religionstheorie* até meados de 1991, ficando a obra anterior, portanto, fora do campo de análise. Nada ou pouco, no entanto, haveria de se acrescentar.

densa os aspectos básicos de sua teoria crítica da sociedade e visa sobretudo superar as debilidades da "antiga teoria crítica". Habermas caracteriza esses pontos débeis em três expressões[25]: "fundamentos normativos", "conceito de verdade e sua relação com as ciências" e "subestimação do estado de direito democrático". Ora, tais déficits sistemáticos da tradição da teoria crítica são superados nessa obra "monstruosa" — cuja intuição central é de que "na comunicação lingüística está implícito um *telos* de entendimento recíproco"[26] — a partir de quatro temas nela incorporados: a) teoria do *agir comunicativo* (que tece um conceito constitutivo de ação social orientada à intercompreensão); b) teoria da *racionalidade* (que elabora uma noção mais englobante de razão com a conseqüente superação da perspectiva monológica da filosofia do sujeito); c) teoria da *sociedade* (que desenvolve um conceito de sociedade que integra a teoria dos sistemas com a teoria da ação, de modo a distinguir e conjugar a esfera sistêmica e a esfera do mundo vivido); d) teoria da *modernidade* (que propõe uma releitura da dialética da racionalização social, pela qual se possa discernir seus fenômenos patológicos a fim de contribuir para um redirecionamento, em vez do mero abandono, do projeto da modernidade)[27].

Mas os temas mencionados são certamente feixes teóricos sobre os quais Habermas vinha trabalhando desde suas primeiras obras. O que ocorreu? O que significa o tão propalado giro lingüístico da teoria crítica? Pode-se falar em Habermas I e Habermas II? As obras CI e TAC, que representam peças-chave dos períodos de gênese e de sistematização, e não por acaso as mais citadas em sua larga produção, permitem, a nosso ver, estabelecer uma continuidade expressiva da *orientação* em meio a uma mudança significativa da *posição* de "conhecimento e interesse" para "sociedade e razão comunicativa". Trata-se de uma leitura sugerida pelo próprio Habermas, digna de citação completa: "...a ligação com a filosofia analítica e também a querela positivista reforçaram minhas dúvidas de se os conceitos de totalidade, de verdade e de teoria, derivados de Hegel, não representavam uma hipoteca muito forte para

---

25. Cf. "Dialectique de la rationalisation". *Les Cahiers de Philosophie*, 3 (1986-1987): 59-100. Trata-se de uma entrevista dada à época da publicação de TAC, retomada em: *Die Neue Unübersichtlichleit*, pp. 167s.
26. *Ibidem*, p. 65.
27. Cf. *Ibidem*, pp. 70s; cf. tb. o prefácio à primeira edição de TAC.

uma teoria da sociedade que devia satisfazer também exigências empíricas. Naquele tempo, tanto em Heidelberg como de novo em Frankfurt, eu acreditava que este problema era epistemológico. Eu queria resolvê-lo por uma clarificação metodológica do status de uma teoria duplamente reflexiva (reflexiva em relação ao seu contexto de emergência e ao seu contexto de aplicação). O resultado foi *Conhecimento e Interesse*... Eu ainda considero corretas as grandes linhas *(outlines)* do argumento desenvolvido no livro. Mas não creio mais que a epistemologia seja a *via regia*. A teoria crítica da sociedade não tem de provar, em primeira instância, suas credenciais em termos metodológicos; ela requer uma fundamentação substantiva, que permita livrar-se da passagem estreita *(bottleneck)* criada pelo quadro conceitual da filosofia da consciência e superar o paradigma da produção, sem abandonar no processo as intenções do marxismo ocidental. O resultado é a *Teoria do agir comunicativo*"[28]. As inadequações do programa esboçado em CI foram progressivamente corrigidas nos escritos dos anos setenta (designado como período de elaboração), resultando na síntese monumental de 1981.

Numa brilhante análise acerca dessas imperfeições do projeto teórico original de Habermas, Richard Bernstein assinala quatro aspectos[29]: a) a ambigüidade dos conceitos de reflexão e de auto-reflexão; b) a expressão "quase-transcendental" na classificação dos interesses constitutivos do conhecimento; c) a abordagem metodológica de CI, segundo uma orientação epistemológica ainda dependente da filosofia do sujeito; d) a limitação interna de sua teoria crítica da sociedade, que não ia além do caráter de prolegômeno. Segundo Bernstein, os escritos de Habermas situados entre CI e TAC devem ser lidos na perspectiva de uma superação contínua das quatro imperfeições presentes naquela importante obra de 1968. Habermas conseguiu reunir as diversas facetas de seu pensamento numa argumentação sistemática "nova, mais detalhada e muito mais persuasiva" porque a autocrítica é "o indício de um pensador dialético genuíno. Quando seus críticos assinalavam dificuldades, ou quando ele se punha a apreciar as deficiências de suas análises, enfrentava-as diretamente. Ele o faz num espírito de *rejeição* do que não é mais defensável, de *preservação* do que ainda considera

---

28. "A philosophico-political profile", *op. cit.*, p. 78.
29. Vide a introdução de: BERNSTEIN, R. (Org.). *Habermas and Modernity*. Cambridge, Polity Press, 1985.

válido e de *superação* de formulações anteriores para novas fronteiras. Eis a razão de podermos detectar continuidades e descontinuidades ao longo de seu percurso intelectual"[30]. Neste sentido, TAC fornece soluções adequadas aos problemas detectados por Bernstein, a partir de seu reconhecido status de ciência reconstrutiva, do novo registro da tricotomia dos interesses do conhecimento numa teoria da ação, da superação definitiva da perspectiva monológica da filosofia da consciência pela perspectiva dialógica da teoria da comunicação, e, enfim, do desenvolvimento substantivo de um programa de pesquisa para uma teoria crítica da sociedade.

Contudo, temos de evitar a interpretação limitada de TAC e dos textos posteriores como uma espécie de "caixa-preta", na qual poderíamos encontrar todos os elementos dispersos em análises anteriores. Isto é particularmente marcante no que diz respeito à teoria habermasiana da evolução social e à teoria crítica da religião que se constitui no interior dessa perspectiva. Por isso, proporemos uma leitura reconstrutiva do quadro conceitual traçado pelo "jovem" Habermas, de modo a situar a unidade temática a partir da qual possamos explicitar aspectos importantes de sua *Religionstheorie*.

1.2. Trabalho e interação: um novo quadro conceitual

No conhecido artigo de 1968 em homenagem ao septuagésimo aniversário de H. Marcuse[31], Habermas lançou as bases conceituais de sua teoria da sociedade a partir de um ensaio de reformulação do conceito weberiano de racionalização. A originalidade da abordagem não residia propriamente na caracterização bipolar dos sistemas sociais, mas no quadro conceitual e em sua aplicação ao problema da modernização das sociedades. Tal quadro abriu novas perspectivas, prenunciando o conceito de sociedade e a tipologia das ações encontrados na obra magna de Habermas[32]. O eixo interpretativo parte de duas distinções importantes. Em primeiro lugar, a distinção fundamental entre *interação* ou agir comunicativo e *trabalho* ou agir "racio-

---

30. *Ibidem*, p. 15.
31. Cf. HABERMAS, J. "Técnica e ciência como *ideologia*", in: *TCI*, pp. 03-74.
32. Sobre o conceito de sociedade: TAC II, pp. 125-216. Acerca da tipologia das ações: TAC I, pp. 283-345.

nal relativo a fins" *(zweckrational)*. Em segundo lugar, a diferenciação, feita à luz da primeira, entre o *quadro institucional* de uma sociedade e os *subsistemas* do agir racional com respeito a fins. Destarte, Habermas propõe distinguir os sistemas sociais de acordo com o predomínio de um ou de outro tipo de ação.

Neste artigo, Habermas retoma uma reflexão filosófica detalhada sobre os conceitos de trabalho e interação, feita no ano anterior a propósito da *Filosofia do espírito*, do jovem Hegel[33]. A origem dos conceitos encontra-se preliminarmente na obra hegeliana do período de Iena (1801-1807), sobretudo nos manuscritos dos cursos de 1803-1804 *(Realphilosophie I)* e de 1805-1806 *(Realphilosophie II)*, bem como nos escritos de juventude de Marx. Ambos os pensadores, de forma independente, colocaram os fundamentos do processo de formação da espécie humana no curso da história universal.

Contrariamente à visão predominante segundo a qual as lições de Iena correspondem a uma etapa preparatória da *Fenomenologia do Espírito* (1807), ao primeiro esboço do sistema hegeliano da maturidade[34], Habermas assinala uma ruptura no pensamento de Hegel. Em seus cursos, o filósofo de Iena "pôs na base do processo de formação do espírito uma sistemática particular, que mais tarde abandonou"[35]. A concepção original revelava as potencialidades da *linguagem*, do *instrumento* e da *família* como formas dialéticas de auto-realização, meios de existência e modos de comportamento. Ao contrário de Kant, cuja noção de identidade do Eu está ligada à unidade originária da consciência transcendental, Hegel sublinha o fato de que "a identidade da autoconsciência não pode ser concebida como originária mas como resultado de um devir"[36].

---

33. Cf. HABERMAS, J. "Trabalho e Interação", in: TCI, pp. 163-211.
34. Habermas cita como exemplo desta concepção o prefácio de Lasson às duas versões da *Filosofia do espírito* de Iena (HEGEL, G.W.F. *Jenenser Realphilosophie I-II*, in: *Sämtliche Werke*. Leipzig, tomos XIX e XX, 1923). A introdução de Guy Planty-Bonjour à versão francesa do primeiro destes textos, preparada dois anos após o ensaio de Habermas, exprime concepção idêntica (HEGEL, G.W.F. *La première philosophie de l'esprit: Iéna, 1803-1804*. Paris, PUF, 1969).
35. TCI, p. 164.
36. TCI, p. 190. As referências a temas kantianos e hegelianos, como já notado, são freqüentes em Habermas, dos primeiros aos últimos escritos. Sobre isso, cf. RODERICK, R. *Habermas and the foundations of critical theory*. London, MacMillan, 1986.

A dialética da consciência-de-si supera, então, o quadro monológico da reflexão solitária (de um sujeito cognoscente referido a si mesmo como único objeto) a partir da compreensão dialógica do Eu, que se constitui a partir da relação complementar com outros sujeitos. Em Hegel, a experiência da consciência-de-si é resultado da *interação entre sujeitos* e não de uma experiência originária qualquer.

Os meios dialéticos de auto-realização se apresentam como modelos de relações recíprocas: a) linguagem: *representação simbólica*; b) instrumento: *processo do trabalho*; c) família: *interação baseada na reciprocidade*. Estes modelos possuem um caráter heterogêneo e, não obstante, complementar. São irredutíveis por causa de suas diferenças. Mas são inseparáveis em função da unidade que formam no seio do processo de formação. Aí reside a questão fundamental de pensar "a *unidade de um processo de formação* que é, contudo, determinado por *três modelos de formação heterogêneos*"[37]. Habermas visa demonstrar que Hegel abandona progressivamente a sistemática das lições de Iena em proveito da divisão enciclopédica do espírito — subjetivo, objetivo e absoluto. Daí sua tese de que "não é o espírito em seu movimento absoluto de reflexão sobre si mesmo que, entre outras coisas, manifesta-se também na linguagem, no trabalho e na relação moral; ao contrário, é pela relação dialética entre a simbolização da linguagem, o trabalho e a interação que é determinado o conceito de espírito"[38]. As lições de Iena têm um esquema diferente da sistemática ulterior: o espírito torna-se inteligível, em sua própria estrutura, pelos três modelos de relações dialéticas tomados em conjunto. Para Habermas, o espírito é compreendido como "o meio *(Medium) no qual* um Eu comunica com um outro Eu e *a partir do qual* somente, enquanto mediação absoluta, ambos se constituem mutuamente como sujeitos"[39]. Assim, os modelos de relações dialéticas são vistos como "princípios" da formação do espírito, e não apenas como "etapas" durante o processo de sua formação.

A leitura de Habermas é clara: Hegel abandonou tal esquema dos modelos de formação heterogêneos e interconectados. Sob o pressuposto da identidade absoluta do espírito com a natureza, o

---

37. TCI, p. 191.
38. TCI, p. 164.
39. TCI, pp. 168-169.

esquema perdeu força e interesse[40]. A auto-reflexão *(Selbstreflexion)* converte-se em paradigma do movimento do espírito absoluto. "A unidade do espírito absoluto consigo mesmo e com uma natureza da qual, no entanto, se distingue como de seu outro, não pode, no fim das contas, ser pensada realmente pelo modelo da intersubjetividade de sujeitos capazes de ação e de fala, ainda que tenha sido o modelo original que permitiu a Hegel obter um conceito do Eu como identidade do universal e do singular"[41]. Hegel substituiu o processo de mediação pelo qual se produz a relação intersubjetiva entre os sujeitos — evidente prenúncio de uma razão comunicativa — pelo modelo da auto-referência de um sujeito cognoscente, com seu conceito do absoluto. Tal conceito será um pressuposto situado no quadro de referência da consciência-de-si monológica. Eis aí uma tese que Habermas manterá na leitura do discurso filosófico da modernidade, na qual o pensamento de Hegel[42] ocupa lugar de destaque.

Para o jovem Hegel de Iena, as categorias "linguagem", "instrumento" e "família" constituem meios igualmente originários de formação do sujeito. E Hegel desenvolveu a última (relação moral ou interação) sob o termo "luta pelo reconhecimento". Nisso retomava as análises de seu fragmento da época de Frankfurt: *O Espírito do Cristianismo e seu Destino* (1798/1799)[43]. Neste texto, a dialética da interação é entendida pelo exemplo do castigo imposto ao criminoso que aniquila uma relação moral. Ao colocar sua particularidade no lugar da totalidade, o criminoso inicia o movimento chamado por Hegel de "causalidade do destino", na qual "opera a potência da vida oprimida que não pode se reconciliar a não ser que, se dessa experiência de negatividade da vida cindida *(entzweit)*, surja o desejo de um retorno ao que foi perdido e conduza a identificar, na existência alheia combatida, a sua própria existência negada"[44].

---

40. Para uma apreciação diferente com relação ao pensamento político do Hegel de Iena, ler a introdução de J. Taminiaux à tradução francesa do *System der Sittlichkeit* de 1802-1803 (HEGEL, G.W.F. *Système de la vie éthique.* Paris, Payot, 1976). De acordo com Taminiaux, uma "identidade pressuposta" acompanha o discurso hegeliano desde seus albores.

41. TCI, p. 203.

42. Cf. DFM, pp. 33s.

43. HEGEL, G.W.F. *L'esprit du christianisme et son destin.* Paris, Vrin, trad. de J. Martin, 1967.

44. TCI, p. 174.

Habermas vê no exemplo hegeliano a história dialética da repressão e do restabelecimento de uma intersubjetividade sem entraves. Confrontado com a perda da complementaridade, o criminoso experimenta uma dolorosa alienação de si mesmo. O castigo reside no padecimento de uma vida fraturada. A "causalidade do destino" só pode ser suprimida — e a relação moral restaurada — com o diálogo entre as partes confrontadas, quando "os dois partidos reconhecem no endurecimento de suas respectivas posições o resultado de uma separação, de uma abstração do contexto vivido que lhes é comum — e nele, nessa relação dialógica do reconhecimento-de-si-no-outro, experimentam o fundamento comum de suas existências"[45]. A interação ocorre em meio a uma luta recíproca pelo reconhecimento.

Na *Realphilosophie* de Iena[46], a dialética da luta pelo reconhecimento é analisada através da noção de propriedade como resultado do trabalho, uma clara influência dos estudos de economia política feitos nesse período por Hegel. Mas a narrativa é idêntica: a relação moral pressupõe a interação fundada no reconhecimento recíproco, ou seja, no fato "de que a identidade do Eu só é possível graças à identidade do outro que me reconhece, identidade que, por seu turno, depende de meu próprio reconhecimento"[47]. Trata-se de uma concepção hegeliana fundamental para a compreensão da teoria do agir comunicativo, segundo a qual a individuação só pode ser compreendida como um processo de socialização. Em TCI, Habermas já faz menções explícitas à teoria da solidariedade social de Émile Durkheim e à teoria da comunicação de George Herbert Mead, autores que, no contexto de TAC, servirão de base para a fundamentação da mudança de paradigma do agir instrumental ao agir comunicativo[48]. Por outro lado, a compreensão hegeliana da consciência-de-si como resultado da luta pelo reconhecimento irá engendrar uma crítica do conceito de autonomia da vontade, que é capital na filosofia moral de Kant. Em MC, Habermas irá funda-

---

45. TCI, pp. 174-175.
46. Cf. TAMINIAUX, J. *Naissance de la philosophie hégélienne de l'État: commentaire et traduction de la Realphilosophie d'Iéna (1805-1806)*. Paris, Payot, 1984 (cf., em particular, pp. 39-56).
47. TCI, p. 176.
48. Cf. TAC II, pp. 7-124. Cf. tb. "Individuação através de socialização. Sobre a teoria da subjetividade de G. H. Mead", in: PPM, pp. 183-234.

mentar o princípio moral de universalização[49] com base no modelo discursivo de racionalidade, explicitando a reinterpretação dialógica do imperativo categórico kantiano já sugerida em TCI.

Mas Hegel aponta, na *Filosofia do espírito* de Iena, outros dois meios pelos quais os indivíduos forjam suas identidades. Ao lado da categoria da "família", Hegel tematiza igualmente a da "linguagem" e a do "instrumento". As três figuras mediadoras do processo de formação do espírito representam experiências fundamentais[50], de acordo com uma tríplice dialética formadora das identidades da consciência, suscetíveis de reconstrução: a) a *dialética da interação* ou do reconhecimento recíproco, na qual se forma a *consciência prática* ou "consciência reconhecida" com base nas relações intersubjetivas, cujo *medium* é a família; b) a *dialética da representação*, em que se forma a *consciência teórica* ou "consciência denominadora" (*namengebend*) com base na relação consigo mesmo (tanto reflexiva quanto simbólica), no *medium* da linguagem e dos símbolos; c) a *dialética do trabalho*, na qual se constitui a *consciência técnica* ou "consciência astuta/ardilosa" (*listig*) baseada na relação instrumental do homem com a natureza, cujo *medium* é o instrumento.

Note-se o caráter decisivo dessa sistemática tricotômica desenvolvida pelo jovem Hegel. Ela está presente não apenas no plano epistemológico que Habermas desenvolve na mesma época da publicação de TCI, mediante tipos distintos de pesquisa científica (ciência histórico-hermenêutica, ciência de orientação crítica e ciência empírico-analítica) orientados segundo os interesses constitutivos do conhecimento humano (prático, emancipatório e técnico)[51], mas em todo seu edifício teórico. A arquitetônica habermasiana

---

49. Cf "Notas programáticas para a fundamentação de uma Ética do Discurso", in: MC, pp. 61-141. Cf. tb. "Moralität und Sittlichkeit. Treffen Hegels Einwände gegen Kant auch auf die Diskursethik zu?", in: KUHLMANN, W. (Ed.). *Moralität und Sittlichkeit. Das Problem Hegels und die Diskursethik*. Frankfurt, Suhrkamp, 1986, pp. 16-37.
50. Para maiores esclarecimentos sobre o que segue, cf. FERRY, J.-M. *Habermas. L'éthique de la communication*. Paris, PUF, 1987, pp. 341s.
51. Cf. "Conhecimento e Interesse", in: TCI, pp. 133-162. Não confundir este artigo, de 1965, com a obra de título idêntico, de 1968. Sobre a relação entre os dois escritos, vide a introdução de J.-R. Ladmiral: "Le programme épistémologique de Jürgen Habermas", in: CI, pp. 7-27.

finca raízes, em última análise, na leitura inovadora da *Realphilosophie* hegeliana, que lança luzes sobre os diversos eixos teóricos da teoria do agir comunicativo. Como nota Ferry, Habermas pretende "retomar a herança das *Lições de Iena* em toda sua amplitude. Esta exigência torna-se mesmo o *topos* fundamental das críticas que ele direciona, de maneira diferenciada, a Hegel e a Marx, a Max Weber e aos representantes da Teoria crítica. O aspecto tricotômico ou tridimensional da 'efetividade' é, a cada vez, afirmado — em particular, quando se trata de pensar a modernidade"[52].

A categoria da linguagem é pressuposto tanto da relação moral quanto do trabalho social. Trata-se da primeira determinação do espírito, e como "consciência denominadora" é condição de possibilidade de toda identidade. Mas não se trata da linguagem simbólica utilizada pelo indivíduo solitário e abstrato, e sim da linguagem concreta que implica a comunicação entre os sujeitos. "Na dimensão do espírito real, a linguagem adquire sua existência como sistema de uma certa tradição cultural... Enquanto tradição cultural, a linguagem entra no agir comunicativo"[53]. A linguagem, neste sentido, é um pressuposto da *interação*: "apenas as significações intersubjetivamente constantes e válidas, obtidas na tradição, permitem orientações recíprocas, ou seja, expectativas complementares de comportamento"[54]. É um pressuposto também do *trabalho social*, o qual "está inserido numa rede de interações e depende, por seu turno, de condições anexas de ordem comunicacional, que são aquelas de toda cooperação possível"[55]. Assim, a categoria da linguagem — em cujo meio "o espírito é o *logos* de um mundo e não a reflexão da auto-consciência solitária"[56] — define duas relações essenciais no interior da tríplice determinação do espírito.

---

52. FERRY, J.-M. *Habermas...*, op. cit., pp. 344-345. No entanto, Ferry menciona o problema crucial da possível absorção da dialética da representação (consciência teórica/linguagem) pela dialética do reconhecimento (consciência prática/interação), o que redundaria numa tricotomia original desenvolvida, a seguir, em *duas* dimensões: trabalho e interação. Voltaremos a essa questão.
53. TCI, pp. 192-193.
54. TCI, p. 193.
55. TCI, p. 193.
56. TCI, p. 184.

Contudo, Habermas demonstra especial interesse pela terceira relação possível entre as determinações do espírito: a relação entre o trabalho e a interação. Trata-se de uma conexão menos evidente, devido ao antagonismo da normatividade e da causalidade destas categorias. As regras da interação são, por definição, comunicativas, e na luta pelo reconhecimento tem lugar a causalidade do destino. Mas, no caso do trabalho, as regras técnicas são elaboradas no marco do agir instrumental, cujos imperativos, ao mesmo tempo condicionantes e condicionados deste tipo de ação, obedecem à causalidade da natureza. Habermas é taxativo: "Não é possível reduzir a interação ao trabalho nem derivar o trabalho da interação"[57]. No entanto, resta a idéia da conexão interna entre as duas atividades. E Hegel, ainda sob impacto dos estudos econômicos, encontra o vínculo entre elas no "produto reconhecido do trabalho", estabelecendo uma nova relação entre *processos de trabalho* e *normas jurídicas*, pois estas "permitem estabelecer formalmente relações sociais baseadas no reconhecimento recíproco"[58]. O trabalho forjador dos bens, os bens produzidos como valores de troca, a propriedade consumada no termo do processo da produção e do comércio e o contrato enquanto mecanismo institucional de regulação da atividade econômica constituem elementos de um complexo mosaico, no qual Hegel vislumbra uma intensa relação entre os dois processos do trabalho e da luta pelo reconhecimento. "Assim, a relação do reconhecimento recíproco, na qual repousa a interação, é regulamentada por uma institucionalização da reciprocidade implicada na troca dos produtos do trabalho"[59], alcançada graças ao valor normativo da palavra proferida.

O detalhe registrável é que, a despeito desse nexo, Hegel defende a irredutibilidade desses tipos de ação. E com isso, segundo a leitura de Habermas, mantinha a unidade do processo de formação na heterogeneidade dos modelos de relação dialética. Em suma, o jovem Hegel "não reduz a interação ao trabalho nem elimina o trabalho na interação; mas tem, contudo, a idéia de uma conexão entre ambos, na medida em que a dialética do amor e da luta não pode ser separada dos sucessos obtidos pelo agir instrumental e

---

57. TCI, p. 194.
58. TCI, p. 194.
59. TCI, p. 196.

pela constituição da consciência astuta"[60]. Mas a heterogeneidade desaparece, no Hegel da maturidade, em proveito da filosofia da identidade. Sobretudo a dialética central da interação e do trabalho[61], graças à qual fundava, na *Filosofia do espírito* de Iena, a unidade do processo de formação pelos meios heterogêneos da linguagem, do instrumento e da família.

E o jovem Marx, que desconhecia os manuscritos hegelianos do período de Iena, redescobriu o vínculo entre trabalho e interação na dialética das forças produtivas e das relações de produção. Porém, Marx tendia a reduzir todas as categorias, inclusive a interação, à categoria de trabalho. Pode-se dizer que as interpretações errôneas de ordem mecanicista procedem dessa tendência cientificista do materialismo histórico. "Marx concebe a reflexão de acordo com o modelo da produção. Ao partir tacitamente desta premissa, é natural que Marx não faça distinção entre o estatuto lógico das ciências naturais e o da crítica"[62]. Pelo caráter absorvente do modelo da produção, Marx reduz o agir comunicativo ao agir instrumental, em vez de explicar a conexão entre eles. Daí a célebre passagem de TCI — "a *libertação da fome e da miséria* não coincide necessariamente com a *libertação da servidão e da humilhação*, pois a evolução do trabalho e a da interação não estão unidas automaticamente"[63] —, que ilumina o princípio da "formação discursiva da vontade política" como fundamento da legitimidade democrática[64].

---

60. TCI, p. 197.
61. Salvo, bem entendido, mas sem a mesma centralidade, na célebre passagem da *Phänomenologie des Geistes* a propósito da dialética do senhor e do escravo. Cf. HEGEL, G.W.F. *La phénoménologie de l'esprit*. Paris, Aubier, tomo I, trad. de J. Hyppolite, 1939, pp. 161s.
62. CI, p. 77. Vale lembrar que Habermas ainda se guiava pela *via regia* da epistemologia como fundamento da teoria social. Contudo, a tese da encruzilhada da *razão comunicativa*, diante da qual o jovem Marx estacionou (tal como o jovem Hegel), seguindo depois por outro caminho, é mantida por Habermas. Vide, p. ex., seu excurso sobre o caráter obsoleto do paradigma da produção, in: DFM, pp. 81s.
63. TCI, p. 211.
64. Notável a retomada feita por Habermas do primeiro ensaio sistemático sobre o marxismo, de 1960 ("Entre science et philosophie: le marxisme comme critique", in: TP, pp. 9-69), na interpretação dos eventos

Habermas visa manter a distinção entre trabalho e interação, bem como o nexo pertinente entre essas categorias. Tais aspectos representam um *leitmotiv* de seu projeto teórico[65], exemplarmente presentes nas teorias da ação (agir orientado ao sucesso e agir orientado à intercompreensão) e da sociedade (sistema e mundo vivido). O progresso técnico e científico não conduz inevitavelmente à emancipação humana. Deve-se levar em conta também a esfera comunicativa. Na verdade, a emancipação diz respeito tanto à razão prática quanto à razão técnica. Sublinhar o elo dialético entre essas duas formas de racionalidade não quer dizer que elas coincidam. Pelo contrário. Conforme nota David Ingram, "a construção da humanidade é uma dupla luta pela emancipação: da restrição material imposta pela escassez econômica e da restrição comunicativa imposta pela dominação"[66]. Cada aspecto, em sua evolução histórica, está associado ao outro, sem reducionismos de parte a parte. Manter tal separação, apesar da pertinência da conexão dialética, auxilia Habermas na construção de um conceito enfático de razão que possa dar conta da irredutibilidade entre técnica e prática. Segundo McCarthy, "Habermas insiste na "heterogeneidade" ou na "irredutibilidade" de trabalho e interação para evitar precisamente essa fusão de *techne* e *praxis*... que encontramos na raiz da ideologia tecnocrática.(...) Por isso, é de decisiva importância para uma teoria crítica da sociedade o fato de que as diversas dimensões da prática social se tornem explícitas; só assim pode-se entender sua interdependência"[67]. A tentativa de reformulação do conceito weberiano de racionalização, proposta por Habermas em TCI, emerge de uma semelhante insuficiência: o progresso é requerido tanto no nível da *interação* quanto no do *trabalho*, exige a racionalização progressiva de ambos os aspectos.

---

que culminaram na queda do muro de Berlim, em novembro de 1989 ("La révolution de rattrapage", in: EP, pp. 139-162). O vínculo reside na concepção de "democracia radical".

65. Para uma avaliação crítica, vide os artigos (sobretudo os de Heller e de Giddens) reunidos em: THOMPSON, John & HELD, David (Eds.). *Habermas: Critical Debates*. London, MacMillan, 1982.

66. INGRAM, D. *Habermas and the dialectic of reason*. New Haven-London, Yale University Press, 1987, p. 7.

67. McCARTHY, Th. *The critical theory of Jürgen Habermas*, op. cit., p. 36.

Para tal reformulação, Habermas propõe, com base no par conceitual dos tipos de ação, uma outra distinção entre esferas da sociedade: a) o *quadro institucional* ou "mundo vivido sociocultural", "que consiste num conjunto de normas que guiam as interações mediadas pela linguagem"; b) os *subsistemas* do agir racional com respeito a fins, nele incrustados, "como o sistema econômico ou o aparelho estatal.., nos quais se institucionalizam essencialmente os princípios do agir racional relativo a fins"[68]. Como foi sugerido, é a predominância de um ou de outro tipo de ação — interação ou trabalho — que permite distinguir os sistemas sociais entre si.

De início, Habermas utiliza suas distinções conceituais no intuito de comparar as sociedades *tradicionais* com as sociedades *modernas*. Aquelas se caracterizam pela preeminência do marco institucional sobre os subsistemas do agir instrumental. Este marco institucional "repousa sobre o fundamento incontestado da legitimação dada pelas interpretações míticas, religiosas ou metafísicas da realidade em seu conjunto"[69], as quais contribuem para a justificação da distribuição desigual, porém legítima, do trabalho e da riqueza. Habermas enumera três aspectos básicos que permitem distingui-las das formas *primitivas* de sociedade (que repousam numa organização tribal segundo os critérios das relações de parentesco): além da existência de uma certa "visão de mundo" fundamental que visa a legitimação da dominação, os aspectos do "poder estatal centralizado" e de uma "divisão da sociedade em classes socioeconômicas". Malgrado sua superioridade do ponto de vista da evolução histórica da humanidade, "as sociedades 'tradicionais' só existem enquanto o desenvolvimento dos subsistemas do agir racional com respeito a fins se mantém *dentro dos limites da eficácia legitimadora* das tradições culturais. Disso resulta uma 'superioridade' do quadro institucional, que certamente não exclui mudança das estruturas por um potencial excedente de forças produtivas, mas sim a dissolução, pela crítica, da *forma* tradicional de legitimação. O fato de que esta última seja tão inatacável é o critério significativo para a distinção

---

68. TCI, p. 23. Mantemo-nos aqui — propositalmente — no âmbito da produção do "jovem" Habermas, visando evidenciar aspectos seminais das teorias da ação e da sociedade, reelaboradas ulteriormente nas considerações intermediárias de TAC (cf. nota 32 *supra*). Estas serão estudadas na segunda parte de nosso trabalho.

69. "Técnica e ciência como *ideologia*", in: TCI, p. 27.

das sociedades tradicionais daquelas que transpuseram o limiar da modernização"[70]. As esferas culturais de valor, e seus critérios específicos de validade, encontram-se cingidas dentro de uma visão homogênea de mundo, imunizada contra a crítica racional.

A expansão contínua daqueles subsistemas do agir racional com respeito a fins, no seio do capitalismo moderno, porá em xeque a forma *tradicional* de legitimação da dominação, baseada em visões religiosas e metafísicas de mundo, as quais, Habermas não cessa de repetir, obedecem a uma "lógica da interação". Ocorre então um confronto explícito entre dois tipos distintos de racionalidade: um, ligado aos critérios da ação recíproca e comunicativa; outro, associado aos critérios da ação instrumental e estratégica. Mas, ao se falar em confronto, deve-se falar também em autonomização. Com efeito, é justamente o processo de autonomização permanente daquela esfera do "agir instrumental" em face da esfera interativa que devemos levar em conta com a emergência do capitalismo moderno. Trata-se de uma nova preeminência, que redunda numa nova forma de legitimação da dominação. Esta última não é mais uma dominação meramente política, possível numa sociedade tradicional cujo marco institucional, legitimado pelas tradições culturais, confunde-se com o próprio sistema de dominação. Antes bastava uma legitimação "pelo alto", isto é, mediante imagens religiosas e metafísicas de mundo. No contexto do capitalismo moderno, o poder político se legitima fundamentalmente "por baixo", ou seja, pelas relações de produção, pelo princípio das trocas comerciais do sistema de mercado. O capitalismo, diz Habermas, "oferece uma legitimação da dominação que não desce mais do céu da tradição cultural mas pode ser estabelecida sobre a base do trabalho social"[71]. Tal base também sofrerá erosão no âmbito do capitalismo tardio de nosso século.

A permanente expansão dos subsistemas do agir racional com respeito a fins, por um lado, e a criação de uma legitimação econômica "que permite ao sistema de dominação adaptar-se às novas exigências de racionalidade desses subsistemas em fase de desenvolvimento"[72], por outro, constituem, aos olhos de Habermas, tra-

---

70. TCI, pp. 27-28.
71. TCI, p. 30.
72. TCI, p. 32.

ços marcantes da novidade e da superioridade do capitalismo moderno. A racionalização, no sentido de Weber, adquire assim uma dupla face: a racionalização "por baixo" ou racionalização social, que é vista como especificação da economia capitalista, organizada na empresa, e do Estado moderno, baseada na administração burocrática; a racionalização "por cima" ou racionalização cultural, que envolve a contínua autonomização das esferas axiológicas, sobretudo da ciência, da moral e da arte[73]. Este aspecto de abalo do marco institucional tradicional é relevante para nosso estudo. É nesse quadro histórico que se pode falar, de forma adequada, em termos de ideologia: as legitimações tradicionais tornam-se frágeis e são substituídas por outras baseadas no estatuto moderno do discurso científico que, por seu turno, justifica as ideologias como críticas das legitimações. A circularidade entre "ideologia" e "crítica da ideologia", fundamentada nos critérios da racionalidade moderna, estiola o discurso legitimador das visões tradicionais do mundo, que asseguravam a dominação a partir de sua penetração institucional.

Eis que a questão da secularização passa ao primeiro plano da teoria habermasiana da sociedade. Há um tema recorrente em sua obra, implicado na posição central da releitura da teoria weberiana da racionalização, tanto em TCI quanto em TAC. O tema é o da racionalização progressiva das imagens de mundo como *conditio sine qua non* do advento da modernidade. Trata-se de um processo evolucionário de aprendizagem. E, neste processo, a religião joga um papel paradoxalmente fundamental, pois a perda do impacto e, como conseqüência, da força legitimadora das tradições culturais, no seio das sociedades modernas, só se torna possível graças ao potencial evolutivo das religiões universais. Não apenas delas, certamente. Mas, do ponto de vista da dimensão ética da racionalização, fundamentalmente por elas. Na verdade, Habermas sempre explicita e interpreta a evolução do mundo moderno tomando por base o *background* das imagens religiosas de mundo[74]. Isto é resul-

---

73. Para maiores detalhes, vide nosso artigo "Weber e Habermas: religião e razão moderna". *Síntese Nova Fase*, 64 (1994): 15-41, que retoma os principais elementos do terceiro capítulo deste livro.
74. Cf. ARENS, E. (Ed.). *Habermas und die Theologie*. Düsseldorf, Patmos, 1989. Nossa leitura, em torno dos eixos filosóficos, antropológicos e sociológicos da *Religionstheorie* de Habermas, demarca-se da perspectiva teológica dos artigos reunidos nesta obra. O diálogo com a teoria do agir

tado da absoluta primazia dada por Habermas ao paradigma do agir comunicativo, na teoria da ação, e ao paradigma complementar do mundo vivido, na teoria da sociedade. A religião está enraizada neste contexto interativo enquanto fenômeno importante de reprodução simbólica.

A secularização significa, sobretudo, a perda de poder e de validade das visões tradicionais de mundo, as quais, questionadas em sua substância pelos novos critérios da racionalidade instrumental, "são transformadas em convicções e éticas subjetivas que garantem o caráter vinculante, em termos privados, das modernas orientações de valor" (Habermas lembra o tipo-ideal weberiano da "ética protestante") e são reestruturadas "em construções com dupla função de crítica da tradição e de reorganização dos conteúdos desta tradição, agora disponíveis, segundo os princípios do direito formal e da troca de equivalentes (direito natural racional)"[75]. A ciência e o direito natural modernos irão configurar, no capitalismo nascente, os princípios de legitimação do novo marco institucional diretamente associado ao sistema econômico. Situada no estádio *convencional* da moralidade (no qual não há, todavia, clara separação entre normas éticas e normas jurídicas)[76], a religião está vinculada às tradições submetidas ao princípio da autoridade, funcionando como mecanismo de legitimação somente no contexto pré-moderno. Daí que Habermas associe a secularização ao plano da racionalização ética e jurídica, a partir da qual os conteúdos religiosos são assumidos (dentro do estádio pós-convencional, baseado em princípios racionais mais abstratos e universais) pela moral, no nível interno das orientações da ação, e pelo direito, no nível externo da coerção dos comportamentos[77].

---

comunicativo pode ser fecundo para a teologia. Mas consideramos aporética a tentativa de "teologizar" o pensamento de Habermas. Nas considerações finais trataremos do problema.

75. TCI, pp. 33-34.
76. Cf. HABERMAS, J. "Law and Morality", in: *The Tanner Lectures on Human Values*. Cambridge, University Press, 1988, pp. 217-279.
77. Paul Ricoeur (*Soi-même comme un autre*. Paris, Seuil, 1990, pp. 325s.) critica o uso pejorativo dos termos "tradição" e "convenção" em Habermas. Propõe então uma tríplice distinção, aceitando somente a "cruzada" habermasiana contra a "Tradição", vista como autoridade antiargumentativa, rechaçando "sua tendência a superestimar o corte da modernidade, a ratificar a secularização não apenas como um fato mas como

Das interpretações religiosas e metafísicas de mundo, nas sociedades tradicionais, à ideologia da justa troca, no capitalismo liberal, Habermas ressalta a nova mutação do sistema de legitimação na passagem deste último ao capitalismo tardio. A "regulação permanente do processo econômico pela intervenção do Estado" e a "cientificização da técnica" constituem, segundo Habermas, evoluções do capitalismo contemporâneo, que "destroem o tipo de relação mantida entre o quadro institucional e os subsistemas do agir racional com respeito a fins que, até então, caracterizaram o capitalismo liberal"[78]. Diante da ineficácia da legitimação baseada no mercado, por um lado, e da impossibilidade de retorno a formas envelhecidas de legitimação, por outro, a solução residirá na autocompreensão tecnocrática da sociedade. A técnica e a ciência assumem papel preponderante como suportes ideológicos da dominação. As conseqüências são múltiplas: a eliminação de todo conteúdo prático graças ao esvaziamento da ação política (orientada basicamente para soluções de questões técnicas) conduz à despolitização da grande massa da população e à mudança da relação entre as esferas sociais, tornando caduca a idéia da política como simples fenômeno de superestrutura. O fato é que a técnica e a ciência transformam-se em forças produtivas principais do capitalismo intervencionista e se confundem com seu marco institucional.

De acordo com Habermas, a força ideológica da consciência tecnocrática reside no fato de conseguir escamotear a diferença entre técnica e prática, visando eliminar o dualismo fundamental do trabalho e da interação. Em tal contexto, a religião sofre novos reveses, porquanto, tendo todavia servido de contexto e de complemento das ideologias modernas, "hoje em dia nem é mais um assunto privado, mas o ateísmo das massas ameaça também tragar os conteúdos utópicos da tradição"[79]. São esses conteúdos, cristalizados na modernidade em torno das ciências empíricas, da arte pós-aurática e — quanto aos conteúdos religiosos — da moral universalista, que a ideologia tecnocrática pretende recalcar. Procura-se, assim, reduzir questões práticas a questões técnicas por meio da

---

um valor, a ponto de excluir do campo da discussão, de forma tácita ou declarada, todo aquele que não aceita como um dado de partida a profissão nietzschiana da 'morte de Deus'" (p. 333, nota 2).
78. TCI, pp. 36-37.
79. CLC, p. 105; tradução modificada.

absorção da esfera pública da comunicação pela esfera econômico-administrativa do sistema, resultado de uma expansão abusiva da racionalidade técnico-científica.

A intenção de Habermas é distinguir claramente dois conceitos de racionalização, de forma a levar em conta planos irredutíveis da sociedade. O progresso técnico-científico não deixa de ser avaliado, sem ambigüidade, como um "processo de racionalização", no sentido weberiano. Habermas não compartilha da idéia marcusiana (ou da versão mais radical do pensamento de Marcuse) de uma nova ciência e de uma nova técnica. O problema não é a razão técnica enquanto tal, mas sua extensão a outras esferas de decisão racional. Em suma, a redução da *praxis* a *techne*, da interação ao trabalho. Trata-se aqui, na reformulação do conceito weberiano de racionalização, de um motivo semelhante ao da releitura da filosofia do espírito do Hegel de Iena. Habermas não pretende forjar uma suposta interpretação pessimista do progresso técnico[80]. Ao contrário. Sua leitura é uma "interpretação liberal da técnica". Habermas procura situar adequadamente a razão instrumental no bojo de uma teoria ampla da racionalidade, que inclui também as dimensões prático-morais e estético-expressivas.

Contudo, a primazia do quadro institucional, cuja racionalização não é possível fora do meio da interação mediada pela linguagem, é marcante em toda a obra habermasiana. "A discussão pública, sem restrições e isenta de dominação, sobre o caráter apropriado e desejável dos princípios e normas orientadores da ação, à luz de repercussões socioculturais dos subsistemas do agir racional com respeito a fins (...) — uma comunicação desse tipo, em todos os níveis da formação política da vontade, e à qual seria restituído seu caráter político, eis o único meio no qual é possível algo que mereça chamar-se 'racionalização'"[81]. O projeto teórico de Habermas

---

80. Vários artigos de Habermas, neste período, são dedicados ao problema das conseqüências práticas do progresso científico e técnico, tema predileto de Marcuse. A obra de referência sobre o assunto é TP. A posição de Habermas fica evidente no texto *Technischer Fortschritt und soziale Lebenswelt* (1966), quando afirma: "Assim como é inaceitável a hipótese otimista de uma convergência entre técnica e democracia, também não se pode aceitar a afirmação pessimista de que a técnica exclui a democracia". (TCI, p. 93)

81. TCI, pp. 67-68.

demonstra, por isso, extraordinária continuidade, se o tomarmos a partir desse esforço em pensar com profundidade um conceito enfático, embora tênue, de razão que sirva de fundamento para uma teoria crítica da sociedade[82]. Deste ponto de vista, os temas marcantes de sua obra estão delineados desde os escritos dos anos sessenta e setenta. Trataremos agora de sua teoria da evolução social, na qual o tema da religião aparece sob novas luzes.

1.3. A religião e a lógica da evolução social

A teoria habermasiana da evolução social já está esboçada em sua obra sobre o fenômeno da crise no capitalismo tardio (CLC) e encontra elaboração mais complexa sob a forma de reconstrução do materialismo histórico (RMH). Habermas sublinha o caráter programático desse projeto, mas é possível ver nos estudos aqui agrupados, a despeito da falta de homogeneidade, elementos decisivos da teoria do agir comunicativo sistematizada alguns anos depois.

A reconstrução do materialismo histórico, na qual Habermas retoma com novas bases o privilégio do paradigma da comunicação sobre o paradigma da produção, é o ponto de partida de sua "teoria evolucionária"[83]. Habermas chama de reconstrução o procedimento pelo qual "uma teoria é desmontada e recomposta de modo novo, a fim de melhor atingir a meta que ela própria se fixou". A despeito de sua apropriação crítica da tradição marxista, desde seus primeiros ensaios, Habermas pensa que seu "potencial de estímulo não chegou ainda a se esgotar"[84]. No entanto, conseqüente com a distinção de conceitos de racionalização que possam dar conta de dimensões irredutíveis da sociedade, Habermas procura ampliar a teoria evolutiva inspirada nessa tradição, assaz restrita à dimensão do agir instrumental. Sua crítica se dirige, portanto, aos próprios fundamentos normativos da teoria marxiana da sociedade. E isto por estar "convencido de que as estruturas normativas não seguem sim-

---

82. Cf. PUSEY, M. *Jürgen Habermas*. London, Tavistock, 1987, pp. 13-17.
83. Evitamos aqui o termo "evolucionista", eivado de sentido pejorativo, no intuito de dissociar Habermas de qualquer concepção objetivista da história com a qual, definitivamente, no comunga.
84. RMH, p. 11.

plesmente a linha de desenvolvimento do processo de produção, nem obedecem simplesmente ao modelo dos problemas sistêmicos, mas têm — ao contrário — uma *história interna* (...) a racionalização do agir não tem efeitos apenas sobre as forças produtivas, mas também — de modo autônomo — sobre as estruturas normativas"[85]. Em sua análise, portanto, Habermas quer evitar a absorção do processo de racionalização das estruturas normativas pelo processo de racionalização das forças produtivas. Como no binômio da interação e do trabalho, são processos complementares mas heterogêneos.

Habermas faz o exame crítico do materialismo histórico[86] a partir de dois conceitos de base — *trabalho social* e *história da espécie* — e de duas suposições fundamentais — o teorema da *superestrutura* e a dialética entre *forças produtivas e relações de produção*. Sigamos, ainda que sucintamente, as etapas da reflexão, com o fito de compreender a proposta de uma renovada teoria da evolução e o lugar nela ocupado pelas visões religiosas de mundo.

O "trabalho socialmente organizado" *(Gesellschaftlich organisierte Arbeit)* representa, para Marx, o modo específico pelo qual os homens, à diferença dos animais, reproduzem suas vidas. Habermas explica tal conceito segundo três regras de ação: instrumental, estratégica e comunicativa. Por meio delas, aponta aspectos inerentes ao processo do "trabalho social": a transformação finalizada da matéria, a cooperação social dos indivíduos com relação aos objetivos da produção e a distribuição dos produtos do trabalho em vista do consumo. A *economia* é justamente o sistema de regulação social do trabalho e da repartição dos produtos; "por isso, segundo Marx, a forma econômica de reprodução da vida é caracterizante no que se refere ao grau de desenvolvimento humano"[87]. No entanto, segundo Habermas, levando-se em conta as descobertas antropológicas demonstrando que os homínidas — antes, pois, da etapa que caracteriza o modo humano de existência — distinguem-se de nossos primatas "pelo fato de se orientarem para a reprodução por meio do trabalho social e de construírem uma economia"[88], coloca-se em dúvida a adequação da caracterização outrora feita por Marx da forma de reprodução da existência humana a partir do conceito de

---

85. RMH, pp. 31-32.
86. Cf. RMH, pp. 111-162.
87. RMH, p. 113.
88. RMH, p. 115.

trabalho social. O que ocorre é uma regressão cada vez mais longínqua na escala evolutiva, de modo que o conceito marxiano de trabalho social "é adequado à tarefa de delimitar a forma de vida dos homínidas com relação à dos primatas, mas não capta a reprodução especificamente humana da vida"[89].

Os estudos antropológicos disponíveis demonstram que a grande novidade evolutiva, típica do *homo sapiens*, não é a economia e sim o surgimento da família, ou seja, a transformação da estrutura social antes baseada numa hierarquia unidimensional dentro da qual "todo animal tem atribuído a si um, e somente um, *status*"[90]. A estrutura familiar permitiu nova integração no quadro da diferenciação entre a sociedade dos machos (ocupados da caça coletiva) e a das fêmeas (ocupadas, junto com as crianças, da colheita), diferenciação surgida entre os homínidas com a divisão do trabalho social. Os membros machos adultos puderam então associar ao seu *status* no sistema masculino um novo *status* no sistema das fêmeas e das crianças, graças ao papel paterno, núcleo estrutural da família. Assim, as funções do trabalho se integraram com as funções do cuidado da prole, por um lado, e as tarefas da caça praticadas pelos machos se coordenaram com as tarefas da colheita exercidas pelas fêmeas. Tais fatos comportam, segundo Habermas, um processo extremamente importante de mudança da organização social: a introdução do sistema de parentesco implicou a substituição "do sistema animal de *status* — que já entre os macacos antropóides se funda em interações mediatizadas simbolicamente (G. H. Mead) — por um sistema de normas sociais que pressupõe a *linguagem*"[91]. As condições de surgimento do modo especificamente humano de reprodução da vida só se consumaram com a formação tanto da estrutura do trabalho quanto da estrutura da linguagem. "*Trabalho e linguagem são anteriores ao homem e à sociedade*"[92], afirma Habermas.

Outro conceito estudado por Habermas, associado ao anterior, é o de "história da espécie" *(Gattungsgeschichte)*, o qual torna-se compreensível, por seu turno, do ponto de vista materialista da

---

89. RMH, p. 115.
90. RMH, p. 116.
91. RMH, pp. 116-117.
92. RMH, p. 118. Para uma visão geral da obra, veja-se a resenha de J. P. Arnason, in: *Telos*, 39 (1979): 201-218.

evolução humana, mediante o conceito de "modo de produção". Este último permite a Marx reconstruir a história da espécie compreendendo a evolução social como um ordenamento lógico em diversas etapas encadeadas. Habermas analisa o conceito de modo de produção em termos de "forças produtivas" e de "relações de produção", que, segundo o materialismo histórico, mantêm correspondência estrutural, de tal forma que o produto é "um número finito de graus de desenvolvimento estruturalmente análogos" que obedecem a uma "lógica de desenvolvimento"[93]. Na versão ortodoxa do marxismo desenhou-se uma seqüência de cinco modos de produção (comunismo primitivo, antigo, feudal, capitalista e socialista), aos quais acrescentou-se o modo de produção asiático no intuito de situar características próprias do Oriente Antigo e da América pré-colombiana. Os seis modos de produção são vistos, nesta versão, como etapas universais de evolução social, em cujos termos se pode analisar cada estrutura econômica particular[94].

Ora, sobre tal versão ortodoxa recaem as mesmas conseqüências nefastas das filosofias setecentistas da história, herança que a teoria habermasiana da evolução social rejeita, sobretudo a determinação do curso da história como um processo de "desenvolvimento *unilinear, necessário, ininterrupto e ascendente* de um *macro-sujeito*"[95]. A suposição de um "sujeito histórico universal" representa, para a filosofia da história do século XVIII e para as teorias evolucionistas da sociedade do século XIX, segundo Habermas, a mesma função conceitual que a idéia de Deus para o problema da teodicéia, radicalizado em termos de história da salvação[96].

---

93. RMH, p. 120.
94. Sobre as dificuldades de aplicação desse esquema marxista dos modos de produção segundo uma lógica evolutiva, cf. RMH, pp. 130-133; cf. tb.: McCARTHY, Th. *The Critical Theory of Jürgen Habermas*, op. cit., pp. 240s.
95. RMH, p. 120. Neste sentido, Habermas considera que Weber, entre os autores clássicos da sociologia, foi o único a conceber a modernização social como um processo histórico universal de racionalização, mesmo tendo rompido com as suposições básicas do evolucionismo e as premissas da filosofia da história. É a essa concepção que Habermas adere, reformulando-a (Cf. TAC I, pp. 159s.).
96. Cf. "Über das Subjekt der Geschichte", de 1972, reproduzido na edição ampliada de LCS (1982). Habermas vê uma conexão entre as filosofias da história e da evolução e as figuras de pensamento desenvolvidas nas

A releitura habermasiana da teoria da evolução social visa justificar sistematicamente os critérios do progresso histórico com base nas várias dimensões da racionalização. Daí a importância da *distinção entre a lógica e a dinâmica do desenvolvimento* — "entre o *modelo* racionalmente reconstruível de uma hierarquia de estruturas empíricas cada vez mais abrangentes e os *processos* em que se desenvolvem os substratos empíricos" —, a qual, enquanto separação capital de qualquer método reconstrutivo, funda uma teoria da evolução social que não precisa "pedir à história nem unilinearidade, nem necessidade, nem continuidade, nem irreversibilidade"[97]. A separação entre dinâmica e lógica é importante, como veremos, no tratamento da racionalização religiosa, porquanto permite distinguir fatores externos e internos da evolução das imagens de mundo.

A *lógica* representa o modelo de uma hierarquia de estruturas passíveis de reconstrução racional, num sentido similar ao da psicologia cognitiva do desenvolvimento de Piaget, enquanto a *dinâmica* diz respeito ao processo pelo qual se efetua a evolução dos conteúdos empíricos, e por isso mesmo condicionados, dessas estruturas. Temos aqui uma teoria evolucionária que, ao postular estruturas universais invariantes sem negligenciar a variação de mecanismos empíricos, se dispensa de tecer prognósticos para o futuro, já que *"irreversíveis* não são os processos evolutivos, mas as sucessões estruturais que uma sociedade deve atravessar, *se e na medida em que* ela for concebida em evolução"[98]. A lógica do desenvolvimento circunscreve um espaço no qual estruturas mais complexas podem ser formadas. No entanto, "se — e eventualmente quando — se alcançarão novas formações estruturais, isso irá depender de condições *contingentes* de contorno e de processos de aprendizado empiricamente investigáveis"[99]. Do ponto de vista das imagens de mundo, por exemplo, Habermas nota uma reflexividade crescente que pode ser decifrada na seqüência[100]: mito, doutrina, religião revelada, religião racional e ideologia.

---

tradições judaico-cristãs, sobretudo na mística judaica e protestante (Isaak Luria e Jakob Böhme).
97. RMH, p. 121.
98. RMH, p. 122.
99. RMH, p. 121.
100. Cf. CLC, p. 24.

Habermas não renuncia, portanto, ao conceito de "história da espécie". O que pretende é traçar uma estratégia de maior generalização que permita, ao mesmo tempo, superar as aporias da filosofia objetivista da história sem abandonar o programa de uma teoria da evolução social. Essa estratégia é a "pesquisa de princípios sociais de organização a um mais alto grau de abstração"[101]. Habermas promove o que McCarthy[102] chama de combinação dos planos "genético-estrutural" e "histórico-empírico" visando satisfazer condições de adequação tanto lógico-evolutivas quanto empíricas. O conceito de "princípio de organização" é entendido como um espaço lógico e abstrato no qual as mudanças sociais, mesmo a das "formações sociais", num sentido marxista, são possíveis[103]. A definição é a seguinte: "Por 'princípios de organização' entendo as inovações que se tornam possíveis por meio de graus de aprendizagem reconstruíveis segundo a lógica do desenvolvimento, e que institucionalizam um nível de aprendizado da sociedade que se apresenta como novo em cada oportunidade"[104]. Este conceito permite pensar a evolução social como um "processo de aprendizagem", noção central deste programa de pesquisa elaborado por Habermas.

O eixo da teoria habermasiana da evolução social é constituído pela idéia segundo a qual os processos ontogenéticos de aprendizagem representam um estoque, por assim dizer, da evolução filogenética, de tal modo que, se a capacidade de direção estruturalmente limitada dos sistemas sociais (que são distintos dos sistemas de personalidade) é transbordada por problemas inevitáveis, toda sociedade pode recorrer, em certas circunstâncias, às capacidades excedentes do aprendizado individual de seus membros ou ainda às capacidades coletivas de aprendizado (interpretações de mundo) a fim de utilizá-las na institucionalização de novos níveis de aprendizagem[105]. Com isso, distingue-se a solução dos problemas de direção, que levam ao avanço evolutivo, dos mecanismos de apren-

---

101. RMH, p. 134.
102. Cf. McCARTHY, Th. *The Critical Theory of Jürgen Habermas*, op. cit., p. 242.
103. Cf. CLC, p. 19.
104. RMH, p. 134.
105. Ler o ensaio "Zum Theorienvergleich in der Soziologie: am Beispiel der Evolutionstheorie", não reproduzido na edição brasileira de RMH (na edição alemã original: pp. 129-144).

dizagem subjacentes, que explicam por que uma sociedade logra ou não superar seus problemas evolutivos. Trata-se de uma aplicação, no âmbito da teoria da sociedade, dos conceitos básicos do estruturalismo genético de Piaget, cuja concepção "... superou a oposição frontal ao evolucionismo, tradicional no estruturalismo, e assumiu em suas elaborações motivos característicos da teoria do conhecimento de Kant a Peirce"[106]. Desta concepção emerge a distinção entre problemas sistêmicos e processos de aprendizagem, os quais têm função precursora na introdução de um novo princípio de organização.

Habermas entende que era precisamente com respeito à fase crítica (de passagem a um novo nível de desenvolvimento social) que Marx tinha em mente a leitura do teorema clássico da base e da superestrutura segundo a relação de dependência desta em relação àquela. A dependência referia-se "não a uma constituição ontológica qualquer da sociedade, mas ao papel de direção que a estrutura econômica assume na evolução social"[107]. O conceito de "base" permitia explicar os problemas referentes às inovações evolutivas, de tal modo que estas eram vistas como resultado de soluções aos "problemas que, de tanto em tanto, surgem no âmbito de base da sociedade"[108]. Claro está que Habermas critica a identificação abusiva do conceito de base com o de "estrutura econômica", somente admissível para as sociedades capitalistas modernas. Como havia sublinhado em TCI, Habermas lembra que as relações de produção, caracterizadas pela função direta de organização do acesso aos meios de produção e pela função indireta de repartição da riqueza social, funções exercidas pelo sistema de parentesco nas sociedades primitivas e pelos sistemas de poder nas sociedades tradicionais, "só emergem enquanto tais e só assumem forma econômica quando, no capitalismo, o mercado — além de sua função de direção — passa a ter a função de estabilizar as relações de classe"[109]. O quadro institucional, "em torno do qual se cristalizam as relações de produção", não necessariamente está associado ao subsistema da economia. Qualquer que seja o marco institucional,

---

106. RMH, p. 39.
107. RMH, p. 124.
108. RMH, p. 125. Daí a complementaridade das análises de Marx (por baixo) e de Weber (por cima) na teoria do agir comunicativo.
109. RMH, p. 125.

O que é fundamental para Habermas é o fato de ele estabelecer "...uma determinada *forma de integração social*", que preserva a "...unidade de um mundo social da vida por meio de valores e normas"[110]. O questionamento deste marco institucional ameaça a identidade da sociedade, fazendo surgir o fenômeno da "crise", que não pode tampouco, como mostra Habermas em CLC, ser restringido ao plano econômico.

Habermas evita uma interpretação tecnicista da dialética entre forças produtivas e relações de produção, pela qual Marx estudou o mecanismo da crise. Nem nessa nem na interpretação estruturalista, a seu ver, "fica claro em que consiste o mecanismo de desenvolvimento com a ajuda do qual poderemos explicar os novos elementos evolutivos"[111]. Não basta explicar o progresso na capacidade de aprendizagem ligada à dimensão do conhecimento objetivante. Deve-se também explicar tal progresso no plano da consciência prático-moral. Para Habermas, o desenvolvimento das forças produtivas, que aumenta o controle sobre a natureza, não pode ser mesclado com a maturidade das formas de integração social, que possibilita o crescimento da autonomia social. Neste sentido, o primeiro representa — no máximo — um mecanismo de criação de novos problemas e não um mecanismo produtor de reais inovações evolutivas. O surgimento de princípios sociais de organização fica, então, vinculado a processos evolutivos de aprendizagem.

Destarte, a questão vital é saber a maneira pela qual se realiza a passagem evolutiva para um novo marco institucional, que estabelece, como vimos, a forma predominante de integração social. O materialismo histórico, segundo Habermas, fornece uma resposta meramente "descritiva", que leva em conta os conflitos sociais. Porém, uma teoria da evolução social requer uma resposta "analítica", a única que "pode explicar *por que* uma sociedade dá um passo evolutivo e como se deve entender o fato de que as lutas sociais levem, em determinadas condições, a uma nova forma de integração social e, portanto, a um novo nível de desenvolvimento da sociedade". A resposta dada por Habermas comporta uma clara conexão entre o quadro conceitual de TCI e a teoria da evolução

---

110. RMH, p. 125. Fica evidente a dissociação, posteriormente analisada em TAC (II, pp. 125s.), entre a racionalização do mundo vivido e a complexidade dos sistemas sociais.

111. RMH, p. 126.

social de RMH: a espécie humana "aprende não só na dimensão (decisiva para o desenvolvimento das forças produtivas) do saber tecnicamente valorizável, mas também na dimensão (determinante para as estruturas de interação) da consciência prático-moral. As regras do agir comunicativo desenvolvem-se, certamente, em reação às mudanças no âmbito do agir instrumental e estratégico; mas, ao fazê-lo, seguem *uma lógica própria*"[112]. Em suma, compreende-se a lógica da evolução social por meio de processos de aprendizagem (racionalmente reconstruíveis) nas duas dimensões (irredutíveis) do trabalho e da interação.

Notamos acima que esta abordagem da evolução social toma como base as pesquisas desenvolvidas por Piaget, as quais, segundo Habermas, resistindo a inúmeras críticas, trouxeram à tona diversos estágios do desenvolvimento cognitivo do Eu. O modelo piagetiano é reconstrutivo no sentido de que, ao admitir processos de aprendizagem logicamente descritíveis, não prejulga questões relativas à dinâmica evolutiva; ou seja, Piaget distingue no plano ontogenético etapas de construção do conhecimento que se caracterizam por níveis de capacidade de aprendizado, que formam uma "hierarquia estrutural" na qual estádios ulteriores mais complexos e abrangentes não só pressupõem como se desenvolvem com base nos estádios anteriores[113]. Analogamente, para Habermas, as modificações sistemáticas das estruturas das imagens de mundo podem ser relacionadas com um crescimento de saber suscetível de reconstrução interna. O conceito piagetiano de aprendizagem, referido à ontogênese das estruturas de consciência, permite analisar a racionalização das visões de mundo como soluções de problemas surgidos no curso da evolução social.

Habermas utiliza o termo "homologia" quando se trata da comparação dos modelos ontogenéticos com os modelos filogenéticos de desenvolvimento, seja no aspecto cognitivo, seja ainda nos aspectos lingüístico e interativo. Ora, o termo serve para evitar paralelismos grosseiros, uma vez que aqueles não podem ser transplantados sem restrições ao segundo plano[114]. Assim, o mode-

---

112. RMH, p. 128.
113. Vide a bibliografia seletiva de Piaget proposta por J. Rembert, in: *Dictionnaire des philosophes*. Paris, PUF, vol. 2, 1984, pp. 2055-2058.
114. Sobre essas restrições, cf. RMH, pp. 17-18. Habermas desenvolve com maior acuidade o paralelismo entre ontogênese e filogênese no campo

lo habermasiano é o de "mútua dependência" entre os processos individuais e sociais de aprendizagem: o primeiro é a base do segundo, pois as sociedades dependem das competências individuais de seus membros; porém, o segundo condiciona o primeiro, já que tais competências são exercidas em condições sociais de contorno. Há uma relação intrínseca, de tal modo que "os processos de aprendizagem na evolução social não podem ser atribuídos nem apenas à sociedade, nem somente aos indivíduos"[115].

Ainda que Habermas demonstre cautela ao lembrar que só se pode falar de aprendizado social em "sentido figurado"[116], sustenta a hipótese de que não apenas os indivíduos mas também as sociedades aprendem. E aprendem tanto na dimensão do trabalho (forças produtivas) quanto na do agir comunicativo (estruturas normativas). A primazia da racionalização neste segundo nível é reiterada com a tese de que "o desenvolvimento dessas estruturas normativas funciona como abridor de caminhos para a evolução social, já que novos princípios de organização social significam novas formas de integração social; e essas, por seu turno, tornam possível a implementação das forças produtivas existentes ou a produção de novas, bem como o aumento da complexidade social"[117]. Mas a evolução social depende do acesso coletivo aos estoques de saber oriundos da aprendizagem individual. Aqui se insere a importância inaudita, somente comparável com os estudos de Weber, das imagens de mundo *(Weltbildern)*[118].

A racionalização das imagens de mundo precede, nas análises weberiana e habermasiana, como veremos oportunamente, a racionalização das sociedades modernas. Assim, as *"capacidades de aprendizagem adquiridas individualmente* e informações afins já devem estar disponíveis de modo latente nas imagens de mundo,

---

do direito e da moral. Interessa-nos, porém, as homologias sugeridas entre o desenvolvimento do Eu e a evolução das imagens de mundo, não menos marcantes em suas obras.
115. RMH, p. 135.
116. Cf. RMH, p. 36.
117. RMH, p. 35.
118. Os termos "imagens de mundo" ou "visões de mundo" têm um significado preciso em Habermas, a saber: sistemas culturais de interpretação que refletem o saber de fundo dos grupos sociais e asseguram um vínculo coerente na multiplicidade de suas orientações de ação (Cf. TAC I, pp. 59s.).

antes de poderem ser usadas de modo socialmente eficaz, ou seja, de serem traduzidas em *processos de aprendizagem da sociedade*"[119]. Enquanto "patrimônio de saber de uma sociedade, coletivamente acessível", nos termos habermasianos, as imagens de mundo permitem reconstruir a conexão entre as hierarquias estruturais dos estádios de aprendizagem segundo uma lógica do desenvolvimento. "As sociedades podem aprender de modo evolutivo na medida em que utilizam os potenciais cognoscitivos contidos nas imagens de mundo, com o objetivo de reorganizarem os sistemas de ação. Pode-se representar esse processo como encarnação institucional de estruturas de racionalidade já expressas em imagens de mundo"[120]. Nesse sentido, os sistemas religiosos de interpretação contêm um potencial cognitivo não desprezível, a ponto de Habermas conceber a religião como dimensão *imprescindível* do aprendizado evolutivo. Na lógica da evolução social, a religião aparece como expressão da racionalidade, e, portanto, como mecanismo vital no desenvolvimento da capacidade humana de conhecimento, de linguagem e de ação.

É curioso notar que, para Habermas, as estruturas universalistas dessa racionalidade não são apanágio da modernidade ocidental. Ao contrário. Elas já estão presentes nas imagens metafísicas e religiosas de mundo peculiares a "culturas superiores", cujo registro interpretativo supera lentamente as explicações narrativas do pensamento mítico originário. Destarte, "todas essas imagens racionalizadas de mundo expressam estruturas universalistas de consciência, quer provenham de filósofos chineses, indianos e gregos, quer de profetas ou de Buda... por essa razão é que elas expressam um corte revolucionário entre as civilizações arcaicas e as que se desenvolvem sob a forma imperial"[121]. Vimos que as interpretações

---

119. RMH, pp. 35-36.
120. RMH, p. 141.
121. RMH, p. 201. No âmbito das "sociedades tradicionais", conforme termo utilizado em TCI (pp. 25s.) e CLC (cf. esquema: p. 38), Habermas distingue, em vários textos de RMH, entre civilizações arcaicas ou sociedades organizadas de modo estatal e civilizações desenvolvidas ou grandes impérios. A distinção remete ao "período axial", no sentido de K. Jaspers, isto é, ao surgimento das grandes religiões cosmocêntricas ou teocêntricas em várias regiões do globo, entre 800 e 300 a.C., e à formação de uma elite intelectual dirigente. Vale notar aqui, com a aparição mais ou menos simultânea de imagens metafísicas de mundo, o esboço de um divórcio entre

religiosas e metafísicas da realidade representam formas incontestadas da dominação política no seio das sociedades tradicionais. Definindo a legitimidade pelo fato de que "um ordenamento político é digno de ser reconhecido", Habermas nota o conflito intenso dentro das tradições religiosas, na medida em que, do alto grau de reflexividade e do potencial universalista nelas contidos, emergem formas de contestação a partir de interpretações divergentes de uma mesma mensagem religiosa. Nestes casos, "os conflitos de legitimidade assumem tipicamente a forma de movimentos messiânicos ou proféticos. Esses se dirigem contra a versão oficial de uma doutrina religiosa que legitima o Estado ou um poder sacerdotal, a Igreja ou uma dominação colonial; os rebeldes apelam então para o conteúdo religioso originário daquela doutrina. São exemplos os movimentos proféticos em Israel, a difusão do cristianismo primitivo no Império Romano, os movimentos heréticos da Idade Média até a guerra dos camponeses, mas igualmente os movimentos messiânicos e milenaristas entre os indígenas, que tomam dos senhores coloniais sua própria religião para voltá-la contra eles, criticando a sua legitimidade"[122]. A racionalização religiosa é, sem dúvida, um caso particular, e no entanto fundamental, na formação do potencial cognitivo de uma sociedade, potencial necessário para a superação dos desafios evolutivos por ela encontrados.

Na leitura de Habermas, a religião é um elemento importante dentro do processo evolutivo de aprendizagem. A despeito da secularização do mundo moderno ser analisada sob vários ângulos, o fio condutor da racionalização interna das religiões universais (particularmente do cristianismo) é vital na compreensão da emergência da modernidade. A perda da função legitimadora da religião (vista não à revelia mas graças ao potencial universalista das imagens religiosas de mundo, cuja forma ideológica tornou-se frágil dentro do sistema político moderno) redunda num redirecionamento de seus

---

razão e religião a partir da introdução concorrente do registro argumentativo. Sobre a evolução dos modos de discurso (narrativo, interpretativo, argumentativo e reconstrutivo), sobre os quais são construídas formas diferentes de identidade e de compreensão do mundo, ler a obra admirável de FERRY, J.-M. *Les puissances de l'expérience*. Paris, Cerf, 2 tomos, 1991 (particularmente: tomo I, pp. 104s.).

122. RMH, p. 222.

conteúdos utópicos[123]. Esses aspectos tornam-se evidentes na exposição das homologias entre o desenvolvimento do Eu (cujo processo evolutivo é representado, com base na psicologia genética, por quatro estádios: simbiótico, egocêntrico, sociocêntrico e universalista) e a evolução das imagens de mundo (a partir da qual pode-se reconstruir os estádios do desenvolvimento histórico das religiões). Habermas interessa-se em particular pelas analogias estruturais entre "imagens de mundo" e "sistema de delimitações do Eu". Trata-se de uma compreensão mais ampla do desenvolvimento cognitivo como "descentramento da compreensão do mundo", que permite a delimitação simultânea de conceitos formais de "mundo" (objetivo, social e subjetivo)[124]. Na ontogênese ou na filogênese, pois, "o desenvolvimento leva evidentemente a um descentramento progressivo do sistema de interpretação e a uma delimitação categorial cada vez mais unívoca da subjetividade da natureza interior em face da objetividade da natureza externa, bem como à delimitação da normatividade da realidade social e da intersubjetividade da realidade lingüística"[125]. Obtemos as seguintes analogias entre as estruturas do Eu e das imagens de mundo:

— A fase *simbiótica* do desenvolvimento do Eu seria homóloga ao estádio das sociedades *paleolíticas*. Assim como no indivíduo, durante seu primeiro ano de vida, é impossível encontrar uma clara separação entre sujeito e objeto, ou seja, a criança ainda não possui uma subjetividade própria, vivendo numa espécie de simbiose com a pessoa de referência e o ambiente, sendo portanto incapaz de perceber seu corpo como algo próprio e autônomo, tais sociedades se caracterizam por um universo de representações mágico-animistas bastante particularista e pouco coerente.

— A fase *egocêntrica* do desenvolvimento do Eu seria homóloga ao estádio das sociedades *neolíticas*. Neste período, correspondente

---

123. Cf. "Die Rolle der Philosophie im Marxismus", texto ausente da edição brasileira de RMH (ed. alemã original: pp. 49-59). Habermas cita, de um lado, a imanentização social de promessas religiosas pela teologia política e, de outro, a assimilação de imagens e esperanças da tradição judaico--cristã pelo ateísmo.
124. Cf. TAC I, pp. 84s. Cf. tb. Mc, pp. 24 e 50s.
125. RMH, p. 21. Habermas sugere apenas a "fecundidade heurística" dessas homologias, sobre as quais pesam, contudo, restrições (cf. nota 114 *supra*). A seguir, utilizamos livremente o texto de Habermas, evitando citações em excesso.

aos estádios sensório-motor e pré-operatório da teoria psicogenética de Piaget, a criança logra diferenciar progressivamente seu Eu do ambiente, mas sem distinguir ainda os domínios naturais e sociais deste ambiente e sem se delimitar em face dele com suficiente objetividade. O egocentrismo é marcante nesses estádios (sobretudo na fase sensório-motora, caracterizada pelo egocentrismo radical do comportamento): o pensamento e a ação do indivíduo apresentam-se sob a perspectiva de seu próprio corpo. Na imagem sociomórfica de mundo, típica de sociedades primitivas cujo marco institucional é o sistema de parentesco com papéis primários de idade e sexo, o centro de referência dos fenômenos, similar ao Eu da criança, é o grupo tribal. As representações mitológicas fornecem uma certa ordem a partir da qual é possível construir "analogias" entre fenômenos naturais e culturais, dando a cada elemento perceptível um lugar e um sentido, relacionando-os entre si. No entanto, não existe ainda uma diferenciação entre as realidades social e natural (os limites do mundo social tendem a se confundir com os do mundo em geral) nem entre imagens de mundo e normas (os sistemas de interpretação e os sistemas de ação são pouco diferenciados entre si). Assim, a despeito da riqueza analógica das imagens sociomórficas de mundo em face das representações mágico-animistas, "isso não significa que os membros da tribo tenham formado uma consciência distinta da realidade normativa de uma sociedade, separada da natureza objetivada... essas duas regiões não são ainda claramente separadas"[126]. A atitude ingênua em face do mito é marcante nesse estádio evolutivo.

— A fase *sociocêntrico-objetivista* do desenvolvimento do Eu seria homóloga ao estágio das *civilizações arcaicas (archaische Hochkulturen)*. Neste período, que corresponderia em Piaget ao estádio das operações concretas, "a criança aprende a delimitar sua subjetividade em relação à natureza externa e à sociedade"[127], distinguindo claramente entre coisas e eventos, por um lado, e sujeitos da ação e suas expressões, por outro. Seguindo a hipótese de uma análise da ontogênese sob os três aspectos da capacidade de conhecimento, linguagem e ação, Habermas sublinha que, ao termo desta fase, o indivíduo torna-se capaz de objetivar a natureza externa (desenvolvimento cognitivo), dominar todo um sistema de atos de

---

126. RMH, pp. 19-20.
127. RMH, p. 17.

linguagem (desenvolvimento lingüístico) e relacionar complementarmente expectativas generalizadas de comportamento (desenvolvimento interativo). No que tange à pesquisa das homologias entre esse nível do desenvolvimento do Eu e o da evolução das imagens de mundo, o aspecto fundamental é a passagem às formas de sociedade cujo quadro institucional seja o Estado, nas quais se encontra uma divisão da sociedade em classes socioeconômicas com distribuição de gratificações e de encargos segundo critérios de pertença às classes. A dominação política requer forte justificação, assegurada, por um lado, pelos mitos evoluídos, e, por outro, pelas religiões politeístas. As visões míticas de mundo estabelecem, dentro da diversidade dos fenômenos, uma unidade equivalente à concepção de mundo sociocêntrica do indivíduo e asseguram a função legitimadora das estruturas de dominação. As religiões politeístas, por seu turno, trazem a diferença importante entre singular (indivíduo), particular (comunidade concreta) e universal (ordem cósmica), sem que isso coloque em xeque a unidade de um mundo centrado no político (Estado, Monarquia, Cidade), unidade que torna propícia a identidade coletiva. As imagens míticas e religiosas de mundo assumem uma função de legitimação em proveito dos detentores de posições de dominação, identificados na figura do monarca ou do chefe político.

— O estádio *universalista* do desenvolvimento do Eu seria homólogo à fase das *civilizações desenvolvidas (entwickelte Hochkulturen)*. Do mesmo modo que, do ponto de vista do adolescente, pode-se constatar sua progressiva libertação do dogmatismo característico da fase sociocêntrica, isto é, uma capacidade de criticar afirmações (à luz do saber falível) e normas (à luz de princípios), questionando pretensões de validade antes aceitas de forma ingênua e não-reflexiva, as civilizações desenvolvidas se caracterizam por uma clara "ruptura com o pensamento mítico. Nascem imagens cosmológicas do mundo, filosofias e religiões que substituem as explicações narrativas dos contos míticos por fundamentações argumentativas. As tradições que remontam a grandes figuras de fundadores são um saber explicitamente ensinável e passível de dogmatização, ou seja, de ser racionalizado a fundo e de modo profissional"[128]. Ao sincretismo mitológico das civilizações arcaicas se sucedem representações cosmocêntricas ou teocêntricas da

---

128. RMH, p. 20.

divindade, a qual funciona como princípio de unidade em face da diversidade do real, princípio mais estável de interpretação de um mundo concebido como totalidade. Nisso também se assemelha a unidade metafísica da compreensão ontológica do mundo (típica dos gregos) que, embora comparável do ponto de vista filogenético às explicações cosmológicas e teológicas, já introduz mais marcadamente a passagem do discurso interpretativo ao discurso argumentativo[129]. Contudo, o tradicionalismo das imagens religiosas de mundo, o convencionalismo das orientações morais e o fundamentalismo do pensamento ontológico representam limites ao potencial universalista dessas civilizações, pois "os princípios supremos aos quais se reportam todas as argumentações são ainda subtraídos à própria argumentação e imunizados contra as objeções"[130]. A regulação dos conflitos é feita do ponto de vista de uma moral convencional que, embora desvinculada de referência ao detentor do poder, chefe político ou monarca, é limitada por um direito consuetudinário já sistematizado[131].

Desta forma, as civilizações desenvolvidas e as civilizações arcaicas guardam as mesmas características fundamentais das sociedades tradicionais apontadas por Habermas em TCI, vale recordar: a existência de um poder de Estado centralizado, a divisão da sociedade em classes socioeconômicas e a presença de uma imagem de mundo central que visa à legitimação eficaz da dominação em vigor. Ora, o acento diferencial das primeiras é precisamente o das imagens racionalizadas de mundo que promovem a ruptura com um pensar mítico que, embora distanciado e transformado em tradição, ainda é marcante nas civilizações arcaicas. Daí, surge uma questão nova e radical, que é a da congruência entre o potencial universalista das grandes religiões e dos grandes sistemas de pen-

---

129. Cf. FERRY, J.-M. *Les puissances...*, op. cit., pp. 111s. Do ponto de vista do tipo de discurso empregado, segundo Ferry, "a diferença entre razão e religião consiste no fato de que a religião quer explicar o mundo, enquanto a razão quer compreendê-lo. As religiões cosmocêntricas explicam o mundo em relação a seu objetivo ou sua finalidade: seu *telos*; as religiões teocêntricas explicam o mundo mais em referência a sua origem ou seu começo: sua *arche*. Nos dois casos, a explicação é, pois, *externa*. As ontologias metafísicas buscam, por seu turno, sejam elas clássicas ou modernas, uma explicação *interna*". (p. 120)

130. RMH, p. 20.

131. Cf. RMH, pp. 137-138.

samento, que ultrapassam amplamente os limites das comunidades locais e de seus credos vinculados aos laços étnicos, por um lado, e o ordenamento político centralizado dos antigos impérios, com sua distribuição extremamente desigual do poder e da riqueza, em larga medida carente de legitimação, por outro. Neste aspecto, a religião — apesar de ter em comum com a metafísica uma estrutura dicotômica mais ou menos clara que permite relacionar o mundo visível dos fenômenos com um outro mundo bem ordenado e indiscutível — possui maior eficácia legitimadora das estruturas políticas por sua penetração simultânea nas culturas popular e erudita, ou seja, desempenha função ideológica satisfatória em níveis bem distintos de consciência moral a partir do mesmo conjunto de afirmações e promessas[132]. "Uma pretensão de validade geral ou universalista", nota Habermas, "é pela primeira vez apresentada pelas grandes religiões mundiais, entre as quais o cristianismo talvez seja a que se desenvolveu racionalmente do modo mais completo. O Deus uno, transcendente, onisciente, perfeitamente justo e piedoso do cristianismo torna possível que se forme uma identidade do Eu liberada de todos os papéis e normas concretas"[133].

Ocorre, portanto, uma espécie de "curto-circuito" entre os imperativos particulares de conservação do Estado e os conteúdos religiosos universais, como os de justiça (não mais o destino) e de fraternidade (não limitada a uma genealogia e nem mesmo a um território comum). A questão reside, então, numa conciliação desses aspectos aparentemente inconciliáveis, um problema intrínseco a todas as civilizações desenvolvidas e que, no entanto, só se torna inevitável e consciente nas sociedades modernas, uma vez que naquelas o "potencial universalista não podia ser deixado em condições de se liberar além de uma certa medida, a fim de não permitir que fosse percebida a particularidade do poder e do *status* dos cidadãos, dificilmente oculta por trás da pretensão de universalidade do império; nem podia permitir que isso levasse a discrepâncias grávidas de conseqüências"[134]. A solução do dilema só foi possível, segundo Habermas, pela "conexão ideológica" entre religião e or-

---

132. Cf. TAC II, pp. 206s. Voltaremos a essa distinção importante entre imagens metafísicas e religiosas de mundo na segunda parte do trabalho.
133. RMH, p. 84.
134. RMH, p. 28.

dem política, por meio de uma série de "mecanismos de mediação" capazes de "...reequilibrar a *dessemelhança estrutural* entre a *identidade coletiva* ligada a um Estado concreto e as *identidades do Eu* produzidas numa comunidade universalista"[135]. Tais mecanismos evitavam a dissolução pela crítica da *forma* tradicional de legitimação, critério significativo sugerido em TCI de diferenciação entre as sociedades tradicionais e as que ultrapassaram o limiar da modernização.

Habermas menciona três mecanismos de mediação[136]: a) a integração de interpretações e de práticas — míticas e mágicas — pagãs pelas religiões monoteístas em função dos diversos níveis de desenvolvimento cognitivo e motivacional dos destinatários da doutrina; b) a distinção entre aqueles que pertencem à comunidade de fé (membros da instituição) e aqueles a quem a verdadeira doutrina é dirigida (os pagãos); c) o dualismo radical entre transcendência divina e mundo profano através da doutrina dos dois reinos. Tais mecanismos de mediação evitavam, segundo Habermas, que o problema de identidade peculiar das civilizações desenvolvidas se tornasse consciente, fato só ocorrido com o advento da modernidade, em conseqüência da perda de virtualidade de tais mecanismos. "As sociedades modernas, por conseguinte, devem formar para si uma identidade coletiva compatível, em ampla medida, com estruturas universalistas do Eu"[137]. De forma correlata, Habermas situa eventos históricos que contribuíram para a derrocada da conexão ideológica, até então inabalável, entre religião e quadro institucional: a) muitas das interpretações e práticas pagãs desapareceram com o protestantismo, o qual radicalizou a perspectiva universalista da doutrina cristã e a concepção individualizada do Eu; b) o fracionamento da Igreja Católica redundou num maior reconhecimento do princípio de tolerância e de liberdade religiosa, em função da perda de exclusividade e do caráter institucional da pertença à comunidade de fé; c) tendências teológicas de interpretação da mensagem evangélica de forma radicalmente imanente, as quais provocam um rompimento com o dualismo tradicional. "O monoteísmo e, em particular, o cristianismo foi a última formação de pensamento a fornecer uma interpretação unitária reconhecida por

---

135. RMH, p. 84.
136. Cf. RMH, pp. 84-85.
137. RMH, p. 29.

todos os membros da sociedade"[138], diz Habermas. A tríplice cisão do Eu moderno em face dos mundos objetivo, social e subjetivo, captada no pensamento de Kant e transformada em "verdadeiro motor" da filosofia de Hegel, constitui-se, a partir daí, em problema capital de uma modernidade que, rompendo com as sugestões do passado, tem de buscar em si mesma seus critérios normativos de orientação[139].

As sociedades capitalistas dos tempos modernos não diferem, pois, das chamadas sociedades tradicionais por atingirem um potencial universalista. Tal potencial está contido nas visões racionalizadas de mundo. Caracteriza-se melhor a modernidade, em termos habermasianos, ao se falar na *liberação progressiva e sistemática do enorme potencial de racionalização das imagens religiosas e metafísicas de mundo*. Trata-se de uma mudança de forma e não de conteúdo. Vale reproduzir integralmente a seguinte passagem: "Quando se afirmam na economia capitalista e no Estado moderno formas universalistas de relacionamento, a atitude em face da tradição judaico-cristã e grego-ontológica sofre uma fratura de tipo subjetivista (Reforma e filosofia moderna). Os princípios supremos perdem o seu caráter de indubitabilidade; a fé religiosa e a atitude teórica tornam-se reflexivas. O progresso das ciências modernas e o avanço da formação de vontades político-morais não são mais prejudicados por uma ordem certamente fundamentada, mas colocada como absoluta. Somente agora pode ser liberado o potencial universalista já contido nas imagens de mundo racionalizadas. A unidade do mundo não pode mais ser garantida objetualmente pela hipóstase de princípios criadores da unidade (Deus, o Ser ou a natureza); pode apenas ser afirmada reflexivamente, com base na unidade da razão... A unidade da razão teórica e da razão prática torna-se então o problema-chave das modernas interpretações do mundo, que perderam o caráter de imagens do mundo"[140]. Em TAC, Habermas designará tal processo de aprendizagem, marcado pela mudança da autoridade da fé pela autoridade de um consenso racional visado pela comunicação, com o termo "verbalização" (*Versprachlichung*) do sagrado, pelo qual explicita seu projeto originário

---

138. RMH, p. 87.
139. Esboçado em RMH, pp. 86s., esse problema será tratado em DFM, pp. 18s.
140. RMH, pp. 20-21.

de "fundamentação normativa" da teoria crítica da sociedade com base numa teoria da linguagem. Trataremos disso na segunda parte de nosso trabalho.

De qualquer modo, confirma-se nossa intuição de que a teoria do agir comunicativo vai sendo tecida com base na reconstrução racional da lógica evolutiva das sociedades, na qual a racionalização das imagens religiosas de mundo, enquanto processo de aprendizagem, joga um papel de considerável relevância. A teoria da evolução social, desenvolvida nos escritos dos anos setenta, não representa, a despeito de seu caráter programático, um aspecto subsidiário do pensamento habermasiano. Ao contrário. Nas variadas facetas, seja na ética discursiva, na teoria da sociedade, na discussão do conceito de modernidade, na filosofia do direito, na teoria da racionalidade, seja ainda na teoria da religião, a perspectiva evolucionária está presente como pedra angular da obra de Habermas[141]. A interpretação moderna de mundo, que é a única, segundo Habermas, a tornar possível uma conduta racional de vida e a exprimir sem equívocos estruturas de consciência peculiares de um mundo vivido altamente racionalizado, só se torna reconhecível no "pano de fundo" das imagens pré-modernas (míticas, metafísicas e religiosas) de mundo. É pelo método comparativo, baseado no modelo reconstrutivo da lógica evolutiva do desenvolvimento, que Habermas caracteriza a modernidade pela extensão cada vez mais ampla do domínio profano, pela tendência crescente à autonomia, pela retomada dos conteúdos cognitivos das imagens de mundo, sobretudo das religiões universais, no âmbito de uma moral universalista e pela maior reflexividade das relações com os diferentes mundos[142].

---

141. A mais ampla documentação crítica dessa teoria está em THOMPSON, John & HELD, David (Eds.). *Habermas. Critical Debates*, op. cit., sobretudo nos artigos de Thomas McCarthy ("Habermas's "Overcoming" of Hermeneutics", pp. 69-75), Steven Lukes ("Of Gods and Demons: Habermas and Practical Reason", pp. 134-148), Michael Schmid ("Habermas's Theory of Social Evolution", pp. 162-180).

142. A esses propósitos, cf. CLC, p. 24.

Capítulo II

MITO, RELIGIÃO E RAZÃO MODERNA

2.1. Introdução ao tema da razão comunicativa

A tese central que Habermas sustenta no capítulo introdutório de TAC, tese que constitui ponto de partida no tratamento das teorias clássicas da sociologia, é a de que a questão da razão, tema tradicional e fundamental da filosofia, não é de proveniência exterior àquela disciplina. Ela eclode, pelo contrário, de sua história. No contexto contemporâneo do pensar pós-metafísico que renuncia às pretensões de um saber totalizante, a sociologia surge como a ciência mais competente para tratar do tema da racionalidade. Habermas não adere ao sentimento *fin-de-siècle* de morte da razão. Para ele, a questão da razão não caiu em desuso, mas sim o modo pelo qual a filosofia das origens tentou enfrentá-la, fato que o impele ao abandono de tentativas frustradas de fundamentação última, bem como à constituição de nova relação entre o pensamento filosófico e as ciências[1]. Segundo Habermas, o que torna a sociologia uma ciência especial é o fato de ela compartilhar com a reflexão filosófica uma visão global (ela não trata de qualquer subsistema como, p. ex., as ciências políticas e econômicas, e sim da sociedade como um todo), aliado ao fato de renunciar ao fundamentalismo da razão.

---

1. Cf. "A filosofia como guardador de lugar e como intérprete", in: MC, pp. 17-35. Cf. tb. "Motivos de pensamento pós-metafísico" e "A unidade da razão na multiplicidade de suas vozes", in: PPM, pp. 37-61 e pp. 151-182.

Destarte, a teoria do agir comunicativo adota, transformando-a a seu modo, a questão dominante da sociologia moderna, que é a de saber se e em que sentido a modernização das sociedades pode ser compreendida como uma racionalização. Segundo Habermas, toda sociologia com pretensões de teoria da sociedade coloca-se "o problema da racionalidade em *três níveis ao mesmo tempo: metateórico, metodológico e empírico*"[2]. É por isso que, enquanto teoria da sociedade que enfrenta a problemática axial da racionalidade sob esse tríplice registro (ação, compreensão e modernização) e integra métodos e tradições proveitosos da filosofia e das ciências sociais num intento de cooperação e de diálogo, a teoria do agir comunicativo apresenta-se sob a forma de "ciência reconstrutiva" ou de "pragmática universal".

As ciências reconstrutivas representam a base metodológica da teoria habermasiana da evolução social. Habermas utiliza o termo para designar o esforço (teórico) de reconstrução concreta e sistemática de um saber implícito (pré-teórico), baseado na distinção feita por Gilbert Ryle entre o "know how" dos sujeitos competentes, capazes de falar e de agir, e o "know that", ou seja, o saber explícito daquele "know how" implícito[3]. Tal saber intuitivo, obtido pelos sujeitos competentes, representa uma capacidade universal da espécie humana e, como tal, está ancorado nas pretensões de validade de cunho cognitivo, lingüístico e interativo, racionalmente reconstruíveis. Sendo o "know how", portanto, uma consciência implícita de regras, Habermas define o papel da "compreensão reconstrutiva" da seguinte maneira: "O intérprete que, por seu turno, não apenas compartilha este saber implícito do locutor competente, mas quer também compreendê-lo, deve transformar o *"know how"* em um saber explícito, ou seja, em um *"know that" de segundo nível*"[4]. O *status* dessas ciências[5] permite manter a

---

2. TAC I, p. 23.
3. Cf. RYLE, G. *The concept of mind*. London, Hutchinson, 1949.
4. LCS, p. 344; citação do texto "Was heißt Universalpragmatik?", de 1976.
5. Exemplos notórios de ciências reconstrutivas, amplamente utilizadas por Habermas, são as teorias de Piaget e de Kohlberg. Vide, a propósito, "Ciências socias reconstrutivas versus ciências sociais compreensivas", in: MC, pp. 37-60. Para uma avaliação crítica, cf. ALFORD, C.F. "Is Jürgen Habermas's reconstructive science really science?". *Theory and Society*, 3 (1985): 321-340.

herança universalista da filosofia kantiana (as reconstruções se referem a um saber pré-teórico de caráter geral) associada a uma necessidade de confirmabilidade empírica das hipóteses (ruptura com o apriorismo da análise transcendental). As ciências reconstrutivas, neste sentido, são empíricas. No entanto, são distintas das ciências nomológicas ou empírico-analíticas, uma vez que o procedimento de reconstrução racional trata da "realidade simbolicamente pré-estruturada", objeto de compreensão, e não da "realidade perceptível" ou observável.

Aí reside a preferência de Habermas pelo termo "pragmática universal" para designar sua abordagem reconstrutiva das pressuposições universais e incontornáveis da comunicação, evitando o termo "pragmática transcendental" consagrado por seu amigo Apel[6]. Naquele, fica clara uma conjunção singular, em vez da separação tradicional, entre análise formal e análise empírica. "A expressão "transcendental", com a qual associamos uma oposição à ciência empírica, não é apta, pois, para caracterizar, sem suscitar mal-entendidos, um tipo de pesquisa científica como a pragmática universal. Por trás dessa questão terminológica se oculta a questão sistemática acerca do *status*, até agora insuficientemente aclarado, das ciências empíricas não-nomológicas de tipo reconstrutivo"[7]. Neste sentido, parece-nos razoável a maneira como Stephen White[8] apresenta o projeto teórico de Habermas. Ao utilizar a noção de "critical research programm", herdada do programa epistemológico de Imre Lakatos[9], para caracterizar a teoria habermasiana da sociedade, White chama a atenção para o caráter falível, embora persuasivo, dos conceitos básicos da teoria do agir comunicativo.

Habermas procura definir a noção de racionalidade usando a expressão "racional" como fio condutor. A racionalidade tem me-

---

6. Cf. APEL, K.-O. "Sprechakttheorie und transzendentale Sprachpragmatik zur Frage ethischer Normen", in: Idem (Ed.). *Sprachpragmatik und Philosophie*. Frankfurt, Suhrkamp, 1976, pp. 10-173. O texto de Habermas, ao qual estamos nos referindo, foi publicado originalmente nesta obra editada por Apel.

7. LCS, p. 359.

8. Cf. WHITE, St. K. *The recent work of Jürgen Habermas: reason, justice and modernity*. Cambridge, University Press, 1988.

9. Sobre o termo cf. LAKATOS, I. "Falsification and the methodology of scientific research programmes", in: *Philosophical Papers*. Cambridge, University Press, vol. I, 1978, pp. 8-101.

nos a ver com o saber, enquanto tal, do que com a maneira como este é aplicado. O termo "racional" assume, portanto, uma forma predicativa em relação à qual podemos procurar candidatos aptos a receber tal aplicação, que são, para Habermas, tanto os sujeitos, que dispõem de um saber, quanto as expressões simbólicas, que incorporam um saber[10]. O pressuposto central para a racionalidade das ações e das expressões é o fato de poderem ser criticadas e fundamentadas. Quando dizemos que uma pessoa, numa determinada situação, age racionalmente ou que uma expressão qualquer pode ter um valor racional, afirmamos implicitamente que ambas (ação e expressão) podem ser defendidas e justificadas. Todavia, é importante frisar que o conceito de racionalidade não está limitado, para Habermas, ao aspecto cognitivo-instrumental, mas abarca também os aspectos prático-moral e estético-expressivo. Por isso que, tanto no âmbito de sua teoria da sociedade quanto no da releitura da história da filosofia, existe um *leitmotiv* na obra de Habermas, que é o de superação das aporias internas das formas reflexivas associadas ao paradigma da filosofia da "consciência" ou do "sujeito", limitado, como se sabe, à clássica relação entre o sujeito e o objeto, em proveito do paradigma mais amplo da filosofia da "linguagem" ou do "entendimento intersubjetivo", baseado na relação capital — de ordem comunicativa — entre sujeitos capazes de falar e de agir[11].

Encontramos em TAC a recorrente preocupação habermasiana em distinguir conceitos de racionalização que possam dar conta de dimensões irredutíveis da sociedade. Não se trata, portanto, da mera permuta do conceito de "razão instrumental" pelo conceito mais englobante de "razão comunicativa". Deste ponto de vista, Johannes Berger acerta ao dizer que o "argumento-chave" da obra magna não reside no fato de Habermas simplesmente trocar uma noção por outra, mas sim no fato de separar os processos de racionalização referentes a cada conceito[12]. A "razão comunicativa" (*kommunikative Vernunft*) é fruto da mudança do paradigma da razão centrada no sujeito monológico, inaugurado por Descartes, reiterado na análise transcendental de Kant, prolongado por Husserl e

---

10. Cf. TAC I, pp. 24s.
11. Cf. TAC I, pp. 390s. Vide, também, o sugestivo capítulo sobre a noção de razão comunicativa, in: DFM, pp. 275s.
12. Cf. BERGER, J. "Review of Theorie des kommunikativen Handelns". *Telos*, 57 (1983): 194-205.

largamente presente na contemporaneidade, pelo novo paradigma da intercompreensão. Trata-se de um conceito que, segundo Habermas, "comporta conotações que em última instância remontam à experiência central da força sem coação da fala argumentativa, que permite realizar o entendimento e suscitar o consenso. É na fala argumentativa que os diversos participantes superam a subjetividade inicial de suas respectivas concepções e, graças à comunidade de convicções racionalmente motivadas, asseguram-se, ao mesmo tempo, da unidade do mundo objetivo e da intersubjetividade do contexto de suas vidas"[13]. Assim, o privilégio é dado não à mera atitude objetivante do sujeito diante do mundo como totalidade, mas à atitude performativa adotada pelos participantes de qualquer interação mediada pela linguagem.

Ora, esse conceito de razão torna possível uma compreensão descentrada do mundo, que permite a adoção de várias atitudes — objetivante, normativa e expressiva — com relação aos diferentes "mundos"[14] — objetivo, social e subjetivo. Habermas evidencia o fato de que as três formas de racionalidade — cognitiva, moral e estética —, constitutivas do conceito moderno de razão (referentes às esferas culturais de valor anotadas por Weber e provenientes da arquitetônica kantiana da razão pura), estabilizam-se em "processos de aprendizagem" permanentes e cumulativos. Porém, a razão comunicativa ou dialógica não deve ser identificada, sem mais, com os tipos constitutivos da razão moderna. Ela funciona, em correta acepção, como sua "matriz" ou seu "princípio produtivo", enraizada no contexto do mundo vivido ou do agir comunicativo. É precisamente pelo fato de não estar solidificada nas formas objetivas da racionalidade, por seu caráter fluido e informal, em que pese sua expressão originária, que Habermas designa a razão comunicativa como uma "razão fraca" *(schwache Vernunft)*[15].

---

13. TAC I, pp. 26-27.
14. Habermas remete a teoria dos três mundos a Popper (*Objective Knowledge*. Oxford, Clarendon Press, 1972). Mas ao transpor a teoria popperiana do contexto da teoria do conhecimento ao da teoria da ação, em que a interação entre os "três mundos" é pensada com base na noção de "mundo vivido", critica (TAC I, pp. 90s.) a concepção ontológica de "mundo" e a redução cognitivista do "terceiro mundo".
15. Cf. FERRY, J.-M. *Habermas. L'éthique de la communication*, op. cit., pp. 347s. Trata-se, em termos habermasianos, de "um conceito de razão cético e pós-metafísico, mas não derrotista" (PPM, p. 152).

Tal conceito de razão está associado aos processos de entendimento nos quais os participantes desempenham papéis de falantes e ouvintes. Em todas as interações lingüisticamente mediadas os falantes levantam pretensões de validade inerentes a seus atos de fala, tais como a "verdade" *(Wahrheit)*, a "correção" *(Richtigkeit)* e a "veracidade" *(Wahrhaftigkeit)*, relativas aos três setores básicos da realidade: *natureza externa* ou *mundo objetivo* (como conjunto dos estados de coisas existentes), *sociedade* ou *mundo social* (como conjunto das relações interpessoais legitimamente reguladas) e, por último, *natureza interna* ou *mundo subjetivo* (como conjunto das vivências a que todo locutor tem acesso privilegiado)[16]. A pressuposição basilar para uma teoria da racionalidade, como notamos, é que as respectivas pretensões de validade erguidas por atos de fala (constatativos, regulativos e expressivos) podem ser criticadas e fundamentadas.

Contudo, num contexto anterior, Habermas defendia "a idéia de que há ao menos quatro pretensões de validade cooriginárias e de que essas quatro pretensões — a saber: inteligibilidade, verdade, correção e sinceridade — formam uma totalidade que podemos chamar de racionalidade"[17]. A bem dizer, a inteligibilidade, mais que uma pretensão de validade, deve ser designada como uma exigência ou uma condição de comunicabilidade. Uma vez preenchida esta condição mínima, pode-se falar então de três pretensões de validade, entre as quais somente a "verdade" e a "correção" são suscetíveis de ser honradas mediante argumentos, através dos discursos teóricos, no primeiro caso, e dos discursos práticos, no segundo. A "sinceridade" ou "veracidade" é, com efeito, uma pretensão não-discursiva de validade, pois ela "não se deixa *fundamentar*, mas apenas *mostrar*. A não-veracidade pode se *delatar* na falta de coerência entre uma expressão e as ações vinculadas internamente a ela"[18]. Assim, na prática comunicativa cotidiana, o reconheci-

---

16. Sobre essas definições pormenorizadas dos conceitos formais de "mundo", cf. TAC I, p. 116. Trataremos da teoria dos "atos de fala", baseada em Austin e Searle e que Habermas toma como ponto de partida de sua pragmática universal, na segunda parte do trabalho, ao discutirmos a teoria weberiana da ação.
17. LCS, p. 285. Referimo-nos aqui ao texto "Wahrheitstheorien", de 1972.
18. TAC I, p. 57.

mento mútuo se processa com base em pretensões de validade criticáveis, pelas quais se visa ao consenso. Este é imediato, no caso de um assentimento do auditor à oferta do ato de fala do locutor. No caso de uma rejeição, têm início os discursos argumentativos, que são prolongamentos do agir comunicativo por outros meios, uma espécie de ruptura no curso normal da interação, pelos quais busca-se honrar as pretensões de validade pela força não coerciva do melhor argumento.

"A intercompreensão", afirma Habermas, "é inerente à linguagem humana como um *telos*"[19]. Ela representa o processo pelo qual se realiza um acordo, na base pressuposta de pretensões de validade mutuamente reconhecidas. Ora, tal acordo significa que os participantes do processo argumentativo aceitam a validade de um saber, vale dizer, sua força de obrigação intersubjetiva. Neste sentido, Habermas fala em saber compartilhado, quando é constitutivo de um consenso racionalmente motivado (termo que serve para distinguir do mero compromisso e sobretudo de um consenso falacioso)[20]. E é precisamente nas pressuposições pragmáticas inerentes à linguagem que está embutida a noção de razão comunicativa, que fixa critérios de racionalidade em função dos procedimentos argumentativos pelos quais resgatam-se as pretensões de validade associadas aos três conceitos formais de mundo. Em suma: a razão comunicativa é um conceito "processual" de racionalidade, que se expressa numa compreensão "descentrada" de mundo. Assim, ao reconstituir o conteúdo normativo da modernidade no potencial racional do verbo profano, Habermas sugere que tal noção "faz lembrar as antigas representações do logos"[21].

---

19. TAC I, p. 297.
20. A posição central da idéia de que o consenso repousa no reconhecimento intersubjetivo de pretensões de validade criticáveis, vale dizer, de que a razão comunicativa implicada na prática cotidiana se manifesta no fato de que qualquer acordo deve apoiar-se, em última instância e em circunstâncias apropriadas, sobre boas razões, obrigou Habermas a um refinamento da teoria da argumentação, por meio do exame dos níveis de discurso e da análise da chamada "situação ideal de fala", sempre com base nas pesquisas de Stephen Toulmin (*The Uses of Argument*. Cambridge University Press, 1958; *Human Understanding*. Oxford, Clarendon Press, 1972). Vide o excurso sobre a teoria da argumentação, in: TAC I, pp. 39--59, bem como o estudo acerca da lógica do discurso, in: LCS, pp. 306-328.
21. DFM, p. 291; mais adiante, voltaremos a esta sugestão.

Evidentemente, Habermas não acredita que o mencionado *acordo* — no qual as tentativas de entendimento são bem-sucedidas — seja o estado normal da comunicação lingüística, e sim o processo pelo qual ele se realiza, que é o da *intercompreensão (Verständigung)*. "Em regra geral, o que vigora é a zona cinzenta das situações entre a incompreensão e o desprezo, a falta de sinceridade voluntária e involuntária, o desacordo velado e aberto, por um lado, o acordo prévio e o entendimento realizado, por outro"[22]. A "situação ideal de fala", portanto, não é idealização de uma suposta comunicação pura e perfeita, mas constitui um pressuposto inevitável, embora contrafactual, da argumentação, cuja referência, longe de ocultar o emprego estratégico da linguagem, define as condições de possibilidade das próprias dissensões e permite estabelecer critérios satisfatórios do consenso racional obtido pela argumentação. Neste sentido, deve-se ressaltar que a argumentação é necessária exatamente para restaurar a perturbação do consenso ingênuo ou "acordo prévio", sempre presente no horizonte de um mundo vivido feito de certezas espontâneas intersubjetivamente reconhecidas. Não existe vestígio, como poderia sugerir uma leitura apressada, de idealismo dissimulado ou de ficção travestida de jargões racionais. Habermas não desconhece que a ação estratégica é prática normal e corriqueira. Só não considera que ela seja a única e nem mesmo a forma constitutiva de ação social, pois seu emprego continuado revela-se contraditório. Numa entrevista, ele esclarece: "eu não afirmo que as pessoas gostariam de agir comunicativamente, mas que elas *são obrigadas* a agir assim... Existem funções sociais elementares que, para serem preenchidas, implicam necessariamente o agir comunicativo. Em nossos mundos da vida, compartilhados intersubjetivamente, e que se sobrepõem uns aos outros, está instalado um amplo pano de fundo consensual, sem o qual a prática cotidiana não poderia funcionar de forma nenhuma... Tal agir comunicativo não significa a mesma coisa que a argumentação. As argumentações são formas de comunicação inverossímeis, ou seja, formas de comunicação repletas de pressupostos, verdadeiras ilhas em meio ao mar da práxis"[23]. Ora, é justamente no vínculo instaurado entre nós por

---

22. LCS, p. 332.
23. HABERMAS, J. *Passado como Futuro*. Rio de Janeiro, Tempo Brasileiro, trad. de F. B. Siebeneichler, 1993, pp. 105-106. A entrevista é de 1990/1991.

essa práxis comunicativa cotidiana que Habermas resgata seu conceito pragmático-formal de razão, fundado numa teoria intersubjetiva da linguagem.

Por outro lado, não é menos evidente o fato de que, para Habermas, tal conceito de razão é produto da superação moderna das imagens religiosas de mundo, as quais, enquanto imagens, e, portanto, estruturas unitárias de um patrimônio de saber coletivo, mantinham cingidos os conceitos formais de mundo e suas respectivas pretensões de validade[24]. Neste sentido, a noção weberiana de *desencantamento (Entzauberung)* do mundo representa um processo de racionalização, na medida em que provoca a liberação progressiva do agir comunicativo, chamado, na época moderna, a suplantar, ainda que de maneira tênue e arriscada, dado o caráter processual de sua racionalidade, aquela autoridade outrora assumida pelo mito e pela religião. Assim, numa conexão com a teoria weberiana da racionalização, cuja releitura é a pedra angular de sua *Religionstheorie,* Habermas sublinha o fato de que apenas no contexto da modernidade a diferenciação clara das esferas culturais de valor, e, em conseqüência, de suas pretensões de validade específicas, atinge seu termo. E, aos olhos de Habermas, o consenso racional depende, entre outras coisas, mas sobretudo, do desbloqueio dos domínios de validade, confundidos no mito e insuficientemente distinguidos na religião.

Interessa-nos sobremaneira, neste momento, a defesa feita por Habermas da posição universalista no debate sobre a racionalidade e sua conseqüente defesa da superioridade da compreensão moderna de mundo. A noção de "razão comunicativa" é fundamental

---

24. Anthony Giddens (cf. "Reason without Revolution? Habermas's *Theorie des kommunikativen Handelns*", in: BERNSTEIN, R. (Ed.). *Habermas and Modernity,* op. cit., pp. 95-121) mostra pertinácia ao apontar, neste ponto, uma das principais e mais problemáticas teses de TAC: "o desenvolvimento dos campos de discurso, que ele procura traçar através da emergência das "religiões mundiais", e a posterior diferenciação entre ciência, moralidade e arte na cultura moderna, significa uma evolução geral em direção de uma expansão da racionalidade. Quanto mais possamos fundamentar racionalmente nossa conduta de vida nas três esferas da existência-relações com o mundo material, com os outros e no âmbito expressivo da estética — tanto mais avançada pode ser tida nossa forma de sociedade" (p. 100).

neste contexto, porquanto representa o eixo a partir do qual nosso autor enfrenta os partidários do relativismo e conduz sua estratégia de evidenciar as características daquela forma de compreensão da realidade pela mediação das imagens míticas e religiosas de mundo. Cabe notar que em TAC Habermas retoma o conceito de racionalidade na perspectiva explicitada em nosso capítulo anterior, ou seja, da evolução social[25]. Para tanto, parte do pressuposto "ingênuo", como ele diz, de que na compreensão moderna de mundo "se expressam estruturas de consciência pertencentes a um mundo da vida racionalizado que, em princípio, tornam possível uma conduta racional de vida. Vinculamos implicitamente à nossa compreensão *ocidental* de mundo uma pretensão de *universalidade*"[26]. Seu intuito é demonstrar que apenas tal forma de interpretação da realidade merece ganhar o adjetivo "racional", ao contrário do que pensam os partidários da posição relativista, que preferem falar em *standards* alternativos de racionalidade. No entender de Habermas, a pretensão de universalidade da razão moderna está presente, ainda que tacitamente, no discurso de quem assume a posição contextualista, pois a crítica da racionalidade pressupõe sua superioridade diante de outras formas de pensamento, embora devamos estar atentos às distorções marcantes de uma autocompreensão cientificista da modernidade, associada ao aspecto unilateral e restritivo da racionalidade cognitivo-instrumental.

As análises habermasianas têm duas vertentes. Em primeiro lugar, a da antropologia cultural e social de língua francesa, de Levy-Bruhl a Godelier com passagem por Lévi-Strauss. Com ela, Habermas visa caracterizar os traços fundamentais da compreensão mítica de mundo e, retomando o conceito comunicativo de razão, evidenciar os aspectos constitutivos da compreensão moderna de mundo. Em segundo lugar, a do debate anglo-saxônio sobre o tema da racionalidade, debate entre filósofos e sociólogos que, ocorrido durante os anos sessenta e setenta, teve ampla repercussão e guarda, na atualidade, grande relevância. A figura principal deste debate

---

25. O conceito de "razão comunicativa" será tratado, sob outro prisma, no capítulo sobre a modernidade, cujo projeto se consubstancia nesse programa de uma racionalidade formal e diferenciada, situada, como é dito em DFM e PPM, entre o absolutismo da "razão substantiva" e o pluralismo anárquico do "outro da razão".

26. TAC I, p. 61.

é Peter Winch, com sua discussão do papel ocupado pela noção de compreensão *(Verstehen)* no âmbito da vida social e das ciências que dela se ocupam, bem como com sua análise dos estudos de Evans-Pritchard sobre a magia. Habermas reinaugura o debate pela linha argumentativa proposta por McCarthy, ou seja, a de enumerar os principais argumentos "pró" e "contra" a posição universalista em vista de saber "se, e em que sentido, os *standards* de racionalidade pelos quais se guiam, ao menos intuitivamente, os próprios cientistas, podem pretender ser universalmente válidos"[27]. A seguir, trataremos dessa dupla vertente, cuja importância é notória para nosso tema de estudo.

2.2. O pensamento mítico e a interpretação moderna do mundo

O pensamento mítico representa, segundo Habermas, o protótipo da visão totalizadora e englobante da realidade, e, portanto, diametralmente oposta de uma compreensão moderna e descentrada de mundo. A comparação entre elas serve sobretudo como recordação dos caminhos aventureiros da racionalidade desde as origens da humanidade até nossos dias. É a história de uma razão que, partindo de uma relação quase erótica com o mundo, dele se diferencia progressivamente, a ponto de se constituir em sua instância crítica. É o caminho da instauração de uma mentalidade que provoca gradualmente um hiato entre o homem, ser dotado de *logos*, e a natureza, em cuja imensidão se sabe imerso, porém potencialmente conhecedor e dominador de seus mistérios. Esta se transforma, pouco a pouco, em objeto de interpretação racional e, também, em objeto de sentido a ser instaurado por um homem que se percebe capaz de descobrir suas articulações internas. A ausência de reflexividade no

---

27. TAC I, p. 69. Cf. McCARTHY, Th. "The problem of rationality in Social Anthropology". *Stony Brook Studies in Philosophy*, 1 (1974): 1-21; cf. também, do mesmo: *The Critical Theory of Jürgen Habermas*, op. cit., pp. 317s. Sobre o tema mencionado, vide: WILSON, B. (Ed.). *Rationality*. Oxford, Basil Blackwell, 1970; JARVIE, I. C. *Rationality and relativism. In search of a philosophy and history of anthropology*. London, Routledge & Kegan Paul, 1984; HOLLIS, M. and LUKES, St. (Eds.). *Rationality and Relativism*. Oxford, Basil Blackwell, 1982.

pensar mítico sugere, para Habermas, uma divergência fundamental com a compreensão moderna de mundo, a saber, a de que nossa interpretação é efetivamente uma interpretação. Trata-se aqui de uma fórmula tautológica que visa indicar a abertura e o descentramento desta última, a qual, por sua reflexividade, situa-se como "sistema interpretativo" do mundo, isto é, como algo que não é idêntico ao seu ordenamento. A imagem mítica de mundo se confunde com sua própria ordem, faltando-lhe, assim, consciência de ser "representação" do mundo, e, portanto, algo suscetível de crítica e de revisão. Mas o caráter "fechado" da imagem mítica de mundo não está vinculado somente à falta de reflexividade. O mundo é aqui entendido como "unidade". O pensamento mítico não permite nenhuma diferenciação entre as atitudes básicas (objetivante, normativa e expressiva) em face dos mundos (objetivo, social e subjetivo), e, portanto, mescla pretensões de validade (verdade proposicional, correção normativa e veracidade expressiva) baseadas nos conceitos formais de mundo.

Este método comparativo entre formas assaz distanciadas de compreensão de mundo é recorrente no campo da antropologia social, e marcante desde as origens dessa disciplina[28]. Nunca deixou de suscitar querelas, a partir dos estudos pioneiros de Frazer e Tylor acerca das crenças mágicas e religiosas dos povos primitivos, estudos que são qualificados por Evans-Pritchard como mera "interpretação intelectualista" da magia[29], passando pelas provocantes pesquisas de Levy-Bruhl[30]. Estas últimas, mesmo opondo-se aos antropólogos vitorianos pela incapacidade de levarem em conta o contexto social a partir do qual se constitui qualquer representação coletiva, acentuavam o aspecto "místico" da mentalidade primitiva, em contraposição ao aspecto "racional" da mentalidade moderna, e, assim, suas respectivas estruturas "pré-lógica" e "lógica". A mentalidade moderna, segundo Levy-Bruhl, apesar de não ser imune a certas características da mentalidade primitiva, é definida pelo

---

28. Cf. LUKES, St. "Some problems about rationality", in: WILSON, B. (Ed.). *Rationality*, op. cit., pp. 194-213.
29. Cf. EVANS-PRITCHARD, E. *Theories of Primitive Religion*. Oxford, Clarendon Press, 1965.
30. Cf. sobretudo: LEVY-BRUHL, L. *Les fonctions mentales dans les sociétés inférieures*. Paris, Alcan, 1910; *La mentalité primitive*. Paris, Alcan, 1922.

aspecto racional e pela força das operações lógicas capazes de abstração e de generalização. Ao que parece, o autor abandonou, ao final do trajeto, essa hipótese de uma divergência radical entre uma mentalidade "pré-lógica" e uma mentalidade "lógica". Ele diz, com efeito, numa forma de autocrítica: "Não há uma mentalidade primitiva que se distingue de outra segundo *duas* características próprias (mística e pré-lógica). Há uma mentalidade mística mais marcada e mais facilmente observável nos "primitivos" do que em nossas sociedades, porém presente em qualquer espírito humano"[31]. Como é de praxe nessas passagens sintéticas de TAC[32], Habermas não leva em conta a possível mudança de perspectiva em Levy-Bruhl. De qualquer forma, teria a seu favor o comentário de Evans-Pritchard segundo o qual as modificações parciais ou completas introduzidas por aquele pensador têm importância secundária, pois são as opiniões expressas nas primeiras obras que constituem as verdadeiras contribuições de Levy-Bruhl à antropologia contemporânea[33].

Habermas alia-se a Evans-Pritchard ao afirmar, contra Levy-Bruhl, que a diferença entre os pensamentos mítico e moderno não está situada no plano das operações lógico-formais. Ele parte do fato de que "os membros adultos das sociedades primitivas são capazes, em princípio, de produzir as mesmas operações formais que os membros das sociedades modernas, apesar de que nas sociedades primitivas as competências de nível superior aparecem com menos freqüência e de forma mais seletiva, ou seja, são empregadas em áreas mais reduzidas da vida"[34]. Pritchard nota, com efeito, que os homens primitivos são capazes de construir, a partir de suas observações dos fenômenos, um encadeamento lógico entre causas e efeitos, fato que demonstra similitude com o pensamento moderno nos planos dos processos mentais e dos conteúdos de pensamento. A diferença reside no que ele designa por "conteúdo social" de cada pensamento, ou, em termos habermasianos, no "quadro

---

31. LEVY-BRUHL, L. *Les Carnets de Lévy-Bruhl* (obra póstuma). Paris, PUF, prefácio de M. Leenhardt, 1949, p. 131.
32. Cf. TAC I, pp. 59-90.
33. Cf. EVANS-PRITCHARD, E. *A history of anthropological thought*. London, Faber and Faber, 1981.
34. TAC I, p. 61. Habermas se refere ao estudo clássico de Evans-Pritchard: *Witchcraft, Oracles and Magic among the Azande*. Oxford, Clarendon Press, 1937.

conceitual" a partir do qual os indivíduos interpretam seus respectivos mundos. Segundo Evans-Pritchard, "seria absurdo dizer que o selvagem está pensando de forma mística e que nós estamos pensando de forma científica sobre a chuva... No entanto, podemos dizer que o conteúdo social de nosso pensamento acerca da chuva é científico, que conforma com os fatos objetivos, enquanto o conteúdo social do pensamento selvagem sobre a chuva é acientífico, porque não conforma com a realidade, e pode também ser místico, na medida em que assume a existência de forças supra-sensíveis"[35]. Todavia, é justamente o fato de Pritchard chamar de científico aquilo que está "in accord with reality" que conduzirá Peter Winch, como veremos, a criticar sua posição.

Baseando-se nas pesquisas de Lévi-Strauss e de Maurice Godelier sobre as culturas primitivas[36], Habermas caracteriza o pensamento mítico por seu poder integrativo e totalizante. Nos mitos, as inúmeras informações acerca dos mundos natural e social são organizadas de tal forma que cada fenômeno singular está relacionado com todos os outros, de acordo com "relações de contraste e de similitude". Os vários aspectos dos fenômenos são ordenados segundo uma perspectiva binária de "identidade e oposição", de "homologia e heterogeneidade", de "equivalência e desigualdade", de tal maneira que a diversidade das observações é reunida numa totalidade compreensível. As imagens míticas de mundo fundam, portanto, um complexo analógico no qual todos os fenômenos da natureza e da sociedade estão intricados e podem ser reciprocamente convertidos. Nas palavras de Godelier, o mito "constrói um gigantesco jogo de espelho no qual a imagem recíproca do homem e do mundo se reflete até o infinito e continuamente se decompõe e recompõe no prisma das relações entre natureza e cultura... Pela analogia, o mundo inteiro adquire sentido, tudo é significante e tudo pode ser significado dentro de uma ordem simbólica em que se encaixam, na pletora e riqueza de detalhes, todos os conheci-

---

35. EVANS-PRITCHARD, E. "Lévy-Bruhl's theory of primitive mentality", *apud* WINCH, P. "Understanding a primitive society", in: WILSON, B. (Ed.). *Rationality*, op. cit., pp. 78-111 (aqui, p. 80).

36. Cf. GODELIER, M. "Mythe et histoire: réflexions sur les fondements de la pensée sauvage", in: *Horizon, trajets marxistes en anthropologie II*. Paris, Maspero, 1973, pp. 271-302. Cf. LEVI-STRAUSS, C. *La pensée sauvage*. Paris, Plon, 1962.

mentos positivos"[37]. É neste caráter "analógico" do pensar mítico, no qual o conjunto dos fenômenos se refere a um sistema unitário de correspondências, associado ao grupo tribal, que Habermas vislumbra um de seus principais aspectos. O outro é o do "concretismo" de um pensamento "prisioneiro da apreensão intuitiva imediata", que sugere a impossibilidade de uma penetração mais profunda na realidade[38]. Ao mito falta profundidade porque seu desdobramento está apegado ao imediatamente visível.

Contudo, as imagens míticas de mundo expressam a experiência central de uma vida humana entregue ao fluxo de contingências incontroláveis. Elas representam tentativas grandiosas de neutralização da força avassaladora de um mundo repleto de instabilidade, tanto no plano natural quanto social. Do ponto de vista moderno, o que mais surpreende "é o nivelamento singular dos âmbitos distintos da realidade: natureza e cultura são projetadas sobre um mesmo plano"[39]. Enquanto o pensamento mítico significa a "reificação da sociedade" e a "antropomorfização da natureza", o pensamento moderno, fruto de um processo de desmitologização, que antes se prolonga na racionalização de concepções religiosas e metafísicas de mundo, representa, por seu turno, a "desnaturalização" da sociedade e a "des-socialização" da natureza. Trata-se de um processo histórico de "desencantamento" do mundo, conforme notado por Weber, e similar ao processo ontogenético de aprendizagem descrito por Piaget como "descentramento" da imagem de mundo[40].

O declínio do mito começa precisamente na percepção da distância entre o homem e o mundo, de um lado, e entre os vários planos do mundo, de outro. O pensamento mítico é portador de dupla ilusão: ilusão sobre si mesmo, pois não é consciente de ser interpretação do mundo, e, portanto, criação humana passível de revisionismo crítico; ilusão sobre o mundo, pois este é dotado de características propriamente humanas. Segundo Godelier, "ao representar a natureza por analogia ao homem, o pensamento primi-

---

37. GODELIER, M. *Ibidem*, pp. 287-288.
38. Cf. TAC I, p. 62.
39. TAC I, p. 63.
40. Ler, a respeito disso, o ensaio de Habermas sobre a dialética entre mito e Iluminismo, in: DFM, pp. 109-129 (publicado originalmente em: BOHRER, K.H. (Ed.). *Mythos und Moderne*. Frankfurt, Suhrkamp, 1982, pp. 415-430)

tivo trata o mundo das coisas como um mundo de pessoas (...) Ao mesmo tempo, em oposição, mas de maneira complementar, ele trata o mundo subjetivo das idealidades enquanto realidades objetivas existentes fora do homem e de seu pensamento, com as quais se pode e se deve comunicar se se quer agir por seu intermédio sobre a ordem profunda das coisas"[41]. A dupla ilusão estabelece, para Habermas, um notório contraste com nossa compreensão moderna do mundo, porquanto as concepções míticas "... não são compreendidas pelos que pertencem ao mundo correspondente como sistemas de interpretação, que estão conectados a uma tradição cultural, que são constituídos por relações internas de sentido, que mantêm uma relação simbólica com a realidade, que estão associados com pretensões de validade, e que, portanto, estão expostos à crítica e são suscetíveis de revisão"[42].

Evidentemente, Habermas fornece apenas os traços básicos de uma forma de pensamento cuja riqueza não pode ser apreendida por um simples contraste com outra. Sua intenção é evidenciar certos aspectos constitutivos da compreensão moderna de mundo e, a partir deles, traçar um conceito de razão apropriado. Em virtude disto, Habermas privilegia a história e a diacronia, propondo, de certa maneira, uma leitura seletiva do estruturalismo. Sabe-se que Lévi-Strauss (apesar de rechaçar a crítica, movida contra ele, de haver banalizado o caráter dinâmico da "estrutura" do pensamento humano) concedeu privilégio metodológico à sincronia, no intuito de contrapor-se a qualquer forma de etnocentrismo[43]. Segundo ele, com efeito, "o pensamento selvagem não é o de uma humanidade primitiva ou arcaica, mas o pensamento em estado selvagem, distinto do pensamento cultivado"[44]. A posição de Habermas, neste ponto, está mais próxima de Godelier, para quem o pensamento mítico "é, ao mesmo tempo, pensamento *em estado* selvagem e pensamento *dos* selvagens"[45]. Há, em nosso autor, uma tendência em acentuar mais as discrepâncias do que as continuidades entre o

---

41. GODELIER, M. "Mythe et Histoire...", op. cit., p. 279.
42. TAC I, p. 69.
43. Sobre a seletividade da leitura habermasiana desta e de outras teorias, vide: GIDDENS, A. "Reason without Revolution?...", op. cit., pp. 117s.
44. LEVI-STRAUSS, C. *La pensée sauvage*, op. cit., p. 290.
45. GODELIER, "Mythe et Histoire...", op. cit., p. 294.

pensamento "selvagem" e o pensamento "civilizado". A mentalidade primitiva é tomada por Habermas à distância da racionalidade e caracterizada pelo que não é, pelo que não efetua, em vez de ser vista pelo que representa. Ora, o fato de insistir no hiato, na descontinuidade, na ausência, na diferença, etc., gera uma descrição pejorativa, que inibe a leitura no sentido da complementaridade entre mito e razão[46]. A análise habermasiana do mito, sem precisar ceder no objetivo de superar a posição relativista no debate sobre a racionalidade, ganharia muito, ao que parece, pela caracterização do mito por suas propriedades específicas, e não simplesmente pela negação e exclusão[47].

É verdade, porém, que a estratégia argumentativa proposta por Habermas permite salvaguardar o que ele chama de "acentuação autocrítica" da posição universalista, pela qual se dá conta do primado unilateral da racionalidade instrumental, marcante num determinado modelo do processo de racionalização do Ocidente. Mesmo um adepto da "razão comunicativa" tem de admitir que os participantes do discurso argumentativo, no qual a força não coercitiva do melhor argumento vale como pressuposto inevitável da comunicação, "...sabem — ou podem saber — que também esta idealização só é necessária porque as convicções se constituem e se conservam num 'medium' que não é 'puro', que não é subtraído ao mundo das manifestações, ao jeito das idéias platônicas. Só um discurso que reconheça isso poderá talvez ainda quebrar o feitiço do pensamento mítico, sem se arriscar a perder a luz dos potenciais semânticos também depositados no mito"[48]. Ora, tal estratégia só é possível graças à constatação das perdas resultantes do processo racionalizador, fruto de um diálogo fecundo com formas divergen-

---

46. Um exemplo de tal atitude encontra-se no (pouco comentado) antropólogo Maurice Leenhardt (cf. *Do Kamo, la personne et le mythe dans le monde mélanésien*. Paris, Gallimard, 1971). Do ponto de vista filosófico, Habermas privilegia a célebre obra *Dialektik der Aufklärung*, de Horkheimer e Adorno (cf. *La dialectique de la raison*. Paris, Gallimard, trad. de E. Kaufholz, 1974). As edições originais das obras aqui mencionadas datam, coincidentemente, de 1947.
47. Vide, neste sentido, a resenha de RASMUSSEN, D. "Communicative Action and Philosophy: Reflections on Habermas' *Theorie des kommunikativen Handelns*". *Philosophy and Social Criticism*, 9 (1982): 3-28.
48. DFM, p. 129.

tes de compreensão do mundo[49]. Destarte, pode-se perceber o alcance e o sentido das seguintes questões expressas em TAC: "Nós, integrantes das sociedades modernas, não podemos aprender algo de formas de vida alternativas, particularmente das formas pré-modernas de vida? Não deveríamos, além da exaltação romântica de estádios evolutivos superados e do encanto exótico por conteúdos culturais estranhos, rememorar as perdas contidas em nosso próprio caminho em direção da modernidade?"[50]. A resposta de Habermas é afirmativa, embora sem colorido nostálgico. Assim, a despeito de seu tratamento embrionário do mito, nosso autor parece reter, no curso do debate, a máxima lapidar de Peter Winch, segundo a qual estudar seriamente outra forma de vida significa, necessariamente, procurar ampliar a nossa[51]. O que, a bem dizer, não exclui a crítica, como veremos a seguir, da posição aparentemente relativista deste pensador. Ao contrário. Habermas visa demonstrar a justeza da pretensão universal da racionalidade moderna.

Winch é conhecido, sobretudo, por sua aplicação original da teoria dos jogos de linguagem do "segundo" Wittgenstein no campo das ciências sociais, isto é, pela constituição de uma sociologia compreensiva baseada na análise lingüística proposta pelo autor de *Investigações Filosóficas*. Seu pequenino livro[52], de 1958, suscitou amplo debate sobre o uso da noção de compreensão (*Verstehen*) nessas ciências[53]. Opondo-se à idéia neopositivista de "ciência unificada", Winch emprega aquela noção, oriunda do historicismo de Dilthey, do neokantismo de Rickert e da metodologia weberiana das ciências sociais, para estabelecer nova relação entre a pesquisa sociológica e o pensamento filosófico. Sua tese é clara: o progresso das ciências sociais depende mais dos métodos filosóficos — com

---

49. David Ingram defende a idéia de que a incorporação de uma racionalidade estética na obra habermasiana deve ser compreendida como tentativa de salvar uma dimensão poética e lúdica — evidente no pensamento mítico — no seio de sua teoria crítica (INGRAM, D. *Habermas and the dialectic of reason*, op. cit., pp. 172s.).

50. TAC I, p. 81.

51. Cf. WINCH, P. "Understanding a Primitive Society", op. cit., p. 99.

52. WINCH, P. *The Idea of a Social Science and its Relation to Philosophy*. London, Routledge & Kegan Paul, 6ª ed., 1970.

53. Sobre isto, vide a antologia organizada por: DALLMAYR, F. and McCARTHY, Th. (Eds.). *Understanding and Social Inquiry*. Notre Dame, University Press, 1977.

base na concepção madura de Wittgenstein[54] — do que dos métodos das ciências naturais. É por isso que considera as duas vertentes de sua teoria, a saber, a crítica das idéias predominantes acerca da pesquisa filosófica e a mesma crítica sobre os estudos sociais, como uma única frente de trabalho. Em outros termos, Winch acredita que o problema central da sociologia, que é elucidar a natureza dos fenômenos sociais em geral, também diz respeito à filosofia, uma vez que todos os "conceitos" são intrinsecamente dependentes da vida social, ou seja, só têm sentido no contexto das ações sociais em que são empregados. Encontra-se na teoria de Winch uma espécie de "circularidade" entre relações sociais e idéias, pois ambas representam, em última instância, a mesma coisa, embora consideradas sob diferentes pontos de vista. Winch sublinha o caráter social das regras, associadas a "formas concretas de vida": a linguagem não é usada de maneira abstrata; pelo contrário, só é inteligível no contexto geral de seu surgimento. O comportamento humano tem "sentido" porque é governado por "regras", que, por seu turno, pressupõem um determinado contexto sociocultural. Daí sua bela fórmula: "*Verstehen* [compreensão] implica *Sinn* [sentido], e *Sinn*, como argumentei, implica regras socialmente estabelecidas"[55].

O conceito de *Verstehen* adquire, na teoria de Winch, a forma essencial da compreensão dos jogos de linguagem ou das formas de vida nas quais está inserido o sentido do comportamento humano a ser apreendido. Trata-se aqui de uma "sociologia compreensiva" que "procede fundamentalmente pela análise da linguagem: ela compreende as normas que guiam a ação a partir das regras da comunicação lingüística cotidiana (...) Silenciosamente, Winch pensa em termos radicais: ele reduz a sociologia a um tipo particular de análise da linguagem"[56]. Contudo, a despeito da importância do

---

54. Habermas adota a conhecida distinção entre a primeira fase da reflexão transcendental do *Tractatus Logico-Philosophicus* (transcendentalismo lingüístico análogo, segundo Apel, à análise transcendental da consciência em Kant) e a fase ulterior da reflexão sociolingüística baseada na noção de "jogos de linguagem". Tal questão extrapola os limites de nosso trabalho (cf., a propósito: APEL, K-.O. *Transformation der Philosophie*, op. cit.). Note-se apenas que, já em 1967, nosso autor afirmava: "Hoje, a problemática tradicional da consciência foi substituída pela problemática da linguagem..." (LCS, p. 154).

55. WINCH, P. *The Idea of a Social Science...*, op. cit. p. 116.

56. LCS, pp. 167-168.

vínculo entre "jogo de linguagem" e "forma de vida" para a justificação da sociologia compreensiva fundada numa análise lingüística, Habermas considera, a partir do ponto de vista de sua pragmática universal, que a abordagem de Winch esbarra com o problema da "tradução", uma vez que os jogos de linguagem de Wittgenstein constituem formas de vida fechadas em si mesmas. Destarte[57], o aspecto mais provocante do estudo de Winch reside em sua tese da incomensurabilidade dos jogos de linguagem e das formas de vida, pois ela toca na essência do papel desempenhado pelos antropólogos e sociólogos, que é a de tentar compreender não apenas suas culturas e sociedades, mas também, quiçá sobretudo, outras culturas e sociedades. Ora, apesar da "reflexividade" (*reflectiveness*) das regras da linguagem, Winch não transige em face da idéia da impossibilidade de aplicação de regras específicas das pesquisas científicas em contextos governados por regras diferentes, pois "*o que o sociólogo está estudando, bem como seu próprio estudo, é uma atividade humana e, portanto, realizada de acordo com regras*"[58]. Em outros termos, o pesquisador tem de compreender os jogos de linguagem que estão sendo jogados, porquanto entre as idéias e o contexto social do qual elas emergem há uma "relação interna". Pode-se afirmar que Winch ergue uma espécie de "barreira hermenêutica" que, embora não seja intransponível — pois ele não nega a possibilidade da compreensão de outras formas de vida, sublinhando somente a singularidade de cada uma delas, e, conseqüentemente, a necessidade da apreensão de suas relações internas não generalizáveis —, representa um caso paradigmático na recusa da idéia de universalização dos critérios de uma certa forma de vida. Segundo ele, o intérprete deve ser "participante" e não mero "observador" desta última.

---

57. Sobre o que segue, vide a introdução feita por Dallmayr e McCarthy, in: *Understanding and Social Inquiry*, op. cit., pp. 1-13. Sobre as etapas da reflexão habermasiana em torno da epistemologia das ciências sociais, vide: McCARTHY, Th. *The Critical Theory of Jürgen Habermas*, op. cit., pp. 137s. De Habermas, além de LCS, cf. tb. TAC I, pp. 118-152.

58. WINCH, P. *The Idea of a Social Science...*, op. cit., p. 87. Winch toma como exemplo a atividade de "rezar": os critérios, segundo os quais os estudiosos devem decidir se duas formas distintas de oração (a do fariseu e a do publicano, por exemplo) pertencem ao mesmo gênero de ação, não dizem respeito à sociologia enquanto tal mas, ao contrário, à própria religião estudada.

Mas o que significa, para um intérprete, ser participante e não apenas observador de uma forma de vida estranha? Podemos fazer abstração de nossos jogos de linguagem em proveito de outros? Eis aí algumas questões que Winch não respondeu em seu livro, delas tratando posteriormente no artigo em que a discussão sobre o papel da *Verstehen* nas ciências sociais dá lugar a uma reflexão sobre os métodos empregados na antropologia cultural[59], sobretudo na abordagem de Evans-Pritchard. Ao qualificar de a-científico o pensamento mítico, porque não conforma com a realidade objetiva, este último, segundo Winch, desconhece a polissemia do termo "realidade objetiva", permitindo-se julgar o pensamento dos Azande segundo os critérios próprios do pensamento científico. Porém, neste caso, o conceito de "realidade" não é inteligível nem aplicável fora do contexto do raciocínio científico, com o qual "nossa realidade", longe de estar situada num terreno metafísico, tem uma relação inequívoca[60]. É difícil qualificar a postura de Winch no debate sobre a racionalidade, pois se situa numa espécie de posição intermediária: por um lado, defende a possibilidade da compreensão de outras formas de vida; por outro, não aceita pensar tal operação independentemente do contexto no qual as expressões e as ações são utilizadas, praticando aquilo que Steven Lukes chama "caridade hermenêutica" (ou seja, abertura aos aspectos aparentemente exóticos e incompreensíveis de culturas distintas), que obriga o intérprete a aceitar os *standards* de racionalidade dos povos primitivos como sendo tão válidos quanto os seus[61]. Segundo McCarthy, a preocupação de Winch é não confundir "diferença" cultural com "inferioridade" cultural[62]. Resta saber se, de fato, Evans-Pritchard, a despeito de assinalar a "inferioridade" do pensamento mítico no plano da consistência científica, deixou de exercitar uma tal atitude indulgente[63].

Habermas está de acordo com a importância metodológica desse princípio de caridade hermenêutica, mas contesta a pressupo-

---

59. Cf. WINCH, P. "Understanding a Primitive Society", op. cit.
60. Cf. Idem, *Ibidem*, pp. 80-81.
61. Cf. "Some problems about rationality", op. cit.; sobre Winch, pp. 208s.
62. Cf. McCARTHY, Th. *The Critical Theory...*, op. cit., pp. 317s.
63. Habermas (cf. TAC I, p. 71) considera que seu estudo da tribo africana dos Azande constitui um belo exemplo de "caridade hermenêutica", sem que desta abordagem tenham resultado conseqüências relativistas.

sição de que seu uso torne impossível classificar formas de pensamento segundo graus de racionalidade, pois "para o intérprete não é uma questão de *caridade hermenêutica*, mas um imperativo metodológico, presumir, de início, a racionalidade da expressão em questão a fim de assegurar-se progressivamente, em último caso, de sua irracionalidade"[64]. Isto, para Habermas, não significa prejulgar a posição do outro a partir da nossa. Ao contrário. Significa entrar num diálogo que, desde o início, admite levar em conta as razões que o outro poderia aduzir. Os critérios de racionalidade são historicamente mutáveis e dependentes de contextos específicos, mas as pretensões de validade inerentes ao discurso racional transcendem qualquer contexto. "Quando um intérprete penetra nas razões que um agente dá ou poderia dar em circunstâncias adequadas em favor de sua expressão, ele passa a um plano no qual deve tomar posição com 'sim' ou 'não' em face de pretensões de validade criticáveis"[65]. Sem embargo, a abordagem de Winch revela acuidade na crítica da posição de Evans-Pritchard segundo a qual a concepção científica "is in accord with reality". Para Habermas, aqui reside, a um só tempo, a força e a fraqueza de sua análise.

As visões de mundo se referem tanto ao particular quanto à totalidade. Nesta última perspectiva, adotada por Winch, elas se parecem com "retratos" que visam representar uma pessoa em sua totalidade, pois as visões de mundo "...fixam o marco conceitual dentro do qual tudo o que existe no mundo pode ser interpretado como algo de determinado"[66]. Neste sentido, assim como os retratos, as imagens de mundo não são nem verdadeiras nem falsas. Portanto, a abordagem de Winch, segundo Habermas, amplia os critérios a serem levados em conta na comparação entre imagens de mundo. Estas devem ser consideradas não apenas na função do conhecimento e do controle da natureza externa, mas também pelo potencial de fundamentação de sentido. Nesta ótica, Peter Winch afirma que sua intenção é relacionar as crenças mágicas com o "sentido do significado da vida humana. Esta noção é, penso eu, indispensável dentro de qualquer justificação do que está envolvido na compreensão e aprendizado de uma cultura alheia"[67].

---

64. TAC I, p. 71.
65. TAC I, p. 71.
66. TAC I, p. 74.
67. WINCH, P. "Understanding a Primitive Society", op. cit., p. 105.

Habermas concorda que os indivíduos encontram em seus sistemas culturais de interpretação respostas concretas para questões existenciais, reiterando que tanto os mitos quanto as religiões representam eixos orientadores de sentido para a vida humana. Segundo ele, "as imagens de mundo lançam luz sobre temas existenciais, que se encontram em todas as culturas, como do nascimento e da morte, da enfermidade e da angústia, da culpa, do amor, da solidariedade e da solidão. Elas abrem possibilidades cooriginárias *of making sense of human life*. Com isso, estruturam formas de vida *incomparáveis em seu valor*. A racionalidade das formas de vida não pode ser reduzida à adequação cognitiva das visões de mundo subjacentes"[68].

No entanto, Habermas sustenta que as imagens de mundo representam mais do que simples retratos "porque *possibilitam* expressões que são suscetíveis de verdade"[69]. Embora existam vários critérios de verdade, a própria idéia de verdade é algo universal, isto é, em qualquer contexto sociolingüístico a verdade de um enunciado é suscetível de universalização, pois ele está aberto à argumentação. "Qualquer que seja o sistema de linguagem escolhido, sempre partimos intuitivamente da pressuposição de que a verdade é uma pretensão universal de validade. Se um enunciado é verdadeiro, ele merece, qualquer que seja a linguagem em que foi formulado, um assentimento universal"[70]. As imagens de mundo, portanto, podem ser comparadas do ponto de vista da "adequação cognitiva", ou seja, segundo as pretensões de validade que elas incorporam. E Habermas vai além. A adequação cognitiva das imagens de mundo se reflete igualmente na conduta de vida dos membros de uma mesma tradição cultural. Evans-Pritchard notava que os Azande não apenas não tentavam eliminar as contradições resultantes dos pressupostos de sua visão de mundo como nem mesmo reconheciam a existência de tais contradições. Segundo Habermas, esta tolerância diante das contradições é sinal claro de uma "conduta irracional de vida" (orientações de ação que se estabilizam ao preço da repressão das contradições). Eis outra idéia contestada por Winch, que considera ilegítimo forçar a demanda de consistência além do que fariam os próprios primitivos. Neste caso, o intérprete comete

---

68. TAC I, p. 75.
69. TAC I, p.74.
70. TAC I, p. 74.

um "erro de categoria" (*category-mistake*), porquanto confunde uma crença mágica com uma quase-teoria[71].

O argumento de Winch tem valor, para Habermas, enquanto um "corretivo" da atitude etnocêntrica, que se funda regularmente numa concepção limitada da racionalidade, ou seja, adstrita ao aspecto cognitivo-instrumental. Mas Habermas não aceita as conclusões relativistas implicadas na sua abordagem culturalista da linguagem. Em seu uso pragmático, a linguagem estrutura um tipo de racionalidade que, embora sempre situada nos contextos plurais das formas de vida, transcende seus jogos de linguagem pela validade pretendida universalmente, porquanto resgatável discursivamente, em todo ato de fala. A debilidade dos argumentos utilizados contra a posição relativista surge, como nota McCarthy, "de um conceito de racionalidade restrito aos cânones reconhecidos do raciocínio científico. A argumentação contra o relativismo requer uma noção mais compreensiva de racionalidade, noção que incorpore uma concepção de razão prática e que amplie a concepção de razão teórica de tal maneira que esta não se reduza 'ao' método científico. É justamente essa noção mais compreensiva de racionalidade que a teoria da competência comunicativa trata de desenvolver"[72]. Ora, a noção de "razão comunicativa" faculta a Habermas considerar a validez das objeções de Winch, sem sucumbir a um relativismo ou um contextualismo insustentáveis. E, no debate por ele reinaugurado, as análises de Robin Horton[73] e Ernest Gellner[74] prefiguram tal conceito de razão.

Com base na distinção popperiana entre mentalidades "fechadas", de um lado, e mentalidades "abertas", de outro[75], Horton afirma que as sociedades "tradicionais" se caracterizam por ima-

---

71. Cf. WINCH, P. "Understanding a Primitive Society", op. cit., p. 93.
72. McCARTHY, Th. *The Critical Theory*..., op. cit, p. 319.
73. HORTON, R. "African Thought and Western Science", in: WILSON, B. (Ed.). *Rationality*, op. cit., pp. 131-171: cf. tb. "Professor Winch on Safari". *Archives Européennes de Sociologie*, tomo XVII, 1 (1976): 157-180.
74. GELLNER, E. "The Savage and the Modern Mind", in: HORTON and FINNEGAN, R. (Eds.). *Modes of Thought*. London, Basil Blackwell, 1973, pp. 162-181.
75. Ler, a propósito: POPPER, K. *The open society and its enemies*. London, Routledge and Kegan Paul, 1945; *The poverty of historicism*. London, Routledge and Kegan Paul, 1957.

gens de mundo refratárias à mudança, fechadas a novas alternativas, ao contrário das sociedades "modernas", mais abertas a experiências inovadoras e permeáveis a múltiplas interpretações. Gellner, por seu turno, embora apoiando-se na mesma distinção, estende as considerações de Horton a outras dimensões, levando em conta a importância das imagens de mundo para a socialização dos indivíduos. Neste sentido, ele nota que os conceitos fundamentais das imagens de mundo, imunes de revisão crítica no seio das sociedades tradicionais, estão, no pensamento moderno, limitados a poucos princípios formais (como os da lógica), que fornecem um quadro geral a partir do qual avaliam-se as convicções acerca da realidade. A distinção entre mentalidades abertas e fechadas, nesse sentido sugerido, permite a Habermas sustentar sua posição em favor do universalismo crítico. Universalismo porque a compreensão moderna de mundo está aqui associada ao conceito processual e formal de razão comunicativa, que, como vimos, remete à possibilidade do resgate discursivo de pretensões de validade suscetíveis de crítica, diferenciadas conforme a tríplice noção de mundo. Crítico, dado que, se Habermas, por um lado, evita a interpretação depreciativa da razão instrumental, seu conceito de razão comunicativa, por outro, inibe qualquer leitura restritiva (ancorada na hipóstase da racionalidade científica) do processo de modernização. É por isso que Habermas segue Horton na sugestão de superioridade das formas pré-modernas de vida no que diz respeito tanto à "qualidade intensamente poética da vida e do pensamento diários" quanto ao "prazer penetrante do momento fugaz", que são "duas coisas erradicadas da vida ocidental sofisticada pela busca da pureza de motivo e pela fé no progresso"[76]. A idéia da "acentuação autocrítica" da posição universalista reside na capacidade de tomar consciência, por via comparativa, dos limites de nossas formas de vida. Habermas resume todos os meandros do debate sobre a racionalidade ao dizer "que os argumentos de Winch são muito débeis para estabelecer que um conceito incomparável de racionalidade é inerente a cada imagem de mundo lingüisticamente articulada e a cada forma cultural de vida, mas que sua estratégia argumentativa é suficientemente forte para distinguir entre uma auto-interpretação acrítica da modernidade, restringida ao conhecimento e ao domínio técnico

---

76. HORTON, R. "African Thought and Western Science", op. cit., p. 170.

da natureza externa, e a pretensão de universalidade, em princípio justificada, da racionalidade que se expressa na compreensão moderna de mundo"[77].

Assim, é a partir do modelo "discursivo" de racionalidade que Habermas defende a superioridade da racionalidade moderna[78]. Tal modelo obriga todos os participantes do debate, mesmo os partidários do relativismo, a levar em conta as regras do discurso racional, a reconhecer as pressuposições inevitáveis da argumentação. Na defesa dos *standards* de racionalidade do pensamento primitivo, os relativistas empregam implicitamente os *standards* próprios do pensamento moderno, usando, desta maneira, determinados níveis argumentativos e procedimentos reflexivos inexistentes nas formas de vida pretensamente defendidas. Porém, este argumento "tu quoque" transcendental herdado de Apel[79], segundo o qual não se pode tomar o diálogo argumentativo de forma coerente sem se adotar, desde o princípio, uma atitude discursiva, é consideravelmente refinado por Habermas. Segundo ele, este argumento não demonstra, por si só, que tal atitude seja universalmente válida, pois ele comporta um elemento "decisionista" ao vislumbrar, de maneira sub-reptícia, a possibilidade de uma "confirmação voluntária" daqueles que participam nas argumentações; em suma, tal argumento encara a "participação" nos discursos argumentativos como "decisão racional". Neste caso, dever-se-ia justificar esta última decisão, e assim por diante, fazendo com que o argumento assuma o caráter evidente de círculo vicioso. Ora, segundo Habermas, não se trata aqui de confirmação voluntária dos indivíduos, pois os discursos racionais estão sistematicamente enraizados no mundo vivido. "Quem não participa das argumentações, ou não está disposto a participar delas, encontra-se sempre, apesar de tudo, 'já' nos contextos do agir comunicativo. Agindo assim, ele já reconheceu ingenuamente as pretensões de validade, mesmo quando erguidas de forma contrafactual, que estão contidas nos atos de fala, e que só podem ser resgatadas discursivamente. De outro modo, teria de desligar-se do jogo de linguagem estabelecido comunicativamente na prática cotidiana"[80].

---

77. TAC I, p. 82.
78. Sobre o que segue, cf. McCARTHY, Th. *The Critical Theory...*, op. cit., pp. 321s.
79. Cf. APEL, K.-O. *L'éthique à l'âge de la science*. Lille, Presses Universitaires de Lille, trad. de R. Lellouche et I. Mittmann, 1987.
80. CLC, p. 140, nota 16 (trad. mod.).

É neste sentido que a teoria da evolução social (cujos aspectos centrais expusemos no capítulo anterior) adquire relevância, uma vez que ela permite demonstrar, segundo a lógica evolutiva passível de reconstrução, não apenas diferenças ou mudanças mas igualmente crescimento e extensão (de capacidade argumentativa e de orientações de ação) na passagem das imagens míticas às imagens religiosas e metafísicas de mundo, e destas, dotadas de um elevado potencial universalista, à compreensão moderna de mundo. Tal racionalização das imagens de mundo se realiza, segundo Habermas, pelos processos de aprendizagem marcados por sucessivos descentramentos. Somente uma compreensão moderna de mundo, por essa ótica[81], possibilita a diferenciação clara entre os conceitos formais de mundo (objetivo, social e subjetivo), bem como das pretensões de validade e das atitudes de base correspondentes. Além disso, enceta uma relação reflexiva consigo mesma e autoriza institucionalizações permanentes de discursos argumentativos específicos. "Quanto mais sejam as tradições culturais as que decidam de antemão quais pretensões de validade, quando, onde, sobre o que, de quem e diante de quem podem ser aceitas, tanto menor é a possibilidade de os participantes explicitar e verificar, por eles mesmos, as razões potenciais em que baseiam suas posições de aceitação ou negação"[82]. Para Habermas, as estruturas de uma "compreensão descentrada de mundo", no sentido de Piaget, são um traço característico da modernidade e resultam fundamentalmente da racionalização das imagens de mundo. É óbvio que o processo racionalizador comporta transformações profundas, arriscadas e onerosas para um mundo vivido moderno não mais caracterizado, nos termos de Habermas, pelo "acordo normativamente adscrito" e sim pelo "entendimento comunicativamente obtido". Tal processo implica, não resta dúvida, enormes e irreparáveis perdas.

Como situar então a postura de Habermas diante da erosão dos sentidos e das evidências transmitidas pelos mitos e pelas religiões? Pode-se pensar num retorno? Devemos buscar apoio num mundo irremediavelmente desencantado? A essas indagações a teoria do agir comunicativo propõe respostas filtradas pela viabilidade de seu próprio projeto, que retoma, sem nostalgia de eras passadas e sem projeções utópicas reconciliadoras, o conteúdo semântico das

---

81. Cf. TAC I, pp. 87-88.
82. TAC I, p. 86.

tradições culturais, sob a forma de um humanismo baseado na "reciprocidade" do diálogo. Ainda que adote leitura crítica do processo de modernização das sociedades, notando suas patologias e deformações, Habermas está convencido de que "o descentramento da compreensão de mundo e a racionalização do mundo vivido são condições necessárias para uma sociedade emancipada"[83]. Contudo, Habermas precata-se contra a assimilação de formas de vida "possíveis", sob quaisquer ângulos não antecipáveis à maneira do utopismo que projeta idéias substantivas de "bem viver", com a realidade das formas de vida "logradas". Ele é taxativo: "A emancipação, em sentido categórico, torna os homens mais independentes mas não necessária e automaticamente mais felizes". Habermas sustenta que "... o conceito de modernidade não está mais ligado a nenhuma promessa de felicidade. Todavia, apesar de todo o palavrório sobre a pós-modernidade, ainda não temos alternativas racionais para as formas de vida da modernidade. O que nos resta então a não ser procurar ao menos melhoramentos práticos *no interior* dessas formas de vida?"[84].

O agir comunicativo, chamado, na época moderna, como já foi sugerido, a suplantar a autoridade antes assumida pelas imagens míticas e religiosas de mundo, esbarra, como é de se notar pela própria forma processual de sua racionalidade, naqueles limites do incondicionado, representado nas várias "figuras" do Absoluto. O conceito pós-metafísico de razão, portanto, detém-se diante de acontecimentos extraordinários, de fluxos de contingências não totalmente controlados, da fundamentação última do sentido da vida humana, em suma, diante das questões privilegiadas pelas chamadas teodicéias, que tentam dar conta da presença do mal num mundo supostamente governado pela bondade divina. "Considerando os riscos da vida individual, é verdade que não se *pode* sequer *conceber* uma teoria que pudesse interpretar por completo as facticidades da solidão e da culpa, da doença e da morte. As contingências, inseparáveis da constituição corporal e moral do indivíduo, só podem atingir a consciência *sob a forma* de contingência. Temos de viver com elas, estando em princípio privados de consolo"[85]. Assim, a despeito do ambicioso papel outorgado, na modernidade, às

---

83. TAC I, p. 90.
84. HABERMAS, J. *Passado como futuro*, op. cit., p. 102.
85. CLC, pp. 151-152 (trad. mod.).

estruturas profanas da comunicação pela linguagem, Habermas não sucumbe à tentação de desenvolver uma espécie de teoria monolítica que, à guisa de teodicéia secularizada, pudesse resolver qualquer problema existencial. "A razão comunicativa não se apresenta no palco assumindo a figura de uma teoria tornada estética, como se fosse o elemento negativo apagado de religiões que distribuem consolo. Tampouco ela proclama que o mundo abandonado por Deus é sem consolo. Nem ela se arvora em consoladora. Ela também renuncia à exclusividade. Enquanto não encontrar no meio da fala argumentativa palavras melhores para caracterizar aquilo que a religião sabe dizer, ela coexistirá sobriamente com esta, sem apoiá-la, entretanto"[86].

2.3. Considerações intermediárias sobre a ética discursiva

Como acabamos de ver, um aspecto vital da pragmática formal é a defesa da universalidade do modelo discursivo de racionalidade. Na capacidade de honrar pela discussão argumentada as pretensões de validade erguidas pelos atos de fala reside uma competência geral da espécie humana. Daí que, na esteira de Toulmin, a teoria habermasiana da argumentação adota uma posição universalista derivada da análise da estrutura racional do discurso, quer no domínio teórico, quer no domínio prático, procurando demonstrar a lógica evolutiva subjacente às aquisições da competência comunicativa. Neste plano empírico, Habermas utiliza a teoria do desenvolvimento da consciência moral formulada por Kohlberg, visando corroborar a viabilidade das reconstruções hipotéticas sobre as quais repousa a ética do discurso.

O *status* de ciência reconstrutiva da *Diskursethik* opera uma demarcação em face de outras teorias morais de tipo cognitivista, inclusive daquelas que compartilham os mesmos pressupostos, na medida em que Habermas renuncia a uma fundamentação última do princípio moral. O programa de fundamentação racional da moral com base na teoria discursiva, que comporta, para nosso autor, dois aspectos essenciais — a saber, a introdução do "princípio de universalização" como regra argumentativa para os discursos práticos e a

---

86. PPM, pp. 181-182.

demonstração do valor universal de tal princípio a partir da "comprovação transcendental-pragmática" que estabelece a existência de pressuposições universais e necessárias da argumentação —, não é, por si mesmo, suficiente, pois depende de confirmação empírica. Por isso, a teoria discursiva da ética "...não é nada de muito presunçoso; ela defende teses universalistas, logo, teses muito fortes, mas reivindica para essas teses um status relativamente fraco"[87]. Neste sentido, Rochlitz acertadamente situa Habermas numa posição eqüidistante do transcendentalismo e do contextualismo, inadequados para uma teoria moral enquadrada num estádio pós-convencional, virtualmente universal e compatível com as exigências da democracia moderna. A concepção habermasiana da moral distingue-se de teorias similares, como as conhecidas abordagens de Rawls, Apel, Tugendhat e Wellmer "...na medida em que não é integralmente 'filosófica', num sentido estrito; ela se filia a uma teoria social cujo alcance filosófico conduz a uma autolimitação da filosofia"[88].

Ora, as bases empíricas da teoria ontogenética do desenvolvimento da consciência moral são problemáticas, e Habermas não titubeia em apontar as anomalias de tal abordagem[89]. No entanto, os dois momentos de fundamentação filosófica e de corroboração empírica interpenetram-se continuamente. Por um lado, a ética é uma ciência normativa, mas recebe confirmação da análise empírica. Por outro, toda ciência reconstrutiva, como no caso da teoria de Kohlberg, precisa de alicerces filosóficos para uma fundamentação teórica. "Entre a *ética filosófica* e uma *psicologia do desenvolvimento* que depende da reconstrução racional do saber pré-teórico de sujeitos que julgam de maneira competente instaura-se, pois, uma *divisão do trabalho*, regulada segundo pontos de vista da coerência e que exige uma mudança na autocompreensão tanto da ciência quanto da filosofia. Essa divisão do trabalho não só é incompatível com a pretensão de exclusividade que o programa da ciência

---

87. MC, p. 143
88. ROCHLITZ, R. "Éthique postconventionnelle et démocratie". *Critique*, 486 (1987): 938-961 (aqui, p. 951).
89. Cf. MC, pp. 204s. Cf. tb. "Justice and Solidarity: on the discussion concerning "stage 6"". *The Philosophical Forum*, XXI, 1-2 (1989-90): 32-52. Este e outros ensaios de Habermas, posteriores à publicação de MC, foram reunidos em: *Erlävterungen zur Diskursethik*. Frankfurt, Suhrkamp, 1991 (trad. francesa de M. Hunyadi: *De l'éthique de la discussion*. Paris, Cerf, 1992).

unificada ergueu outrora para a forma-padrão das ciências empíricas nomológicas, mas é igualmente incompatível com o fundamentalismo de uma filosofia transcendental visando a uma fundamentação última"[90]. Em qualquer dos casos, para Habermas, atinge-se um reconhecimento da superioridade do nível pós-convencional, o único estádio a constituir um conceito claro e preciso da moralidade. Pode-se afirmar que o universalismo crítico sustentado por ele em TAC é reiterado no debate com as teorias contemporâneas da moral. Nosso autor se opõe aos variados tipos de ceticismo ético, mas sua fundamentação racional do princípio de universalização — método empregado contra essas tendências — não assume em sua obra o caráter regressivo da fundamentação última, de natureza propriamente metafísica.

Vale lembrar que Habermas propugna desde seus primeiros trabalhos uma distinção entre processos de racionalização referentes às esferas culturais de valor oriundas da arquitetônica kantiana da razão pura, as quais, embora mutuamente vinculadas na unidade formal da racionalidade comunicativa, não coincidem, a ponto de obedecerem a uma lógica evolutiva diferenciada. Nota-se, não obstante, um acento expressivo, com contornos de preeminência, da dimensão da moral na teoria habermasiana da sociedade, resultado da notória preocupação de Habermas em salvaguardar a racionalidade própria de um campo fundamental da vida social, irredutível ao modelo da razão instrumental ou ao mero decisionismo. O problema axial é, neste terreno, o da justificação racional das normas de ação e de avaliação morais. "Se pudesse ser negado, com argumentos decisivos, que as questões de ordem prática são suscetíveis de verdade, a posição que eu defendo seria insustentável"[91], dizia Habermas cerca de dez anos antes da publicação de MC.

Todavia, como se percebe em reiteradas críticas, anteriores à obra em questão, faltava a formulação sistemática da ética discursiva, e, portanto, da justificação racional mencionada, considerada pelo próprio Habermas um aspecto nevrálgico de seu pensamento. Neste ponto, o esforço de McCarthy em reunir os materiais dispersos sobre a lógica do discurso prático na obra de Habermas representou um passo fundamental. A seguinte passagem fornecia, en-

---

90. MC, p. 145.
91. CLC, p. 129 (trad. mod.).

tão, o resumo antecipado da *Diskursethik*: "O que Habermas chama de "ética comunicativa" baseia-se nas "normas fundamentais da fala racional". A comunicação orientada ao entendimento mútuo implica inevitavelmente a elevação e o reconhecimento recíprocos de pretensões de validade. As pretensões de verdade e de justiça, quando radicalmente questionadas, só podem ser resgatadas mediante um discurso argumentativo que conduza ao consenso racionalmente motivado... Assim, as condições pragmático-universais da possibilidade de justificação racional das normas de ação e de avaliação enquanto tais possuem um caráter normativo. A busca dos princípios fundamentais da moral começa propriamente com um giro reflexivo, uma vez que esses princípios estão embutidos na própria estrutura do discurso prático"[92]. O comentador assinala, é verdade, o cunho abstrato desta apresentação dos eixos da ética habermasiana. No entanto, Habermas desenvolve sua teoria moral a partir dos aspectos apresentados, ou seja, da teoria da ação, da teoria consensual da verdade e da lógica do discurso, sublinhando o lugar central ocupado pelo princípio de universalização enquanto regra argumentativa. "É no âmbito da lógica do discurso prático — ou seja, da argumentação relacionada com os procedimentos com questões práticas (em contraste com questões de verdade) — que encontramos as questões básicas da ética, não apenas questões concernentes ao *sentido* das proposições normativas mas igualmente à possibilidade de *fundamentá-las*"[93]. Acerca desta fundamentação (*grounding*), Habermas não deixa de anotar sua dívida com Karl-Otto Apel.

O grande mérito de Apel, neste contexto, é haver formulado a tese da fundamentação racional do princípio kantiano de universalização a partir dos pressupostos pragmático-universais da argumentação em geral. Por meios adequados, provenientes da pragmática lingüística, Apel demonstra o caráter incontornável das normas fundamentais do discurso racional, lançando contra os relativistas e céticos o conceito de "contradição performativa". Visando caracterizar essas atitudes, Apel emprega uma metáfora de cunho religioso: "Se quiséssemos falar em conceitos da teologia especulativa, diríamos que o Diabo não pode tornar-se independente de

---

92. McCARTHY, Th. *The Critical Theory of Jürgen Habermas*, op. cit., p. 325.
93. HABERMAS, J. "A reply to my critics", in: THOMPSON and HELD (Eds.). *Habermas: Critical Debates*, op. cit., p. 256.

Deus senão por um ato de autodestruição"[94]. Para Habermas, a idéia apeliana de fundamentar racionalmente a ética na "pragmática transcendental" é crucial, pois ela intervém no momento de responder à questão basilar da teoria moral, qual seja, "como o princípio da universalização, que é o único a possibilitar nas questões práticas um acordo argumentativo, pode ser, ele próprio, fundamentado"[95]. Mas o acordo de princípio não deve obnubilar divergências capitais: ademais de corrigir, como sugerimos, o *decisionismo* residual do argumento "tu quoque" transcendental apeliano[96], Habermas rejeita a perspectiva de *fundamentação última* da justificação das normas éticas. Para ele, a prova transcendental-pragmática deve imunizar-se contra as conseqüências aporéticas relacionadas com o fundamentalismo de uma filosofia ainda associada ao paradigma monológico da consciência. Neste aspecto, Habermas também é taxativo: "O "moral point of view" não pode ser encontrado num "primeiro" princípio ou numa fundamentação "última", ou seja, fora do âmbito da própria argumentação. Apenas o processo discursivo do resgate de pretensões de validez normativas conserva uma força de justificação; e essa força, a argumentação deve-a em última instância ao seu enraizamento no agir comunicativo. O almejado "ponto de vista moral", anterior a todas as controvérsias, orienta-se de uma reciprocidade fundamental embutida no agir orientado para o entendimento mútuo"[97]. É aqui que o *status* de ciência reconstrutiva da teoria discursiva da ética faz diferença, comportando uma versão mais cautelosa e adequada ao contexto pós-metafísico de uma racionalidade apoiada em procedimentos[98].

Assim, distante do aparente intelectualismo, a teoria da sociedade de Habermas privilegia a perspectiva dos participantes na prática comunicativa cotidiana: a esfera do mundo vivido, na qual

---

94. APEL, K.-O. *L'éthique à l'âge de la science*, op. cit., p. 112. Ler, do mesmo autor: "La question d'une fondation ultime de la raison". *Critique*, 413 (1981): 895-928.
95. MC, p. 63.
96. Cf. CLC, pp. 139-140.
97. MC, p. 197.
98. Para uma análise rigorosa do confronto entre Apel e Habermas: FERRY, J.-M. *Habermas. L'éthique de la communication*, op. cit., pp. 475s. E, quanto à defesa da legitimidade e necessidade de uma fundamentação última: APEL, K.-O. "L'éthique de la discussion: sa portée, ses limites", in: *Dictionnaire universel de philosophie*. Paris, PUF, 1990, pp. 154-165.

se dá o enraizamento da moral, tem absoluta preeminência sobre a esfera sistêmica. Daí que, ao contrário da pretensão exagerada do argumento de Apel, a exigência de fundamentalismo metafísico da ética não é pertinente para a esfera do *Lebenswelt*. De acordo com Habermas, "nenhum dano sofremos se negamos à fundamentação pragmático-transcendental o caráter de uma fundamentação última. Ao contrário, a ética do Discurso vai inserir-se, então, no círculo das ciências reconstrutivas que têm a ver com os fundamentos racionais do conhecer, do falar e do agir (...) As intuições *morais* do cotidiano não precisam do esclarecimento do filósofo"[99]. A ética comunicativa é kantiana, no sentido do vínculo com o princípio de universalização no âmbito da razão prática. É também apeliana, em sua filiação à tradução lingüística da justificação desse princípio. No entanto, ela se distingue de tais perspectivas pela integração da idéia de reconstrução *a posteriori* de etapas do desenvolvimento moral dos indivíduos ao argumento transcendental-pragmático de fundamentação do princípio moral. É por isso que Habermas sugere o termo "quase-transcendental" para designar sua própria perspectiva pragmática.

Ética e religião mantêm relação digna de destaque por sua abrangência na história humana, ao longo da qual as tradições religiosas se revelaram, sem dúvida, como as mais poderosas instâncias norteadoras da normatividade do agir humano, servindo constantemente de fundamento transcendente e, por isso mesmo, absoluto, das regras morais. Não obstante, como é notório, um dos aspectos evidentes da modernidade — ao menos no âmbito da civilização ocidental — é a autonomização da esfera da moralidade do vínculo outrora inquestionável com a esfera do religioso. Neste sentido, a noção kantiana de "autonomia da vontade" como princípio supremo da moralidade — a partir da qual qualquer heteronomia, nela incluída a teonomia, opõe-se à dignidade da lei moral como um "fato da razão"[100] — adquire fundamental (e decisiva) importância. Assim, ao se tratar do lugar do religioso na ética discursiva, deve-se partir manifestamente da idéia de que o problema

---

99. MC, pp. 120-121.
100. Cf. KANT, I. *Critique de la raison pratique*. Paris, Gallimard, trad. de L. Ferry e H. Wismann, 1985, pp. 53s. Cf. tb. *Fondements de la métaphysique des moeurs*. Paris, Delagrave, trad. de V. Delbos, 1969, pp. 127s.

da fundamentação racional do princípio moral, em Habermas, está associado ao aspecto central da ruptura moderna entre ética e religião. Mas, antes disso, cabe considerar brevemente a argumentação principal de Habermas.

Habermas apresenta sua teoria pragmática da moral através do confronto imaginário entre os partidários do cognitivismo e do ceticismo[101]. Edifica, por assim dizer, uma "batalha" em sete etapas, da qual podem-se extrair os principais argumentos em prol de uma ética "universalista", "deontológica", "cognitivista" e "formalista", cujo modelo discursivo representa uma forma de releitura procedimental do imperativo categórico kantiano. Trilharemos aqui a via sugerida por Alessandro Ferrara, para quem pode-se "resumir da melhor maneira a concepção habermasiana da ética como a refutação de sete objeções céticas contra a ética universalista"[102]. *Grosso modo*, embora sem trair — é o que esperamos — a envergadura da argumentação habermasiana, as sete etapas do diálogo entre os "advogados" do cognitivismo e do ceticismo são empreendidas da seguinte maneira:

(a) De início, Habermas apresenta os fenômenos associados ao domínio da moral. Neste contexto, a atitude performativa dos participantes de uma interação é central, pois os fenômenos morais nos remetem necessariamente à idéia de intersubjetividade. Só agimos de uma tal maneira, em vez de outra, por termos implicitamente razões que explicam o cumprimento da ação escolhida. Qualquer abordagem cognitiva, como a habermasiana, tem como pedra angular a idéia segundo a qual a decisão de agir conforme uma certa norma bem como a escolha da norma enquanto tal são

---

101. A ética discursiva de Habermas tem sido objeto de apaixonada discussão e a produção sobre o tema é incalculável, atestando a possibilidade de múltiplas leituras críticas. O caminho aqui trilhado, de confronto entre o cognitivismo e o ceticismo, parece-nos relevante à medida que permite uma apresentação didática dos aspectos principais dessa teoria, bem como das questões que estão efetivamente em jogo no debate atual. Contudo, outras leituras são sugestivas, v.g.: a questão da validade das proposições morais (Tugendhat), o rico debate em torno da crítica comunitariana (MacIntyre, Taylor) do liberalismo (Rawls, Dworkin), a relação com o ponto de vista hermenêutico (Gadamer), e assim por diante. Para não alongar em demasia a nota, remetemos o leitor à bibliografia geral.

102. FERRARA, A. "A Critique of Habermas' *Diskursethik*". *Telos*, 64 (1985): 45-74 (aqui, p. 45).

suscetíveis de verdade, ou seja, a noção de justificação está implicada no conceito de dever. Eis o aspecto que distingue fundamentalmente as abordagens de tipo cognitivista das que tentam assimilar fenômenos morais a experiências baseadas na emoção e na preferência subjetiva. Os céticos ignoram o aspecto central do vínculo performativo entre sentimentos morais e reconhecimento intersubjetivo.

(b) Então, Habermas tenta demonstrar que as questões práticas são passíveis de verdade, embora o termo verdade tenha *vis-à-vis* de enunciados normativos apenas um caráter "análogo" ao que comumente é utilizado para os enunciados descritivos. Na prática cotidiana, as pretensões de validade não se limitam à verdade das afirmações, mas englobam também a veracidade das expressões e a correção das regras de ação. Todavia, Habermas sublinha as assimetrias existentes entre proposições "descritivas" e "prescritivas" visando aclarar o sentido real da noção de "verdade moral". Para tanto, é mister levar em conta que a facticidade de uma norma não se identifica com sua validade, pois "as pretensões de validez normativas *mediatizam* manifestamente, entre a linguagem e o mundo social, uma *dependência recíproca* que não existe para a relação da linguagem e do mundo objetivo... Ao passo que entre os estados de coisas existentes e os enunciados verdadeiros existe uma relação unívoca, a 'existência' ou a validez social das normas não quer dizer nada ainda acerca da questão se estas também são válidas"[103]. Distingue-se aqui, com toda clareza, a norma em vigor da norma válida. A questão da verdade moral, para Habermas, está associada não só ao mútuo reconhecimento da norma mas também, e sobretudo, às boas razões apresentadas em defesa de sua legitimidade.

(c) Em face da tentativa do cético de afirmar, ao feitio do weberianismo, que o pluralismo axiológico é um dado irremovível de nosso mundo contemporâneo, o cognitivista vê-se obrigado a propor, no que diz respeito aos discursos práticos, uma espécie de "princípio-ponte" similar ao da indução, usado em discursos teóricos. Tal princípio é — como em Kant — o da *universalização*. Ele é o único a permitir o reconhecimento da validade de uma norma enquanto expressão da vontade geral dos indivíduos e o único também a evidenciar o caráter impessoal dos mandamentos morais. Habermas formula o importante "princípio de universalização" —

---

103. MC, p. 82.

chamado de princípio (U) — com base na idéia de que "toda norma válida deve satisfazer a condição:

— que as conseqüências e efeitos colaterais, que (presumivelmente) resultarem para a satisfação dos interesses de *cada* um dos indivíduos do fato de ser ela *universalmente* seguida, possam ser aceitos por *todos* os concernidos (e preferidos a todas as conseqüências das possibilidades alternativas e conhecidas de regragem)"[104].

(d) Na quarta etapa, Habermas deve enfrentar o relativismo cultural adotado pelo cético como resposta a um universalismo que, de maneira subreptícia, generaliza intuições morais da cultura ocidental. É neste ponto que aparece o mencionado argumento apeliano de fundamentação transcendental-pragmática do princípio moral de universalização, pelo qual demonstra-se que o rechaço desse princípio implica inevitavelmente "contradição performativa", uma vez que o opositor deve recorrer aos pressupostos da argumentação em geral, justamente aqueles que pretende paradoxalmente suprimir. "Na fundamentação de (U), trata-se especialmente da identificação de pressupostos pragmáticos sem os quais o jogo da argumentação não funciona. Qualquer um que participe de uma prática argumentativa já deve ter aceito essas condições de conteúdo normativo. Pelo simples fato de terem passado a argumentar, os participantes estão necessitados de reconhecer esse fato. A *comprovação* pragmático-transcendental serve, pois, para nos conscientizar do conjunto de condições sob as quais já nos encontramos desde sempre em nossa prática argumentativa, sem a possibilidade de nos *esquivar em alternativas*; a falta de alternativas significa que essas condições são de fato incontornáveis para nós"[105]. Tal estratégia evita a exposição do princípio de universalização ao "trilema de Münchhausen"[106] — regresso infinito, recurso a certezas últimas e círculo vicioso —, usado pelo cético contra toda tentativa de fundamentar racionalmente a validade universal do princípio moral, trilema somente aplicável a uma compreensão "semântica" da referida fundamentação.

(e) Habermas concede ao cético um contorno modesto à estratégia de Apel de fundamentação transcendental-pragmática do

---

104. MC, p. 86.
105. MC, p. 161.
106. Vide, a propósito: MC, pp. 101s.

princípio da moralidade, por meio de uma renúncia à idéia de fundamentação última da moral. Comentamos acima este aspecto. Para Habermas, o *status* do princípio de universalização é o de uma regra geral da argumentação moral, regra que fornece aos indivíduos a possibilidade de obter um consenso racional, a despeito de divergências concretas. Não carece lembrar, portanto, que o princípio de universalização serve de orientação para a justificação de normas. Daí a precaução de nosso autor em distingui-lo de outro princípio mais restrito que exprime a idéia central da *Diskursethik* — chamado de princípio (D) —, "segundo o qual:

> — só podem reclamar validez as normas que encontrem (ou possam encontrar) o assentimento de todos os concernidos enquanto participantes de um Discurso prático"[107].

Este princípio pressupõe o anterior. Dito resumidamente: o princípio (U) rege os discursos práticos e, como tal, é condição de validação de toda e qualquer norma, enquanto o princípio (D) impele os indivíduos a uma efetiva participação nesses discursos.

(f) Habermas procura demonstrar que o último recurso do cético, que é o de retirar-se do discurso, é insustentável, dada a impossibilidade de subtrair-se da argumentação cotidiana, exceto em "casos-limite", como os da loucura e do suicídio. A posição clássica de abandono do navio representa, na visão de Habermas, uma manobra desesperada, pois não se trata apenas de rechaçar a participação nas argumentações filosóficas (em sentido estrito), mas de negar a pertença à comunidade de comunicação. No entanto, como ressalta Habermas, as pressuposições da argumentação em geral estão enraizadas nas estruturas ordinárias do agir comunicativo: elas fazem parte intrínseca dos contextos interativos do mundo vivido. Pode-se calar, mas jamais abandonar a práxis comunicativa cotidiana. Ferrara resume essa etapa ao dizer que "a estratégia de Habermas é renunciar ao contra-ataque e instalar-se, por assim dizer, numa longa e paciente espera. Você pode recusar-se agora a argumentar, diz ele ao cético; porém, cedo ou tarde, você argumentará"[108].

(g) Na última etapa, da qual emergem as mais severas críticas a seu projeto de fundamentação racional do princípio moral, Haber-

---

107. MC, p. 116.
108. FERRARA, A. "A Critique of Habermas' *Diskursethik*", op. cit., p. 50.

mas prolonga a reflexão no intuito de explicar a razão da filiação de sua ética da comunicação ao formalismo kantiano, malgrado seu reconhecimento da procedência da crítica de Hegel a Kant, fundada na celebérrima distinção entre a *Sittlichkeit* e a *Moralität*[109]. Para Habermas, o objetivo da ética discursiva não é orientar na escolha de normas práticas concretas, mas explicar o valor prescritivo de tais normas. O discurso prático, neste sentido, "não é um processo para a geração de normas justificadas, mas, sim, para o exame da validade de normas propostas e consideradas hipoteticamente"[110]. Habermas é consciente de que seu programa não fornece mais que um fundamento *mínimo* da moral. Tampouco deixa de notar que é justamente em virtude da abordagem formal que todos os indivíduos afetados podem discutir sobre o *máximo*, ou seja, sobre as normas dadas e os sistemas de normas efetivos.

Portanto, trata-se de uma ética modesta, ciosa de seus limites. E isto a despeito de sua imponente envergadura argumentativa, assim como das teses universalistas adotadas. Habermas não lastima a seletividade do princípio de universalização. Ao contrário. Estamos diante de uma ética deontológica, que tem a ver com questões de "justiça" e que não se imiscui nas questões de "bem viver", como as éticas materiais preferencialmente associadas ao neo-aristotelismo. Habermas recusa o papel de "juiz" das intuições morais cotidianas, assumindo o papel "filosófico" de uma fundamentação teórica da moral, ou seja, do exame das condições formais, procedimentais, dos discursos práticos em geral. A ética discursiva se interessa pela forma a ser adotada na justificação das normas, pelo procedimento por meio do qual se declara a legitimidade de uma norma, e não apenas sua facticidade. Daí a distinção entre o princípio fundamental da ética comunicativa e o único e verdadeiro princípio moral, que é o de universalização.

O princípio (D) da ética discursiva "serve para nos tornar conscientes de que (U) exprime tão-somente o conteúdo normativo

---

109. Os textos de Habermas sobre a crítica hegeliana à filosofia moral de Kant podem ser encontrados na obra que prossegue os estudos consagrados à teoria discursiva da moral (cf. nota 89 *supra*). Habermas trata de quatro objeções essenciais — o formalismo do princípio moral, o universalismo abstrato dos juízos morais, a impotência do querer e o terrorismo da pura convicção — em vista de contestá-las à luz de uma ética kantiana reformulada em quadro lingüístico.

110. MC, p. 126.

de um processo de formação discursiva da vontade e, por isso, deve ser cuidadosamente distinguido dos conteúdos da argumentação. *Todos* os conteúdos, mesmo os concernentes a normas de ação, não importa quão fundamentais estas sejam, têm de ser colocados na dependência dos Discursos reais... O princípio da ética do Discurso proíbe que, em nome de uma autoridade filosófica, se privilegiem e se fixem *de uma vez por todas* numa teoria moral determinados conteúdos normativos"[111]. Note-se, pois, que o formalismo não representa, aos olhos de Habermas, uma acusação e sim uma característica que a ética discursiva assume sem reticência, dado que, ao isolar as questões de justiça, adquire um acréscimo de racionalidade, filtrando questões práticas suscetíveis de decisão racional. Ele nota, sem pesar, que "o princípio da universalização funciona como uma faca que faz um corte entre 'o bom' e 'o justo', entre enunciados valorativos e enunciados estritamente normativos"[112]. A filiação ao kantismo fica evidente nesse aspecto do formalismo e também nos traços do cognitivismo e do universalismo — todos eles derivados do princípio da moralidade. Neste sentido, a ética habermasiana pode ser vista como uma espécie de reconstrução da ética de Kant. Contudo, a fundamentação racional da moral com base no modelo da razão comunicativa representa, como afirma McCarthy, uma reinterpretação procedimental do imperativo categórico: "em vez de prescrever a todos os demais como válida uma máxima que eu quero que seja uma lei universal, tenho de apresentar minha máxima a todos os demais para o exame discursivo de sua pretensão de universalidade. O peso desloca-se daquilo que cada (indivíduo) pode querer sem contradição como lei universal para aquilo que todos querem de comum acordo reconhecer como norma universal"[113].

No intuito de estilizar a relação entre ética e religião em Habermas, dir-se-ia que a esfera do religioso não se situa no *interior* de sua ética discursiva. Em se tratando de uma teoria moral

---

111. MC, p. 149.
112. MC, p.126.
113. McCARTHY, Th. *The Critical Theory...*, op. cit., p. 326. Habermas acata essa reformulação do imperativo categórico, no sentido de uma ética universalista não mais associada à consciência moral solitária e reflexiva, e sim à comunidade de comunicação (cf. MC, p. 88, de onde extraiu-se a tradução).

pós-convencional, a religião é tomada como uma questão *anterior*. Resta saber, não obstante, se ela pode ser pensada como uma questão *posterior* da ética comunicativa. Nossa aposta vai nesse sentido. Enquanto partícipe engajado do "projeto da modernidade", Habermas elabora sua teoria moral a partir da intuição básica de que esse campo deve necessariamente encontrar apoio *racional* num mundo desencantado. Não há mais lugar para um fundamento último da moralidade, seja de natureza metafísica, seja de natureza religiosa. Destarte, o decreto nietzschiano da "morte de Deus" está na origem da problemática moderna da filosofia moral, que é a de estabelecer princípios "racionais" de orientação do agir humano. Dostoiévski, com seu famoso dito de que "se Deus não existisse, tudo seria permitido", resumiu de forma lapidar a questão moderna da ciência do *ethos*, pois, a partir do momento em que as imagens religiosas de mundo começavam a cair em descrédito, urgia encontrar um novo fundamento para a ação moral, fundamento capaz de suplantar horizontes cosmológicos e teológicos norteadores do caráter obrigatório e absoluto das normas.

Como percebe Manfred Frank, a crise de credibilidade da chamada crença superior, mesmo tendo afetado todas as modalidades de julgamento, adquiriu sua maior amplitude no campo da ética[114]. Neste terreno, a privação de um fundamento sólido, de natureza religiosa, foi visto e sentido como um fato alarmante. Efetivamente, a idéia de fundamento ou princípio (*Grund*), embora importante para a filosofia teórica e a crítica estética, resulta em algo essencial na esfera da moralidade, pois "a justificação dos juízos morais revela-se uma necessidade incontornável de nossa vida concreta. É essa particularidade que explica o surgimento do problema da fundamentação da moral em situações históricas marcadas por uma crise profunda das ditas 'crenças superiores'"[115]. É por isso que a filosofia moderna, mais precisamente o Iluminismo, pretendeu demonstrar que a razão humana, enquanto tal, dispunha de um ponto

---

114. FRANK, M. "Comment fonder une morale aujourd'hui?. Remarques à propos du débat Habermas-Tugendhat". *Revue Internationale de Philosophie*, 166 (1988): 361-382. Sobre esse debate, que só nos interessa aqui marginalmente por causa do enfoque dado por Frank, cf. CONSTANTINEAU, Ph. "L'éthique par-délà la sémantique et la pragmatique". *Critique*, 475 (1986): 1212-1224.

115. Idem, *Ibidem*, p. 364.

de partida tão inabalável quanto o da fé religiosa. A lei moral kantiana — não apenas um fato mas o único "fato da razão", como nos recorda Frank — tornou-se capital na busca de um princípio substituto do "conceito de um Deus cuja existência pôde outrora funcionar como fundamento último do princípio moral. A falta de um tal princípio define o problema e o ponto de partida das éticas de nossa época e seus impasses"[116]. Os debates pós-hegelianos no campo da ética, com efeito, giram em torno dessa problemática fundamental, a partir da qual perfilam-se diversas tendências que podem ser agrupadas, em regra geral, segundo a dupla herança aristotélica e kantiana, nas quais a ética é definida ora pela perspectiva teleológica, ora por um ponto de vista deontológico[117].

Mas as formas de reação em face da crise de fundamento último da ética foram (e seguem sendo) múltiplas e complexas. Exemplificando tal debate na atualidade, Frank aponta três maneiras distintas de abordagem do problema, que poderíamos interpretar como representativas de um ceticismo axiológico, de um cognitivismo mitigado e de um universalismo discursivo. Primeiro, a atitude defendida por Lyotard que, numa linha nietzschiana, consistiria "em reduzir a pretensão axiológica universal da exigência moral a uma manifestação da 'vontade de poder' e de dominação, definindo-se como 'bom' aquilo que se impõe geralmente pela força"[118]. Segundo, a abordagem "semântica" de Tugendhat, que "toma por ponto de partida uma reflexão sobre o 'modo de uso' de predicados como 'bom' ou 'moral'"; a justificação, neste caso, não assume "a forma de uma fundamentação última — ela não pretende senão dar razão com relação a uma outra justificação concorrente e que se apresenta comparativamente mais fraca"[119]. Enfim, a posição de Habermas e Apel de uma ética discursiva que retoma a

---

116. *Ibidem*, p. 368.
117. Cf. RICOEUR, P. *Soi-même comme un autre*, op. cit., pp. 199s. Opondo-se as heranças, surge a distinção entre ética, enquanto *busca* do bem viver, e moral, enquanto articulação desta busca em *normas* caracterizadas pela pretensão de universalidade e pelo efeito de obrigação. Sugestiva a tentativa de propor uma noção crítica de sabedoria prática que visa conciliar a *phronèsis* aristotélica por meio da *Moralität* kantiana e da *Sittlichkeit* hegeliana.
118. FRANK, M., "Comment fonder...?", op. cit., p. 368.
119. Idem, *Ibidem*, p. 369.

"substância" das tradições religiosas sob uma "forma" profana, isto é, de uma teoria moral que visa traduzir em linguagem racional e secularizada as exigências das éticas da convicção, alicerçadas outrora na autoridade do sagrado. A derrocada do fundamento substantivo não significa, então, a recusa da possibilidade de justificação das convicções morais, mas sim uma retomada da universalidade da razão prática através da razão intersubjetiva. A idéia de Habermas, no bom resumo do comentador, "é que a falta de um princípio transcendente (de Deus, do Absoluto) remete as sociedades modernas ao longo caminho do entendimento mútuo. Tal entendimento está presente como fim (ou melhor: como imperativo) em toda comunicação real, e serve — contrafactualmente — de critério prático de racionalidade. É esta idéia que Habermas nos apresenta sob o título de uma 'ética do discurso', ou seja, de um entendimento racional que visa engendrar um consenso acerca daquilo que pretende valer para toda uma sociedade"[120].

O que nos interessa no texto de Frank, a despeito da real importância do debate entre as teorias morais de Tugendhat e de Habermas, é sua correta interpretação a partir do ângulo de nossa pesquisa, pois é de fato marcante nos dois autores o enfrentamento da questão básica da perda dos fundamentos absolutos da ética, que tornou problemática toda tentativa de justificação das normas morais. Questão vivida sem constrangimento, porquanto se não se vive mais no tempo que o romântico Novalis saudou como "era bela e bem-aventurada na qual a Europa estava unida por uma crença universalmente compartilhada", pode-se recorrer a pontos de vista mais abstratos e neutros do que os de "conteúdos dogmáticos" garantidos pela força de convicção das imagens totalizantes de mundo. Ambos "...nos encorajam unanimemente a não lamentar a perda do fundamento das verdades de crença: *o pouco de certeza que nos resta, dizem-nos, está contudo assegurado e definitivamente ao abrigo de toda insinuação de inspiração dogmática*"[121]. A diferença reside na maneira de fundamentar a reivindicação moral das normas, já que, para Habermas, não basta uma teoria semântica do significado. É necessário uma teoria normativa que busque fundamentar a superioridade do modo reflexivo de justificação, o que é feito pela abordagem pragmática de uma teoria da

---

120. *Ibidem*, p. 368.
121. *Ibidem*, p. 379.

argumentação em geral, da qual emerge o princípio de universalização como regra argumentativa no discurso prático[122].

Destarte, a *Diskursethik* de Habermas situa-se na tradição kantiana das éticas cognitivas que enfrentam, com vigor, as conseqüências da ruptura moderna entre o ético e o religioso, pela via de uma fundamentação racional de princípios e procedimentos universais. Ainda na tradição kantiana, nosso autor adere ao formalismo, pois, a despeito de admitir a justeza da crítica hegeliana (em função do enraizamento da moralidade na eticidade), considera, no entanto, necessária e plausível uma atitude hipotética dos participantes de uma forma de vida em face de "normas e sistemas de normas" e não diante de "valores culturais" entrelaçados com a totalidade do respectivo contexto de vida social. Trata-se, por isso mesmo, de uma ética deontológica que se restringe a questões de "justiça", que, como notamos, podem ser objeto de argumentação racional visando ao consenso, ao contrário das questões de "bem viver", indissoluvelmente ligadas ao particularismo dos valores. Cabe, então, indagar: por que se diz que uma tal ética preserva o conteúdo vital das tradições religiosas? Pelo fato de que o universalismo, como princípio-ponte dos discursos prático-morais, traduz um motivo de "reciprocidade" que lhe é inerente. A ética discursiva é, na verdade, *uma ética da fraternidade despida do caráter religioso.*

Para Habermas, a eclosão da moral universalista baseada em princípios resulta do complexo processo de racionalização ética das visões religiosas de mundo. Neste sentido, a religião é crucial para a emergência do estádio pós-convencional da consciência moral, embora não o seja para a manutenção ou a estabilização desse nível de desenvolvimento moral. Como veremos mais detidamente no próximo capítulo, Habermas defende a tese de que o processo racionalizador do domínio ético conduz — na perspectiva do desenvolvimento filogenético de representações morais e jurídicas — às éticas cognitivistas da responsabilidade, entre as quais está situada, ao lado de pensadores como Apel e Rawls, entre outros, sua própria teoria moral. Ao contrário de Weber, que estava convencido da necessidade de renúncia ao ideal de "fraternidade" para que uma ética religiosa pudesse ser implantada no contexto da economia racionalizada, Habermas estima que o "particularismo da graça",

---

122. Vide, a propósito, o excurso de Habermas em: MC, pp. 88-98. Cf. tb. *De l'éthique de la discussion*, op. cit., pp. 130-138.

impregnante na ética puritana da vocação, representou um resultado meramente dinâmico, isto é, não necessariamente lógico, da emergência da modernidade ocidental. Representou, a bem dizer, imenso recuo em face da concepção universalista, altamente abstrata e baseada num modelo de reciprocidade que marca a ética religiosa da fraternidade. Mas uma ética da fraternidade pode estabilizar-se sem nenhum fundamento religioso: eis aí uma idéia-chave da teoria do agir comunicativo.

O simbolismo religioso é interpretado por Habermas como uma raiz "pré-lingüística" do agir comunicativo. Os símbolos sagrados arcaicos expressam um consenso normativo "tradicional", estabelecido e renovado continuamente pela prática ritual. Na modernidade, como vimos, consuma-se o que Habermas chama de "verbalização" do sagrado, que, se por um lado implica uma perda de segurança quanto ao caráter absoluto das normas, possibilita, por outro, a obtenção de um acordo normativo fundado na validade racional dos atos de fala, e, com isso, a instauração de procedimentos discursivos que conduzem a uma formação democrática da vontade política. Neste contexto, a moral é, dentre as esferas culturais de valor autonomizadas, a mais importante a ser considerada na perspectiva de uma teoria da religião, uma vez que Habermas nela preserva o *conteúdo* da religião, mesmo abandonando a *forma* religiosa. "Pelo fato de que a esfera religiosa tenha sido constitutiva para a sociedade", esclarece Habermas, "é evidente que não são nem a ciência nem a arte as que assumem a herança da religião; somente uma moral convertida em ética discursiva, fluidificada na comunicação, pode, *nesta perspectiva*, substituir a autoridade do sagrado. Nela se dissolve o núcleo arcaico do normativo, com ela se desdobra o sentido racional da validade normativa (...) A moral conserva algo da capacidade de penetração inerente aos poderes sagrados de origem"[123]. Note-se que Habermas sublinha a perspectiva do "constitutivo" ou do "determinante" na substituição da autoridade sacral pela autoridade da razão comunicativa.

Isto significa situar o agir comunicativo como critério normativo de uma modernidade carente de autofundamentação. Por ele considera-se a idéia de uma ética baseada num modelo discursivo de racionalidade que (como no aspecto central da fraternidade) retoma os ideais visados, desde sempre, pela religião. A esfera religio-

---

123. TAC II, p. 104.

sa não passa a ser, neste quadro, absorvida pela comunicação. O que ocorre é que sua força de imposição normativa perde o caráter de evidência; não pode, portanto, expressar o consenso resultante de uma discussão livre e argumentada entre sujeitos capazes de falar e de agir. A perda da âncora do princípio último da fé religiosa representa um ganho de racionalidade, porquanto o caráter obrigatório das normas resulta, no marco pluralista da modernidade, de um entendimento racional em que se impõe apenas a autoridade do melhor argumento. Neste caso, a religião "foi destituída de suas funções formadoras de mundo". No entanto, para Habermas, "enquanto a linguagem religiosa trouxer consigo conteúdos semânticos inspiradores, que não podem ser jogados fora,... a filosofia, mesmo em sua figura pós-metafísica, não poderá desalojar ou substituir a religião"[124].

Assim, a argumentação não aniquila a tradição, superando-a (isso sim) enquanto autoridade antiargumentativa. A ética discursiva, que não tem a ver com a preferência de valores, e sim com a validez prescritiva de normas de ação, abre, paradoxalmente, um campo imenso para a esfera religiosa. Não se trata de mera questão de fato; trata-se de uma questão de direito. E não importa aqui — tampouco — a notória valoração do formulador, pois Habermas estabelece as bases de uma ética mínima, adstrita às questões das normas justas. "A força retórica da fala religiosa continua exercendo o seu direito, enquanto não tivermos encontrado uma linguagem mais convincente para as experiências e inovações nela conservadas"[125]. Destarte, o religioso, destronado de seu reinado absolutizante, de sua função constitutiva na vida social, adquire relativa autonomia com a caducidade da tarefa legitimadora e fundamentadora do campo ético-político. Ele pode, *a posteriori*, reclamar seu lugar no bojo de uma ética que fornece apenas procedimentos formais de argumentação, deixando a cargo do mundo vivido (onde estão inseridas, entre outras, e com mais ou menos impacto, segundo a "forma de vida" considerada, as tradições religiosas) o debate livre e aberto acerca de conteúdos morais concretos. Ora, sobre tais aspectos substantivos qualquer partidário de um credo religioso, na qualidade de participante da prática comunicativa, tem algo a dizer — sem deixar de reconhecer, em princípio, a idéia do recuo da credibilidade de toda crença superior como "fundamento último" da moral.

---

124. PPM, p. 61.
125. PPM, p. 35.

SEGUNDA PARTE

INTRODUÇÃO

Na segunda parte apresentaremos nossa temática em conexão com as três teorias imbricadas no conceito de agir comunicativo, a saber: modernidade, sociedade e racionalidade. Esta última já foi introduzida na primeira parte do livro, mas será tratada agora pela releitura feita por Habermas, em TAC, da teoria weberiana da racionalização, a partir da qual emergem importantes aspectos da teoria habermasiana da religião. No quarto capítulo estudaremos as teorias da sociedade e da modernidade, nas quais Durkheim e Hegel serão as referências principais. Outros autores serão considerados, sempre no afã de sistematização da *Religionstheorie* de Habermas. Recordemos o importante dado de que esta teoria não é um aspecto isolado de sua obra, fato que nos impõe severa precisão na escolha de temas e de autores que possam auxiliar na tarefa de torná-la compreensível. Neste sentido, a notável imbricação entre sociologia e filosofia na obra de Habermas explica nossa escolha pelo termo "teoria crítica da religião" para designar sua abordagem do fenômeno religioso. Não se pode falar aqui, em sentido estrito, de uma filosofia ou de uma sociologia da religião. Enquanto ciência reconstrutiva, a teoria do agir comunicativo impele a um diálogo fecundo entre domínios distintos (mas não irreconciliáveis) da pesquisa científica, gerando, por isso mesmo, um mútuo enriquecimento. A religião é um tema saliente no reconhecimento deste aspecto fundamental da teoria de Habermas.

As duas "considerações intermediárias" (*Zwischenbetrachtungen*) de TAC, nas quais Habermas apresenta, por um lado, sua abordagem pragmático-formal da teoria da ação, e, por outro lado, sua concepção bipartite de sociedade, resultam do prévio esforço de reconstrução das teorias de Weber e Durkheim. Estas, por seu turno, apontam o religioso como um aspecto central da análise social, de maneira que a sociologia da religião representa uma via capital para a compreensão do conjunto de suas obras. Habermas adota esta leitura, encontrando na problemática do fenômeno religioso o eixo de análise de seus respectivos contributos teóricos.

Embora a obra magna de Habermas seja sobretudo uma teoria social, ela possui premissas filosóficas implícitas e germina uma teoria da modernidade que Habermas tratará de aprofundar em textos subseqüentes, particularmente em DFM. Nesta, reconstruindo os antecedentes filosóficos do pensamento pós-metafísico, Habermas entra em confronto com vários modelos de crítica auto-referencial da razão. Apropriando-se do fecundo movimento de pensamento que vai de Kant a Hegel, Habermas adota postura de guardião de um conceito de razão tênue, mas enfático, evitando, a um só tempo, a *Cila* do absolutismo, associado ao pensar totalizante da metafísica, e a *Caribde* do relativismo, representado por diversos modos de contextualismo afinados com a tradição inaugurada por Nietzsche. Assim, longe de pretender revigorar seja a forma fundamentalista da filosofia transcendental clássica, seja a forma dialética da auto-mediação absoluta do Espírito, Habermas visa — isso sim — enfrentar o problema da fundamentação dos "tempos modernos" a partir de suas próprias reservas normativas. Racionalidade e modernidade mantêm, para Habermas, uma relação interna, de forma que representação e crítica tornam-se movimentos indissolúveis da autoconsciência filosófica da modernidade, evidenciada por Hegel, fraturada por sua herança conservadora e bombardeada em seu núcleo pela tradição nietzschiana. Resta a Habermas prosseguir, com outros meios, o caminho aberto por Hegel de crítica de um projeto de modernidade todavia inconcluso. Opondo sua teoria intersubjetiva da linguagem, Habermas acerta contas com a filosofia hegeliana da religião durante o debate.

Esperamos, com os eixos mencionados, rematar a idéia de sistematização da *Religionstheorie* de Habermas. Ao final do percurso, o leitor encontrará as considerações finais sobre nosso tema de estudo, nas quais sintetizamos os elementos capitais dispersos ao longo do texto e esboçamos uma leitura crítica da assim chamada "teoria crítica da religião" de Habermas.

Capítulo III

RACIONALIZAÇÃO E DESENCANTAMENTO[1]

3.1. A teoria da religião: eixo de leitura da obra weberiana

Max Weber é um autor indispensável em qualquer análise da relação entre religião e modernidade. Sua teoria da religião aponta para a importância da racionalização das visões de mundo na emergência e constituição das sociedades modernas. Ele figura, não por acaso, como interlocutor recorrente de Habermas, de tal maneira que certos fundamentos da teoria do agir comunicativo adquirem contorno decisivo na tentativa de reformulação do conceito weberiano de racionalização. O quadro conceitual proposto por Habermas em TCI — vale recordar, a distinção entre interação e trabalho e entre o quadro institucional de uma sociedade e os subsistemas de ação racional com respeito a fins — encontra-se presente, sob nova e mais elaborada forma, na monumental TAC. Neste novo contexto, a tipologia das ações é ampliada por meio da pragmática universal e a teoria da sociedade adquire caráter imponente com a assunção de conquistas incontornáveis da teoria dos sistemas. Para Habermas, a teoria weberiana da modernidade segue sendo estimulante. Podemos aprender com os erros cometidos e as lacunas dei-

---

1. Este capítulo foi publicado quase integralmente (teoria da ação, no tópico 3.2., à parte) em nosso artigo "Weber e Habermas: religião e razão moderna". *Síntese Nova Fase*, 64 (1994): 15-41. Como naquela ocasião, evitaremos citações de outros autores além de Habermas e Weber, no intuito de tornar menos árdua a leitura. Em função do tema abordado, daremos especial atenção ao segundo capítulo do primeiro tomo de TAC.

xadas abertas por Weber, prosseguindo sua teoria da racionalização em vista de uma leitura crítica de nossa época.

A obra de Weber ocupa uma posição estratégica no pensamento habermasiano. Dentre as várias reconstruções teóricas feitas por Habermas, sua releitura da teoria weberiana da racionalização é de vital importância, fornecendo um bom fio condutor de seu projeto teórico. Procuraremos mostrar aqui o lugar central ocupado por essa reformulação na consolidação da teoria do agir comunicativo. Deste ponto emergem aspectos significativos da teoria habermasiana da religião. Com efeito, Habermas encontra nos estudos de Weber sobre a evolução das imagens religiosas de mundo, em cujo cerne está a célebre noção de *desencantamento do mundo*, o eixo da teoria weberiana da racionalização, prolongando-a de forma inovadora e transformando-a em pedra angular de sua própria *Religionstheorie*.

Além de gigantesca, a obra de Weber, em grande parte editada após sua morte, manteve-se descontínua e fragmentária, o que nos impele a colocar a questão prévia de sua "unidade temática"[2]. Durante largo período, a obra póstuma *Economia e Sociedade*[3] afirmou-se como eixo de compreensão do contributo teórico de Weber. Porém, desde sua primeira edição, o livro gerou problemas de interpretação, devido ao estado preliminar e incompleto e, sobretudo, à falta de unidade. A quarta edição, preparada em 1956, embora tida como uma apresentação mais coerente, não consegue superar todas as dificuldades[4]. A leitura de Habermas, mesmo levando em conta certos temas desenvolvidos na referida obra, concede privilégio aos *Ensaios sobre sociologia da religião*[5], uma coleção de textos publicada por Weber em 1920, ano de sua morte. Neste aspecto, Habermas segue abertamente os argumentos de Tenbruck, para quem

---

2. Cf. TENBRUCK, F. "The problem of thematic unity in the works of Max Weber". *The British Journal of Sociology*, volume XXXI/3 (1980): 316-351.
3. WEBER, M. *Wirtschaft und Gesellschaft*. Tübingen, Mohr, 1922 (*Economie et Société*. Paris, Plon, trad. de J. Chavy et alii, 1971; doravante *ES*).
4. Vide o breve, mas esclarecedor, histórico da obra em questão: FISCHOFF, E. "The Background and Fate of Weber's *Wirtschaft und Gesellschaft*", in: WEBER, M. *The Sociology of Religion*. Boston, Beacon Press, 1963, pp. 280-286.
5. WEBER, M. *Gesammelte Aufsätze zur Religionssoziologie*. Tübingen, Mohr, 8ª ed, 1986.

estes ensaios fornecem a *via regia* para a compreensão da obra weberiana em seu conjunto. Segundo Tenbruck, os textos de Weber sobre "A ética econômica das religiões universais" não devem ser lidos apenas como uma confirmação comparativa das teses enunciadas por Weber nos textos mais antigos, nos quais este autor relaciona o espírito da vida econômica moderna com a ética racional do protestantismo ascético. Os ensaios sobre sociologia da religião elaboram, na verdade, o *tema central* da teoria de Weber: o processo universal de racionalização e de desencantamento, mutuamente relacionados. Weber desenvolve aqui, metódica e sistematicamente, a problemática maior que nos permite compreender a unidade de seu trabalho. A *Religionssoziologie* de Weber, sobretudo seus momentos sistemáticos, ocupa, nesta interpretação, uma posição predominante.

Entre as observações de Tenbruck[6], Habermas adota de maneira especial aquela que situa Weber numa perspectiva evolucionária, uma observação apoiada na tese weberiana da racionalização sincrônica das religiões universais[7]. Ora, sabemos que o debate em torno de um pretenso evolucionismo de Weber sempre provocou divisão de opinião entre os comentadores[8], em função de sua posição ambígua a esse respeito. Não se pode negar as reservas feitas por Weber quanto ao processo racionalizador nem sua posição ambivalente em face do racionalismo ocidental. No entanto, Habermas pensa que uma leitura apropriada da obra de Weber deve seguir o fio condutor de sua teoria da racionalização, temática que,

---

6. Tenbruck elabora sua argumentação em confronto com a obra clássica de R. Bendix (*Max Weber: An Intellectual Portrait.* New York, Doubleday & Company, 1960), uma das melhores apresentações gerais do pensamento de Weber.

7. Habermas segue também a interpretação de W. SCHLUCHTER (*The Rise of Western Rationalism. Max Weber's Developmental History.* Los Angeles, University of California Press, 1981), um árduo defensor dessa perspectiva em Weber.

8. Cf. SEGUY, J. "Rationalisation, modernité et avenir de la religion chez Max Weber". *Archives de Sciences Sociales des Religions,* 61/1 (1986): 127-138. A defesa da posição evolucionista é classicamente representada por T. Parsons: "...Weber's perspective, especially in the sociology of religion, but elsewhere as well was basically evolutionary" ("Introduction", in: WEBER, M. T*he Sociology of Religion.* op. cit., p. XXVII). Séguy assinala na posição inversa a obra de F. FERRAROTTI (*L'Orfano di Bismarck. Max Weber e il suo tempo.* Roma, Ed. Riuniti, 1982).

por seu turno, deve ser compreendida a partir da apropriação crítica feita por Weber das teorias da evolução do século XIX. Segundo Habermas, entre os autores clássicos da sociologia, "...Weber é o único que, mesmo tendo rompido com as premissas da filosofia da história e as hipóteses fundamentais do evolucionismo, concebeu, no entanto, a modernização social da velha Europa como resultado de um processo histórico universal de racionalização"[9]. Esta leitura da obra weberiana se coaduna com sua própria teoria da evolução social, esboçada em RMH. Mas Habermas não subscreve todos os itens da teoria weberiana da racionalização e, tampouco, a caracterização feita por Tenbruck. No que tange à pesquisa sobre a racionalização religiosa, Habermas considera que "Weber (e Tenbruck em seguida) não distingue suficientemente a problemática dos *conteúdos*, que fornecem o fio condutor para realizar a racionalização, das *estruturas* de consciência que procedem da conversão ética das imagens de mundo"[10]. Esta observação é uma retomada da distinção feita por Habermas entre a dinâmica e a lógica da evolução social, entre os fatores externos e os fatores internos da evolução das imagens de mundo. Como vimos, a lógica representa o modelo de uma hierarquia de estruturas passíveis de reconstrução racional, num sentido similar ao da psicologia cognitiva do desenvolvimento de Piaget, enquanto a dinâmica diz respeito ao processo pelo qual se efetua a evolução dos conteúdos empíricos, portanto condicionados e múltiplos, destas estruturas.

Habermas frisa a importância dos momentos sistemáticos dos estudos de Weber sobre a religião, nos quais este autor condensa as análises comparativas das religiões universais, oferecendo uma unidade teórica geral para publicação. Na leitura dos *Ensaios sobre sociologia da religião* de Weber, Habermas guia-se, pois, pelos seguintes capítulos: *Vorbemerkung* (prólogo aos estudos de sociologia da religião); *Einleitung* (introdução aos ensaios sobre a ética econômica das religiões universais); *Zwischenbetrachtung* (excurso entre os estudos das religiões da China e da Índia); *Resultat: Konfuzianismus und Puritanismus* (capítulo conclusivo sobre as religiões chinesas)[11]. É temeroso, certamente, buscar resumir a riqueza do

---

9. TAC I, p. 159.
10. TAC I, p. 210.
11. Respectivamente, as páginas 1-16, 237-275, 536-573, e 512-536 do primeiro tomo da edição alemã, citada na nota 5.

pensamento de Weber pelas fórmulas simplistas, encontradas aqui e acolá em sua obra. Na verdade, Habermas leva em conta a imbricação entre os estudos sistemáticos e os históricos. Porém, a perspectiva adotada incita-o a considerar mais atentamente os primeiros.

Segundo Habermas, seguir o fio diretor da teoria da racionalização é o melhor caminho para reconstruir o projeto weberiano em seu conjunto, não apenas por esta leitura situar Weber em conexão com a questão fundamental da modernização, mas também porque a perspectiva que toma sua obra como um todo é justamente aquela de onde surgem, com maior evidência, as inconsistências de sua teoria: "em sua análise do *processo de desencantamento* da história das religiões universais, que satisfaz, a seu juízo, as condições internas necessárias para o surgimento do racionalismo ocidental, Weber recorre a um conceito complexo, ainda que não totalmente elucidado, de racionalidade. Mas quando analisa a *racionalização social*, tal como se efetua no mundo moderno, Weber, ao contrário, se guia por um conceito restrito de racionalidade com respeito a fins"[12]. Weber compartilha, segundo Habermas, esta noção limitada de racionalidade com Marx e os principais teóricos da Escola de Frankfurt[13], e é justamente a descontinuidade da teoria weberiana da racionalização que nosso autor tentará superar. Em Weber, para dizê-lo de forma caricatural, um processo "negativo" (as teses sobre a *Sinnverlust*, perda de sentido, e a *Freiheitsverlust*, perda de liberdade) desdobra-se de um processo "positivo" de racionalização (o ascetismo protestante intramundano, a dissolução do pensamento mágico, a diferenciação das esferas de valor, etc.). O interesse de Habermas é dar continuidade às reflexões abertas por Weber, a fim de superar o modelo ambivalente de racionalização por ele construído. O conceito de razão comunicativa é o núcleo da reflexão de Habermas, pois possibilita ampliar o conceito restrito de racionalidade que está no fundamento da análise weberiana da modernidade.

No célebre prólogo aos ensaios sobre sociologia da religião, Weber diz o seguinte: "Todos aqueles que, educados na civilização ocidental moderna, estudam os problemas da história universal são

---

12. TAC I, pp. 159-160.
13. Para uma comparação entre as posições de Marx, de Weber e da "Teoria Crítica", e da revisão conceitual proposta por Habermas: WELLMER, A. "Reason, Utopia, and the *Dialectic of Enlightenment*", in: BERNSTEIN, R. (Ed.). *Habermas and Modernity*, op. cit., pp. 35-66.

levados a se fazer, e com razão, a seguinte pergunta: a qual encadeamento de circunstâncias devemos imputar a aparição, no Ocidente e unicamente nele, de fenômenos culturais que — ao menos assim o pensamos — adquiriram significado e valor *universais?*"[14] A frase fornece ocasião a Weber de enumerar os diversos fenômenos originais resultantes desta forma de racionalismo específico da civilização ocidental: a ciência moderna, o direito formal, a arte autônoma, a organização capitalista racional do trabalho, etc. Não obstante, não se deve esquecer que o fenômeno da racionalização, segundo Weber, pode ser percebido em domínios diversos, e, ademais, tomar inúmeras direções. O processo de racionalização não equivale ao desenvolvimento do Ocidente, visto que este último é um caso particular de um fenômeno de múltiplas faces. Assim, de acordo com Weber, trata-se sobretudo "de conhecer os *traços distintivos* do racionalismo ocidental, e, no interior deste, do racionalismo moderno, explicando-o em sua origem"[15]. Deste ponto de vista, a coleção de ensaios sobre sociologia da religião constitui uma unidade, dentro da qual cada parte adquire importância própria.

Os estudos weberianos sobre as religiões universais estabelecem certas hipóteses particulares que, embora constantemente referidas aos estudos sobre o protestantismo, transcendem seu contexto. Claro que a modernidade ocidental é a questão fundamental da obra. Mas isto não significa que Weber compreenda aqueles estudos como um material de segunda categoria, cujo objetivo seria meramente controlar as hipóteses lançadas nos escritos mais antigos. Na verdade, os ensaios acerca das religiões universais, elaborados durante os anos 1915-1920, consolidam e ampliam os caminhos abertos por Weber em seus textos, amplamente conhecidos, dos anos 1904-1906. Assim, a descrição feita por Weber da modernização do Ocidente como resultado de um processo radical de desencantamento das imagens de mundo é uma conquista proveniente da pesquisa fecunda das várias direções tomadas no interior deste processo. A partir desta pesquisa, Weber estava capacitado a comparar os dados recolhidos e tirar conclusões das comparações feitas, conclusões fundamentalmente resumidas nos capítulos sis-

---

14. WEBER, M. *L'éthique protestante et l'esprit du capitalisme*. Paris, Plon, trad. de J. Chavy, 1964, p. 11 (daqui em diante: *EP*).
15. WEBER, M. *EP*, pp. 23-24.

temáticos dos ensaios sobre sociologia da religião. A questão central é, portanto, a emergência da sociedade moderna ocidental. E esta emergência é explicada em termos de um processo de racionalização, no qual as religiões universais, em particular o cristianismo, tiveram um papel preponderante.

Mas, o que vem a ser um processo de racionalização? E qual a razão da ambigüidade de Weber com relação à universalidade do significado e do valor do racionalismo ocidental? As diretivas de Habermas são as de aclarar a primeira questão e de se posicionar diante da segunda. Para este autor, a racionalização é um fenômeno referente ao conjunto dos elementos constitutivos de uma sociedade e a via ocidental da racionalização representa, do ponto de vista *formal*, a via universal do referido processo. Dada sua posição ambivalente em face do racionalismo ocidental, Max Weber se situa, segundo Habermas, entre as posições universalista e relativista, embora a primeira delas devesse resultar naturalmente dos elementos conceituais postos em evidência por Weber. Uma hipotética posição culturalista weberiana é vigorosamente rechaçada por Habermas, já que "a posição universalista não é obrigada a ocultar o fato do pluralismo nem o da incompatibilidade entre as diferentes emanações históricas da 'humanidade cultivada'; mas esta multiplicidade de formas de vida está, a seu ver, *limitada aos conteúdos culturais*, e ela afirma que cada cultura, no momento em que atinge um determinado grau de 'conscientização' e de 'sublimação', deveria possuir certas *propriedades formais da compreensão moderna de mundo*. O universalismo refere-se, pois, às características estruturais necessárias do mundo vivido moderno em geral"[16]. Os partidários do relativismo ou do culturalismo, que preferem falar, como já sugerimos, em modelos alternativos de racionalidade ou na incomensurabilidade dos jogos de linguagem e das formas de vida, usam implicitamente os critérios formais da compreensão moderna de mundo, dado que, embora os padrões de racionalidade sejam historicamente mutáveis e dependentes de contextos específicos, as pretensões de validade inerentes ao discurso não o são. O modelo discursivo de racionalidade reaparece, desde logo, na reconstrução habermasiana da teoria da racionalização de Weber.

---

16. TAC I, p. 195.

3.2. Racionalidade e ação: de Weber a Habermas

Habermas apresenta uma classificação do conteúdo das manifestações do racionalismo ocidental sublinhadas por Weber a partir dos três componentes estruturais do mundo vivido: sociedade, cultura e personalidade. Nisso, ele segue a interpretação clássica de Talcott Parsons[17]. Para Weber, a racionalidade torna-se um traço definitivo da ação na medida em que se incorpora nas instituições sociais, interpretações culturais e estruturas de personalidade. A racionalização é precisamente o termo utilizado para designar o processo pelo qual esta incorporação se opera. Assim, Weber distingue no racionalismo ocidental: a) racionalização da *sociedade* (economia capitalista/Estado moderno); b) racionalização da *cultura* (ciência/moral/arte); c) racionalização do sistema de *personalidade*. Tentaremos explicitar os aspectos principais desses processos de racionalização, os quais, tomados em conjunto, constituem o que Weber designa como "sociedade moderna".

A racionalização *social* é vista por Weber como especificação da economia capitalista, cujo núcleo organizador é a empresa capitalista, e do Estado moderno, cujo núcleo organizador é o aparelho de Estado. Cada um dos núcleos organizadores é responsável pela racionalização de vários domínios da vida social: a empresa capitalista racionaliza a utilização técnica do saber científico, a força de trabalho, os investimentos, a contabilidade e a gestão; o aparelho de Estado racionaliza a organização burocrática da administração, o poder judiciário, a força militar e o sistema fiscal. O direito formal moderno ocupa, segundo Weber, um lugar importante na organização e na mútua relação destes subsistemas da sociedade. De acordo com Habermas, Weber considera estes três elementos constitutivos da racionalização social "...como expressão do racionalismo ocidental e, ao mesmo tempo, o fenômeno central a ser explicado"[18]. Ao analisar os diferentes conceitos de racionalidade, Habermas assinala que Weber aplica a problemática da racionalização aos planos da cultura e da personalidade, não obstante o fato de os principais fenômenos de racionalização visados por Weber estarem situados no plano da sociedade. Ocorre, portanto, uma descontinui-

---

17. Cf. TAC I, pp. 173s. De Parsons, vide: *The structure of social action*. New York, McGraw-Hill, 1937.
18. TAC I, p. 174.

dade no uso dos conceitos, prevalecendo, no nível institucional, o aspecto cognitivo-instrumental da racionalidade.

A racionalização *cultural* significa um conjunto complexo de eventos que envolvem a progressiva diferenciação e formalização das esferas culturais de valor, entre as quais são fundamentais aquelas inscritas na arquitetônica kantiana: ciência, moral e arte. A diferenciação das esferas axiológicas é, para Weber, conseqüência do processo de racionalização das imagens de mundo, notadamente das tradições religiosas, que mantinham fundidos os elementos cognitivos, morais e expressivos da cultura. No contexto moderno, estes aspectos se distinguem, e cada esfera adquire, pela separação advinda, uma lógica interna própria. Desta forma, uma marca característica da cultura moderna é a constituição de domínios de saber guiados por princípios auto-referenciais. E isto é resultado de uma crescente emancipação das esferas culturais de valor das imposições resultantes da imbricação com as visões tradicionais de mundo[19].

A *ciência moderna* permite o crescimento do saber empírico e da capacidade de tecer prognósticos, transformando-se assim num enorme poder a serviço do desenvolvimento das forças produtivas. Em seus estudos sistemáticos, Weber assinala que, na histórica tensão entre a religião e as esferas profanas, particularmente forte é a que se dá com a esfera dos conhecimentos teóricos, por tratar-se de uma questão de princípios. Cada acréscimo de racionalidade científica é acompanhado de um deslocamento da religião do domínio racional ao irracional. Esta contradição entre saber científico e religião explicita o ponto de apoio da análise weberiana sobre o pluralismo de valores do mundo moderno, a famosa guerra entre os deuses e os demônios. A religião fornece "sentido" à vida, dando respostas às questões vitais da existência humana, mas não se trata de um saber "positivo". A ciência, ao contrário, cumpre esta última tarefa, à custa, porém, de um esvaziamento do sentido profundo do mundo. Mas, a despeito da importância do pensamento científico, Habermas mostra que a ciência não ocupa uma posição central na explicação weberiana da emergência (aspecto genético) da sociedade moderna.

---

19. Uma boa exposição das análises dispersas de Weber sobre a diferenciação das esferas culturais de valor está em: BRUBAKER, R. *The Limits of Rationality. An Essay on the Social and Moral Thought of Max Weber*. London, Allen and Unwin, 1984, pp. 61-91.

Entre as manifestações da racionalização cultural, Weber inclui também a *arte autônoma*, que se separa de seu contexto tradicional, ligado ao culto religioso. Weber sublinha, em inúmeras passagens, que as relações entre a religião e a arte sempre foram de grande intimidade: a religião como fonte inesgotável de desenvolvimento artístico e, ao mesmo tempo, como freio na criação de estilos independentes da tradição. Evidentemente, a racionalização do domínio estético provoca também uma relação de tensão crescente com a esfera religiosa, pois "a arte torna-se um cosmo de valores independentes, percebidos de forma cada vez mais consciente, que existem por si mesmos... e assume a função de uma salvação neste mundo"[20]. A racionalização significa, sobretudo, a liberação de leis próprias da esfera estética, seu desgarramento do domínio do sagrado, fato que propicia a entrada da obra de arte na esfera pública do mercado e a expressão de uma subjetividade livre de convenções externas. Mas a arte não desempenha, tampouco, um papel de primeiro plano na explicação do processo de racionalização e de emergência da sociedade ocidental moderna. Habermas considera que Weber situa o desenvolvimento da arte num plano ainda inferior ao da história da ciência.

Segundo Weber, o evento decisivo na emergência da sociedade moderna é a racionalização dos domínios do *direito* e da *moral*: a separação um de outro e sua separação conjunta do contexto sacral. Na já conhecida interpretação de Habermas, a moral, inicialmente inserida dentro das imagens de mundo, torna-se autônoma, secularizada, governada por princípios e marcada por um caráter universalista. O processo de racionalização do domínio jurídico conduz ao "direito formal" moderno e o do domínio ético, às "éticas da responsabilidade". É porém um fato que a ética religiosa da convicção comparte as características fundamentais das éticas profanas do mundo moderno. A racionalização do direito e da moral, para Weber, tem seu impulso no seio dos sistemas religiosos de interpretação, dentro dos quais ressalta-se a grande importância da mensagem religiosa da redenção nos profetas de Israel. A pretensão universalista é, pois, uma marca visceral que a ética religiosa da fraternidade tem em comum com a ética formal moderna. Mas a questão pertinente, aos olhos de Weber, é a sobrevivência de uma tal ética "acósmica do amor" num mundo de relações impessoais guiadas por uma lógica econômica hostil à idéia de fraternidade. Weber estava firmemente

---

20. WEBER, M. *ES*, p. 391.

convencido da necessidade de renúncia à idéia de fraternidade para que uma ética religiosa pudesse ser implantada na prática de uma economia racionalizada. Por isso, como nota Berten, "entre as vias possíveis de uma racionalização da história, a que é privilegiada e elevada ao nível de explicação última é aquela que passa pelo desencantamento das religiões mágicas, a emergência das religiões de salvação, o desenvolvimento das éticas ativas e, enfim, a forma histórica do protestantismo puritano"[21]. A ascese puritana forneceu o substrato motivacional para o desenvolvimento da economia capitalista moderna, de acordo com a conhecida postulação weberiana de uma afinidade eletiva entre a ética protestante da vocação e o tipo de capitalismo específico da civilização ocidental.

Max Weber concede um lugar destacado aos fundamentos motivacionais da conduta metódica de vida, ou, em outros termos, à racionalização do *sistema de personalidade*, o fator mais importante — e, de forma paradoxal, mais negligenciado pelos estudiosos do assunto — para explicar a eclosão da economia capitalista moderna. Podemos distinguir, com auxílio de Habermas, dois grandes "impulsos" de racionalização: de um lado, a racionalização das imagens de mundo; de outro, a conversão da racionalização cultural em racionalização social[22]. Ora, a racionalização da conduta de vida é o ponto de interseção desses movimentos históricos. Certamente esta última afirmação deve ser vista de maneira dinâmica. A idéia fundamental é a seguinte: a racionalização da sociedade, segundo Weber, só é possível a partir do momento em que o potencial de racionalização encastrado na cultura tenha sido incorporado às motivações pessoais. E, evidentemente, o fator normativo mais importante, do ponto de vista ocidental, foi a ética ascética do protestantismo, enquanto materialização perfeita de uma conduta racional e metódica de vida. A teoria da ação assume, assim, um caráter central no conjunto da teoria weberiana da modernidade. Weber demonstra um particular interesse pelas bases culturais e motivacionais de um estilo metódico-racional de vida, e, no âmbito da teoria da ação, procura conhecer por quais vias as estruturas modernas de consciência atingem uma materialização institucio-

---

21. BERTEN, A. "De l'éthique puritaine à l'éthique de la fraternité: Weber et Habermas". Louvain-la-Neuve, *manuscrit*, 1990, 14 pp. (aqui: p. 10).

22. Cf. TAC I, pp. 182s.

nal. Habermas comenta que "nas orientações axiológicas e nas disposições de ação deste estilo de vida, ele descobre traços de personalidade correlativos de uma ética universalista da convicção, enraizada na religião e regida por princípios, que se apoderou das camadas portadoras do capitalismo"[23]. Daí, as estruturas modernas de consciência passam do plano da cultura ao do sistema de personalidade, e, em termos de tipo ideal, encarnam-se em um agir "racional com respeito a valores" (*wertrational*) e, simultaneamente, "racional com respeito a fins" (*zweckrational*), um tipo de ação que se exprime num estilo metódico de vida. Este tipo complexo de ação, que reúne as ações "wertrational" e "zweckrational", realiza amplamente o que Weber chama de *racionalidade prática*.

A configuração histórica mais próxima do tipo ideal de conduta metódico-racional de vida ou ainda de racionalidade prática é, para Weber, o protestantismo ascético. Weber designa as distintas formas deste movimento pelo termo puritanismo, cujas quatro fontes principais são: o calvinismo, o pietismo, o metodismo e as seitas provenientes do movimento batista[24]. Dentre todos esses movimentos protestantes, o calvinismo foi o que conduziu com maior eficiência o potencial ético das imagens racionalizadas de mundo na direção de um trabalho disciplinado, constante e rigoroso. Segundo Weber, esta doutrina "demonstrou não apenas uma coerência singular, mas também uma eficácia psicológica impressionante. Por comparação, os movimentos ascéticos não-calvinistas nos pareceram, considerados no plano puramente religioso da motivação, um *enfraquecimento* da coerência interna do calvinismo"[25]. Para Habermas, o privilégio concedido por Weber à doutrina calvinista determinou uma certa leitura da emergência da sociedade capitalista moderna. Uma ética comunicativa da fraternidade — agora sob forma secularizada — é anteposta por Habermas à ética ascética da convicção representada, de forma paradigmática, pelo protestantismo de origem calvinista.

Habermas chama de "solidariedade indissolúvel" essa junção estabelecida por Weber entre a racionalização das ações e formas de vida e a racionalização das imagens do mundo. Desta forma, à medida que estudamos processos de racionalização, os aspectos da racionalidade da ação são importantes não apenas para uma teoria da ação

---

23. TAC I, p. 179.
24. Cf. WEBER, M. *EP*, pp. 109s.
25. WEBER, M. *EP*, p. 161.

enquanto tal, mas também para uma teoria social. Importa-nos compreender, em particular, quais são os aspectos da racionalidade da ação afetados pelos "processos de racionalização" estudados por Weber. Eis por que Habermas[26] indaga sobre o conceito de "ação social" mais adequado para explicar a evolução das sociedades modernas, não só em termos da teoria dos sistemas (perspectiva *externa* do observador) mas também da teoria da ação (perspectiva *interna* do participante). Ora, Habermas se insurge contra o fato de Weber recorrer ao conceito de *racionalidade prática* apenas nas análises das racionalizações cultural e motivacional. Nos planos dos subsistemas da economia, da política e do direito, Weber restringe a noção de racionalização social, limitando-a a uma mera institucionalização da racionalidade instrumental. Habermas assinala duas razões que explicam a análise ambígua do processo de racionalização e modernização da sociedade ocidental: "Uma se deve aos impasses da teoria da ação: os conceitos de ação utilizados por Marx, Max Weber, Horkheimer e Adorno não são suficientemente complexos para apreender, nas ações sociais, *todos* os aspectos aos quais se pode aplicar a racionalização social. A outra razão diz respeito a um amálgama dos conceitos fundamentais da teoria da ação com os da teoria dos sistemas: a racionalização das orientações de ação e das estruturas do mundo vivido não é a mesma coisa que a complexidade crescente dos sistemas de ação"[27]. As duas considerações intermediárias de TAC visam justamente dar conta dos aspectos mencionados. Estudaremos o segundo aspecto no próximo capítulo. Por ora, trataremos da teoria habermasiana da ação, uma espécie de reformulação da versão weberiana.

No pensamento de Weber, as teorias da racionalidade e da ação são solidárias. Neste sentido, Habermas aborda os impasses da estratégia conceitual de Weber sob o aspecto capital da teoria da ação social (que é o ponto de partida da apresentação de sua teoria do agir comunicativo), visando demonstrar as implicações (oficiais e oficiosas) da sociologia weberiana numa teoria da racionalização. Pensando com Weber, contra Weber, Habermas indica o que separa este pensador de uma teoria da ação comunicativa: "O que tem valor fundamental não é a relação interpessoal entre ao menos dois

---

26. Cf. HABERMAS, J. "Some Aspects of the Rationality of Action", in: GERAETS, Th. F. (Ed.). *Rationality Today*. Ottawa, University Press, 1979, pp. 185-205; retomado em: *Vorstudien und Ergänzungen...*, op. cit.
27. *TAC I*, p. 161.

sujeitos capazes de falar e de agir, relação associada à intercompreensão lingüística, mas a atividade teleológica (*Zwecktätigkeit*) de um sujeito de ação solitário"[28]. Segundo Habermas, pode-se compreender a teoria weberiana da ação à luz de dois modelos possíveis: o modelo teleológico ou o modelo da interação social. No primeiro caso, Weber se limita "aos aspectos suscetíveis de racionalização que se referem ao modelo da atividade teleológica: aspectos ligados à racionalidade meio-fim". No segundo, pode-se perguntar "se não há vários tipos de relação reflexiva no plano das orientações de ação, e, por conseguinte, *outros* aspectos sob os quais as ações podem ser racionalizadas"[29]. A versão "oficial" da racionalidade weberiana está associada ao primeiro modelo, enquanto a versão "oficiosa" — que é assumida e ampliada por Habermas — remete ao segundo.

Weber distingue quatro tipos de ação[30] conforme o sentido visado pelo agente: agir racional com respeito a fins (utilitarista), agir racional com respeito a valores (axiológico), agir afetivo (emocional), agir tradicional (costume arraigado). Segundo Habermas, Weber aplica tal tipologia às "ações sociais" sem levar em conta o conceito de "relação social", segundo o qual, de acordo com a definição do próprio Weber, os comportamentos dos agentes se relacionam entre si. Assim, a tipologia do agir, em sua versão *oficial*, repousa não apenas numa compreensão monológica mas igualmente num modelo teleológico de ação, uma vez que o grau de racionalização do agir é medido conforme o paradigma da racionalidade instrumental, isto é, pelo modelo da ação meios-fins. Nesta ótica, o agir racional referente a fins é o que mais se aproxima do tipo ideal de ação racional, pois conjuga melhor os quatro elementos que dão sentido subjetivo à ação, vale dizer, os meios, os fins, os valores e as conseqüências. O agir racional referente a valores situa-se no segundo grau da hierarquia racional, pois só considera os meios, os fins e os valores. Conseqüências e valores são subtraídos do controle racional no modo afetivo de ação, enquanto o agir tradicional limita-se aos meios. Vale sublinhar que, ao falar em agir racional com relação a valores, Weber pensa em formas de ação guiadas por valores de natureza ética e religiosa, mais exatamente nas éticas da convicção — do tipo kantiano e do ascetismo protestante —, que avaliam a ação por

---

28. TAC I, p. 290.
29. TAC I, p. 291.
30. Cf. WEBER, M. *ES*, pp. 22-23.

seu aspecto moral interno, imperativo, independentemente de seu resultado. A posição de Weber, segundo a qual a *Zweckrationalität* é mais racional que a *Wertrationalität*, é devida, ao que tudo indica, à convicção arraigada de uma incomensurabilidade de posições axiológicas subjetivas: no domínio da ética, a cada qual seu próprio Deus. Portanto, ao lado de um *monoteísmo* racional, ou seja, a razão reduzida ao uso instrumental, pode-se falar da presença de um *politeísmo* axiológico em Weber. Evidentemente, Habermas opõe-se ao ceticismo de Weber em face dos valores. Sua estratégia é a de uma modificação estrutural do próprio quadro teórico weberiano, de maneira a resguardar o conceito complexo, embora não totalmente elucidado, de racionalidade prática.

Segundo Habermas, outra tipologia do agir pode ser construída com base na obra weberiana. Nessa versão *oficiosa* não é o modelo teleológico da ação que serve de fundamento, mas o conceito de "interação social", que evidencia outros aspectos da racionalidade da ação não considerados do ponto de vista unilateral da razão instrumental. Em tal perspectiva, Weber deve levar em conta também os mecanismos de coordenação da ação, ou seja, se "uma relação social se baseia apenas sobre *situações de interesse* ou também em um *acordo normativo*... No primeiro caso, as relações sociais devem sua existência ao entrelaçamento factual de interesses; e no segundo caso, ao reconhecimento de pretensões normativas de validez"[31]. Mas nessa tipologia alternativa da ação social, Habermas distingue, ademais, os graus de racionalidade dentro dos mecanismos de coordenação das ações, segundo níveis de desenvolvimento da consciência moral e jurídica. Nas sociedades modernas, a coordenação das ações mediante "situações de interesse" deixa de ser baseada em hábitos e costumes e assume a forma de ações estratégicas concorrentes; por sua vez, a coordenação das ações mediante "consenso normativo" extrapola a maneira convencional da ação "comunitária" e se estabiliza no plano das estruturas pós-convencionais, em que a ação "societária" possibilita a regulamentação consensual dos conflitos interpessoais com base na validade racional de um acordo compartilhado. Portanto, em função da estreiteza da versão "oficial" da teoria weberiana da ação, Habermas

---

31. TAC I, pp. 292-293. Faremos a seguir breves comentários complementares de nossa exposição da primeira parte sobre a pragmática universal de Habermas.

assume — ampliando-a por meio de sua pragmática universal — a versão "oficiosa", cuja tipologia do agir repousa numa compreensão dialógica (relação entre ao menos dois sujeitos capazes de fala e de ação) e um modelo de interação social (agir comunicativo). Ele retoma assim o conceito complexo de racionalidade prática no plano de uma teoria da ação que se vincula à tradição pós-wittgensteiniana da linguagem, sobretudo à teoria dos atos de fala desenvolvida por Austin e Searle.

A teoria dos atos de fala desses autores[32] permite construir, segundo Habermas, uma espécie de síntese entre a linguagem e a ação, pela qual fica evidente que "apenas as ações lingüísticas às quais o falante vincula uma pretensão de validade criticável são capazes, por assim dizer, pela própria força e graças à base de validade de uma comunicação lingüística orientada à intercompreensão, de levar o ouvinte a aceitar a oferta contida num ato de fala, podendo assim se tornar eficazes como mecanismo de coordenação das ações"[33]. Entretanto, essa síntese entre "ação" e "linguagem" na teoria das ações lingüísticas não significa uma identificação[34] entre o "falar" e o "agir". Ao contrário. A teoria dos "atos de fala" possibilita precisamente distinguir as "ações lingüísticas" das "ações" no sentido estrito do termo. O elemento basilar é a distinção austiniana entre atos perlocucionários e atos ilocucionários. Pelos atos *locucionários*, o falante diz "algo"; pelos atos *ilocucionários*, realiza uma ação "ao dizer" algo; e, enfim, pelos atos *perlocucionários*, o falante causa algo no mundo "pelo fato" de agir quando diz algo. Enquanto para os atos ilocucionários o que é constitutivo é o "significado do enunciado", para os atos perlocucionários o que é capital é a "intenção" do agente. Assim, é apenas com base nos atos ilocucionários que Habermas considera possível elucidar

---

32. Cf. sobretudo: AUSTIN, J. L. *How to do things with words*. Cambridge, University Press, 1962; SEARLE, J. R. *Speech Acts*. Cambridge, University Press, 1969; Idem. *Expression and Meaning*. Cambridge, University Press, 1979.

33. TAC I, p. 313.

34. Ler, a propósito disso, os esclarecimentos feitos por Habermas nos três capítulos de PPM em que trata do giro pragmático na análise da linguagem: "Ações, atos de fala, interações mediadas pela linguagem e mundo da vida" (pp. 65-103); "Sobre a crítica da teoria do significado" (pp. 105--134); "Notas sobre Searle: *Meaning, Communication and Representation*" (pp. 135-148).

os conceitos de "intercompreensão" e de "agir orientado ao entendimento mútuo", pois é quando o locutor atinge seu objetivo ilocucionário, no sentido de Austin, que tem êxito a tentativa de reconhecimento intersubjetivo embutida em todo ato de fala. Por isso é que Habermas só entende por agir comunicativo "aquelas interações mediadas pela linguagem em que todos os participantes perseguem com seus atos de fala os fins ilocucionários, e *somente fins ilocucionários*. No entanto, considero como um agir estratégico lingüisticamente mediado as interações nas quais ao menos um dos participantes pretende com seus atos de fala provocar em seu interlocutor efeitos perlocucionários"[35].

A despeito de as ações lingüísticas serem amiúde usadas na intenção de obter efeitos perlocucionários, Habermas insiste em que o agir comunicativo é o principal *medium* da cooperação entre os sujeitos. Assim, retomando as linhas mestras do programa de reconstrução da base de validade do discurso, Habermas desenvolve em TAC seu próprio modelo de teoria dos atos de fala. Após examinar o efeito ilocucionário do vínculo contido na oferta dos atos de fala e o papel das pretensões de validade criticáveis, correspondentes aos três conceitos formais de mundo objetivo, social e subjetivo, propõe uma classificação geral das ações lingüísticas em confronto com outras tentativas[36]. Sua análise das interações mediadas pela linguagem é finalmente completada por uma conexão da sistemática dos atos de fala com a teoria da ação, pela qual esta última torna-se fecunda para uma teoria da sociedade. No cerne da teoria habermasiana da ação está a distinção entre a ação "orientada ao sucesso" (*erfolgsorientiert*) e a ação "orientada à intercompreensão" (*verständigungsorientiert*), uma renovada configuração do binômio trabalho e interação. Levando-se também em conta as situações da ação, ou seja, sociais e não-sociais, podemos compreender a importância concedida por Habermas ao agir comunicativo: trata-se do único tipo de *ação social orientada à intercompreensão*. Vejamos o esquema[37] por ele proposto:

---

35. TAC I, p. 304.
36. Vide os elucidativos esquemas de TAC I (p. 337) e LCS (p. 399 e 411).
37. Reproduzimos aqui a figura 14, in: TAC I, p. 295. Ler, na mesma página, as respectivas definições dos tipos de ação.

Orientações da ação Situações da ação	Ação orientada ao sucesso	Ação orientada à intercompreensão
Não-sociais	Ação instrumental	—
Sociais	Ação estratégica	Ação comunicativa

Com base neste esquema de Habermas, cuja sistemática é a mesma de TCI, parece razoável agrupar os três tipos de ação — instrumental, estratégica e comunicativa — em dois modelos distintos: a) trabalho/agir racional com respeito a fins/ação orientada ao sucesso (tanto o agir instrumental quanto o agir estratégico); b) interação/agir racional com respeito a valores/ação orientada à intercompreensão (quanto ao agir comunicativo). Apesar de razoável, contudo, fica evidente a distorção da tipologia "tricotômica" da ação dentro da tipologia "dicotômica" das orientações da ação, sobretudo no que tange ao agir estratégico. Pois, como nota Ferry em seu pertinente comentário[38], se de um lado (malgrado as diferenças entre Weber e Habermas) parece que o modelo da "interação" se refere ao modelo da *Wertrationalität* e o modelo do "trabalho" ao da *Zweckrationalität*, de outro, no entanto, o agir estratégico, que deve ser considerado sob o ângulo desta racionalidade com respeito a fins, não deixa de ser também uma forma de interação social (Habermas não afirma seu caráter de ação social?), associado, portanto, ao modelo "wertrational" weberiano. Trata-se de uma dificuldade crucial, que, no entender do comentador, afeta a coerência da arquitetônica habermasiana enquanto tal. Para ele, "esta redução dos três tipos de atividade à dualidade do 'trabalho' e da 'interação' implica notadamente que não se possa dar conta explicitamente do fato de que a atividade estratégica é contudo uma *interação* que supõe a compreensão das intenções, isto é, um saber hermenêutico, mesmo sendo regida, é verdade, pela lógica analítica da escolha racional"[39]. Ferry situa o problema na releitura habermasiana do sistema tricotômico — linguagem, trabalho e interação — elaborado pelo jovem Hegel em sua *Filosofia do espíri-*

---

38. Cf. FERRY, J.-M. *Habermas. L'éthique de la communication*, op. cit., pp. 337s.
39. Idem, Ibidem, p. 339.

to de Iena. Não pretendemos voltar às exaustivas análises do primeiro capítulo, mas somente notar a importância da questão.

Não resta dúvida de que a teoria do agir comunicativo, em todas as suas dimensões, está fundada num modelo tridimensional, herdado não apenas do jovem Hegel mas também de Kant. Sua leitura de Weber também é conseqüente, na medida em que a teoria da modernização como racionalização elaborada por este último vincula-se à arquitetônica crítica kantiana. Portanto, Habermas assume amplamente o modelo tricotômico desses autores, propondo uma teoria da modernidade a partir do conceito de razão comunicativa, que engloba os aspectos cognitivos, prático-morais e expressivos da cultura. Nesta ótica, há uma clara correlação entre as esferas axiológicas weberianas — ciência, moral e arte —, o criticismo kantiano — racionalidade científica (*stricto sensu*), racionalidade ética e racionalidade estética —, a filosofia hegeliana do espírito — dialética do trabalho (relação instrumental do homem com a natureza, que forma a consciência técnica), dialética da interação (relação intersubjetiva com base na reciprocidade, que molda a consciência prática) e a dialética da representação simbólica (relação consigo mesmo ou autoconsciência, em que se forma a consciência teórica ou de denominação) — e, por fim, a teoria habermasiana da comunicação. Como é de se notar, o problema reside na terceira dimensão, a saber, a linguagem ou dialética da representação, que é aparentemente absorvida pela segunda, a interação ou dialética do reconhecimento, o que provoca distorções em múltiplos aspectos teóricos (quer na teoria do conhecimento, na teoria da sociedade, na teoria da modernidade, quer ainda na teoria da ação). É como se, no pensamento de Habermas, "linguagem" e "interação" estivessem tão imbricados que, malgrado a afirmação constante de três dimensões da efetividade e do sentido, apenas duas dimensões fossem objeto concreto de estudos sistemáticos.

Mas, ao que parece, o problema reside numa diferença de acento e não numa confusão de domínios. No âmbito da teoria da ação, por exemplo, o que Habermas pretende é a superação da leitura unilateral baseada no modelo da razão instrumental. O acento é, então, colocado no agir comunicativo, até então ignorado apesar de seu caráter constitutivo na vida em sociedade. Não se nega a presença do agir estratégico e sim sua predominância. A aparente distorção seria, então, fruto da necessidade preconizada por Habermas de uma distinção clara e precisa — recorrente em sua obra — entre a técnica e a prática, entre o progresso científico e o progresso da razão, em suma, entre a noção complexa de racionalidade prática e o conceito restrito da racionalidade orientada para um fim. Não é outro o sentido da tentativa de ampliar a teoria da ação de inspiração weberiana no sentido de uma teoria da ação comunicativa. É este conceito que permite a Habermas reconstruir a teoria weberiana da racionalização. Em tal reconstrução, como veremos a seguir, a teoria habermasiana da religião adquire contornos nítidos.

3.3. A racionalização das imagens de mundo

A racionalização das imagens religiosas de mundo precede, na análise weberiana, a racionalização da sociedade moderna ocidental. O tema da modernização da sociedade entendida como racionalização é estudado por Weber de um ponto de vista comparativo do processo de racionalização cultural das religiões universais, e a questão fundamental que guia sua pesquisa é saber por que este potencial de racionalização só se realiza completamente na tradição judeu-cristã. Max Weber designa por *religiões universais* cinco sistemas religiosos que reuniram em torno de si um número considerável de adeptos, a saber: o confucionismo, o budismo, o hinduísmo, o cristianismo e o islamismo. Ele acrescenta uma sexta religião, o judaísmo, em função de sua importância no desenvolvimento da ética econômica moderna e também de pressupostos históricos fundamentais para a compreensão do cristianismo e do islamismo[40]. Sabe-se que Weber não concluiu os estudos sobre estes dois últimos sistemas religiosos. Porém, a falta de considerações históricas não impede a apreensão dos elos entre as diversas éticas econômicas, a partir dos estudos sistemáticos já indicados.

Weber traça a emergência das religiões universais em função de um tema que lhes é comum, o da teodicéia, que concerne fundamentalmente à justificação da distribuição desigual dos bens terrestres entre os homens. O problema surge da necessidade de fornecer explicações religiosas ao sofrimento humano. Weber sublinha a imensa força racionalizadora da questão do mal no desenvolvimento dos sistemas religiosos, porquanto o pensamento religioso

---

40. Cf. WEBER, M. "La morale économique des grandes religions". *Archives de Sociologie des Religions*, 9 (1960): 3-30 (daqui em diante: *ME*).

torna-se cada vez mais racional à medida da explicitação e das soluções propostas ao problema ético da conciliação do poder divino com a imperfeição de um mundo criado e governado por Deus. Para Weber, a teodicéia é vital em todas as religiões universais e supera as fronteiras do pensamento mítico. Ao tratar o sofrimento pessoal como sintoma da cólera divina ou da culpa secreta de um indivíduo, os ritos tribais conseguiam dominar situações de aflição coletiva, jamais a sorte particular de seus membros. Os cultos primitivos eram dirigidos à totalidade, deles estando excluídos, como afirma Weber, os interesses individuais: "Aqueles que padeciam um sofrimento duradouro por luto, enfermidade ou qualquer outro infortúnio eram considerados possuídos por um demônio ou castigados pela cólera de um deus a quem haviam ofendido"[41]. Ora, a percepção do infortúnio como algo injusto requeria uma mudança na valoração do sofrimento. Por isso, Weber sublinha a extrema importância da idéia de uma glorificação religiosa do sofrimento, fruto do desenvolvimento dos cultos de redenção, que adotaram uma posição original em face do sofrimento individual: a idéia de que a desgraça pode ocorrer a um indivíduo sem que seja resultado de sua culpa e a idéia de que um indivíduo pode ter esperança na redenção dos males, incluindo a própria morte. Tais noções provocaram a formação de comunidades religiosas independentes de associações étnicas.

De acordo com Weber, a necessidade racional de uma teodicéia do sofrimento teve fortes conseqüências, embora diversas segundo cada religião particular. Todas procedem deste mesmo problema, mas Weber as distingue segundo as respostas dadas, a partir de um duplo ponto de vista: a representação de Deus e a avaliação do mundo. "O problema da teodicéia foi resolvido de diversas maneiras, e estas soluções estão em estreita relação com as formas da concepção de Deus bem como com o caráter revestido pelas idéias de pecado e de redenção"[42]. Weber reconhece a dificuldade em propor classificações precisas e, neste sentido, visa apenas enfatizar as formas mais puras das soluções. Em relação à *representação de Deus*, Weber opõe duas estratégias conceituais: teocêntrica e cosmocêntrica. A primeira, representada sobretudo pelas religiões ocidentais, adota a concepção de um deus pessoal criador, situado no além, uma concepção supramundana de Deus, o Deus

---

41. WEBER, M. *ME*, p. 11.
42. WEBER, M. *ES*, p. 536.

do agir (Iahvé); perante o Deus criador transcendente, o crente adota a atitude de alguém que se compreende como um instrumento da divindade e procura conquistar sua aprovação. A segunda, representada pelas religiões orientais, põe a concepção de um cosmos impessoal, não-criado, uma concepção imanente de Deus, o Deus da ordem (Brahma); ante o fundamento imutável da ordem cósmica, o crente adota a atitude de alguém que se compreende como um receptáculo do divino, procurando nele tomar parte.

Mas Weber é mais atento aos aspectos éticos da mensagem religiosa do que às nuances da idéia de divindade. As diferenças fundamentais entre as religiões universais, em sua visão, situam-se mais no segundo nível acima mencionado, a partir das formas de *avaliação do mundo* em seu conjunto, ou seja: a afirmação e a negação do mundo. "Independentemente de atitudes passiva ou ativa de vida", comenta Habermas, "trata-se de saber se o crente, no fundo, avalia positiva ou negativamente 'o mundo', ou seja, a sociedade e a natureza circundantes, e se o mundo tem, para ele, um valor intrínseco ou não"[43]. A precisão é importante, pois, como veremos adiante, no interior de um mesmo conceito de mundo (afirmativo ou negativo), podemos vislumbrar duas atitudes diferentes (ascética ou mística). Tais atitudes, por sua vez, podem tomar a forma de uma "fuga" ou de um "domínio" do mundo. O quadro geral é assaz complexo, mas a estratégia weberiana, como se sabe, é tomar os tipos ideais, sob forma de oposição, para, em seguida, ressaltar as gradações encontradas na realidade empírica. O confucionismo e o taoísmo afirmam o "hic et nunc" e, em conseqüência, defendem um estilo de vida de aceitação do *status quo*. O judaísmo e o cristianismo, por um lado, o budismo e o hinduísmo, por outro, estabelecem um dualismo entre o mundo profano e a realidade última, seja ela transcendente, seja imanente. Para Weber, uma concepção negativa de mundo é resultado intrínseco do dualismo característico das religiões radicais de redenção. Habermas, ao contrário, acredita ser possível evidenciar uma concepção estruturalmente dualista que não represente uma negação do mundo: é o caso, sem dúvida, da metafísica grega, cuja tradição não é suficientemente considerada por Weber. Habermas leva em conta esta tradição, em função de seu elevado potencial de racionalização na dimensão cognitiva. A restrição ao aspecto ético, segundo nosso autor, representa a fraqueza mais evidente da análise weberiana.

---

43. TAC I, p. 217.

Tomando por base o capítulo conclusivo sobre as religiões chinesas[44], podemos constatar que Weber mede a racionalização das imagens de mundo de acordo com dois critérios específicos: o *desencantamento do mundo* (dissolução do pensamento mágico) e a *via de salvação* (atitude diante do mundo). A racionalização extrema nas duas direções consideradas é representada pelas igrejas e seitas do protestantismo ascético ocidental. Apenas neste movimento religioso realizou-se, com todas as conseqüências, um desencantamento extremo do mundo e uma negação do mundo que não gerou uma atitude de afastamento do mundo, ou, em outros termos, a recusa prática da ação. Habermas sublinha o fato de Weber ser mais atento ao aspecto da superação de práticas mágicas (segundo aspecto) que ao aspecto da ruptura do pensamento mágico (primeiro aspecto), conseqüência do privilégio dado à racionalização ética das visões de mundo e às implicações desse processo racionalizador na conduta de vida dos indivíduos. Assim, Weber põe em relevo as tensões profundas entre as religiões de redenção e o mundo (em geral) e suas instituições (esferas de ação mundana, tais como a economia, a arte, a ciência, a política, a família e a esfera considerada como "a maior força vital irracional", a do amor sexual). O choque fazia-se mais agudo à medida que as religiões de salvação superavam o ritualismo primitivo e que a posse dos bens mundanos e o conhecimento do mundo eram racionalizados.

Mas não nos cabe aqui considerar em pormenor a apaixonante análise de Weber acerca destas relações de tensão entre religião e mundo, que constitui o objeto central da *Zwischenbetrachtung*[45]. Weber se interessa, sobretudo, pelas direções tomadas pelas religiões universais na resolução deste conflito permanente entre as possibilidades mundanas e a necessidade interna de satisfazer as exigências de perfeição de seus fiéis. Ora, as pesquisas empíricas demonstram que o problema da salvação é tratado de várias maneiras, segundo as concepções religiosas. Não obstante, Weber sublinha duas direções fundamentais da busca de salvação: o *ascetismo*

---

44. Cf. WEBER, M. *Gesammelte Aufsätze zur Religionssoziologie*. op. cit., pp. 512s.
45. Cf. WEBER, M. "Parenthèse théorique: le refus religieux du monde, ses orientations et ses degrés". *Archives de Sciences Sociales des Religions*, 61/1 (1986): 7-34 (doravante: *RRM*). Os artigos deste número da revista *Archives* tratam de elucidar diversos aspectos deste importante escrito de Weber.

e o *misticismo*. A primeira concede um privilégio à ação, a segunda à contemplação. As referidas direções são tomadas a partir da posição do indivíduo no mundo: de um lado, a que evita um corte radical com a ordem institucional (posição intramundana); de outro, a que traz consigo um mínimo de contato com o mundo, seja ela individual, seja coletiva (posição extramundana). Weber sublinha as transições e combinações variadas entre o verdadeiro místico contemplativo, que "rejeita radicalmente o mundo" e para quem "o princípio é que a criatura se cale para que Deus fale", e o asceta intramundano, que, ao contrário, "quer reformar racionalmente o mundo pelo trabalho numa profissão mundana" e "faz suas provas precisamente pela ação". Nos termos de Weber: "Para o asceta intramundano, o comportamento do místico é uma indolente satisfação de si. Para o místico, a conduta do asceta é uma intromissão, mesclada de vã complacência com o processo de um mundo estranho a Deus"[46]. Na prática, o contraste pode ser atenuado e dar lugar a várias atitudes. Não olvidemos, porém, que Weber busca tipos ideais para uma construção teórica geral.

Ao cruzar as mencionadas distinções, Weber deriva quatro formas de caminhos da salvação: o ascetismo intramundano, o misticismo extramundano, o ascetismo extramundano e o misticismo intramundano. O contraste máximo dá-se entre a ascese intramundana (reforma do mundo) e a mística extramundana (fuga contemplativa do mundo), representadas de forma paradigmática pelo protestantismo, no primeiro caso, e pelo budismo primitivo, no segundo. É de grande importância, para Max Weber, não confundir "rejeição do mundo" com "fuga do mundo". Neste sentido, a precisão feita por Habermas entre a avaliação do mundo em sua globalidade e a atitude fundada sobre a negação do mundo é pertinente. A novidade do ascetismo protestante reside justamente no fato de recusar o mundo, desdenhar os bens e as glórias terrestres, sem no entanto fugir do mundo pela via contemplativa. "Dois ideais foram aqui plenamente satisfeitos: o desencantamento do mundo e o deslocamento da via de salvação da 'fuga do mundo' contemplativa para o 'domínio do mundo' ascético e ativo. À exceção de algumas pequenas seitas racionalistas encontradas em qualquer lugar, este resultado só foi obtido nas grandes igrejas e seitas do protestantismo ascético ocidental"[47]. Nenhum outro movimento religioso, no entender de

---

46. WEBER, M. *RRM*, pp. 9-10.
47. WEBER, M. *ME*, pp. 27-28.

Weber, foi mais longe na realização do desencantamento do mundo e da unidade sistemática da relação entre "Deus e o mundo" e, em conseqüência, da relação "propriamente ética com o mundo", do que o ascetismo racional intramundano da ética protestante.

Habermas deixa-se guiar pelas intuições fundamentais da teoria weberiana da religião. Sua leitura do processo de racionalização também concede vasta importância ao papel nele desempenhado pelas religiões universais. Habermas, no entanto, lastima que Weber não conduza avante um outro aspecto igualmente importante: o da transformação dos componentes *cognitivos* das imagens de mundo. Um pormenor que nos impõe distinguir claramente os planos descritivos e interpretativos de seu método reconstrutivo, sob pena de incorrermos num erro, imputando a Weber o que na verdade pertence a Habermas e vice-versa[48]. Nosso autor retoma, em resumo, sua crítica ao papel preponderante, em Weber, da racionalização do domínio ético na explicação do surgimento da sociedade moderna, em detrimento da racionalização nas esferas cognitiva e expressiva.

Weber deixa aberto um vasto campo de estudos, incitando Habermas a conjugar pesquisas de outros autores com sua própria releitura de Weber[49]. Needham, por exemplo, demonstra que "os chineses obtiveram maiores sucessos do que o Ocidente no desenvolvimento do saber teórico e em sua utilização na satisfação de necessidades práticas. Somente após o Renascimento, a Europa tomou inequivocamente a frente neste domínio — fato que convidaria a estudar o potencial de racionalidade nestas tradições, a princípio, sob o aspecto da racionalização *cognitiva* e não ética"[50]. Weber

---

48. O próprio Habermas é responsável pela falta de delimitação dos níveis citados, fato que assume em seu artigo: "Questions and Counterquestions", in: BERNSTEIN, R. (Ed.). *Habermas and Modernity*, op. cit., p. 206. Raynaud, numa importante obra sobre Weber, não leva em conta este dado que nos parece vital ao confrontar os dois autores. Cf. RAYNAUD, Ph. *Max Weber et les dilemmes de la raison moderne*. Paris, PUF, 1987, pp. 139s.

49. Vide o resumo, deste e de outros aspectos, em: INGRAM, D. *Habermas and the dialectic of reason*, op. cit., pp. 43-59. Cf. tb., do mesmo: "Philosophy and the aesthetic mediation of life: Weber and Habermas on the paradox of rationality". *The Philosophical Forum*, 4 (1987): 329-357.

50. TAC I, p. 222. Habermas se refere ao volumoso estudo de Joseph Needham: *Science and Civilization in China*. Cambridge, University Press, 1954. Outro autor citado por Habermas é Hans Blumemberg (vide, sobretudo: *The legitimation of the modern age*. Cambridge, University Press, 1982)

conjectura, como vimos, que as visões cosmocêntricas e afirmativas do mundo não possuíam o menor potencial de racionalização. Trata-se de uma hipótese correta, desde que limitada ao ponto de vista da racionalização ética, ao qual Weber se prende em função do conteúdo sociológico de suas pesquisas sobre a ética econômica das religiões universais. No entanto, do ponto de vista cognitivo, ou seja, de princípios referentes a fenômenos, encontram-se modos distintos de vida (*vita activa* e *vita contemplativa*)[51], semelhantes à ascese e à mística no caso das vias religiosas de salvação. As tradições gregas clássicas atestam, malgrado compartilharem com os chineses uma ética cosmológica de afirmação do mundo, o surgimento de uma *bios theoreticos*, na qual a adaptação ao mundo cede lugar a uma contemplação do mundo. Ora, esta forma passiva permite uma maior racionalização no aspecto teórico, ao passo que, como demonstra Weber, a forma ativa o faz no plano prático.

Para Habermas, a modernidade não é mero resultado de uma secularização do cristianismo, por mais importante que tenha sido esta tradição religiosa no âmbito da racionalidade da conduta de vida. Na verdade, nem a metafísica grega nem a religião cristã (visões de mundo encontradas na mesma tradição européia e que incorporam o mais elevado potencial de racionalização), consideradas isoladamente, possuem elementos necessários para uma racionalização em todas as dimensões possíveis. Foi o encontro ou, em termos habermasianos, a "relação de tensão produtiva" destas imagens de mundo, no contexto medieval, que permitiu a eclosão das ciências modernas e da ética protestante da vocação, fatores igualmente importantes para a modernização da sociedade ocidental. Habermas relaciona, portanto, as religiões de redenção com a dimensão *ética* da racionalização e as imagens cosmológico-metafísicas de mundo com a dimensão *cognitiva*. Em seguida, sublinha a presença, no mundo ocidental, das visões religiosas e metafísicas de mundo portadoras do mais elevado potencial de racionalização em cada uma destas dimensões: o judaísmo e o cristianismo, do ponto de vista ético (em contraste com o hinduísmo), e a filosofia grega, do ponto de vista cognitivo (em oposição ao confucionismo). Reproduzimos em seguida o diagrama[52] que sintetiza os elementos citados.

---

51. Aqui, a referência é a última obra escrita por Hannah Arendt: *The life of the mind*. New York, Harcourt Brace Jovanovich, vol. I: *Thinking* e vol. II: *Willing*, 1978.

52. Cf. TAC I, p. 225.

Potencial de racionalização Dimensão de racionalização	ALTO	BAIXO	
Ética	Domínio do mundo: Cristianismo e judaísmo	Fuga do mundo: hinduísmo	Religiões de redenção
Cognitiva	Contemplação do mundo: filosofia grega	Adaptação ao mundo: confucionismo	Imagens de mundo cosmológico-metafísicas
	Ocidente	Oriente	

Mas o que importa, acima de tudo, é a inscrição desse imenso potencial de racionalização do Ocidente na prática cotidiana. Eis um passo suplementar que Weber certamente vislumbrou, embora também limitado ao aspecto ético, sem considerar os domínios relativos às três esferas culturais de valor que, fundidas no seio das visões tradicionais de mundo, e, por isso, imunizadas contra a crítica, adquiriram progressiva diferenciação e autonomização no contexto do mundo moderno. O que é evidente, para Weber, é a importância da ética ascética do protestantismo na conversão da racionalização cultural das imagens de mundo em racionalização social: os grupos protestantes souberam traduzir na prática mundana concreta, mais que qualquer grupo religioso, as exigências éticas da racionalização religiosa. Porém, Habermas acredita que as novas formas de pensamento conquistadas pelo processo racionalizador tiveram aplicação conseqüente em outros domínios profanos por atores sociais portadores da racionalização nos planos cognitivo e expressivo, tais como os pensadores humanistas e os artistas renascentistas. O giro produzido por Habermas alarga consideravelmente, a nosso juízo, qualquer interpretação do papel da religião na emergência da modernidade inspirada na obra de Weber[53], ao conjugar os aspectos descritivos, normativos e expressivos. Será que os estudos inacabados de Weber sobre o cristianismo e o islamismo levá-lo-iam

---

53. Gauchet, neste sentido, mantém-se prisioneiro do fator religioso, em particular do cristianismo, em sua análise da modernidade. Cf. GAUCHET, M. *Le désenchantement du monde. Une histoire politique de la religion*. Paris, Gallimard, 1985.

a considerar estes aspectos reiteradamente sublinhados por Habermas? Nada no-lo assegura. Weber fixa sua análise no papel preponderante da ética protestante na emergência da sociedade moderna. Habermas apóia-se na teoria da religião de Weber, no intuito de exibir a lógica da racionalização das visões de mundo, construindo um modelo estrutural de racionalização social para tratar, por um lado, do papel da ética protestante e, por outro lado, da racionalização da moral e do direito modernos. Esta estratégia é a base de sua reconstrução da teoria weberiana da racionalização e do diagnóstico divergente sobre a época contemporânea. É o que veremos a seguir.

A ética protestante ocupa uma posição estratégica na análise weberiana do processo de racionalização da sociedade ocidental, graças à importância, para Weber, da racionalidade das orientações de ação. A leitura do processo de modernização capitalista privilegia a perspectiva "pelo alto", presente em sua teoria da religião, em que Weber tenta demonstrar a relação de "afinidade eletiva" entre a ética puritana da vocação e o espírito do capitalismo, uma afinidade enraizada na concepção de trabalho. De acordo com Weber, a "ética religiosa da fraternidade", presente na tradição mística cristã, conflitou-se intensamente com as esferas do agir profano e, assim, representou um entrave ao desenvolvimento da racionalidade formal[54]. Já a ética protestante da vocação, renunciando ao "universalismo do amor" e à "fraternidade universal", assumiu um papel preponderante na emergência da economia capitalista moderna. Como se sabe, as leis internas e imanentes desse *cosmos* econômico autonomizado substituíram, posteriormente, todo elemento ético de fundo religioso.

Habermas chama de conflito estrutural entre fraternidade e não-fraternidade a relação de tensão entre as religiões de redenção e as esferas de atividade mundana. Sua leitura põe em relevo um confronto entre a ética religiosa da fraternidade e a ética puritana da vocação, esta segunda representando um recuo evidente em face da concepção universalista, altamente abstrata e baseada num modelo de reciprocidade que marca a primeira, cujos traços, embora ainda impregnados de uma aura sagrada, são próximos de uma ética pós-convencional, nos termos da teoria do desenvolvimento da consciência moral de Kohlberg[55]. Segundo Habermas, o *parti-*

---

54. Cf. WEBER, M. *RRM*, pp. 13s.
55. Sobre isso, cf. *supra* nossas considerações intermediárias sobre a ética discursiva.

cularismo da graça marcante na ética puritana da vocação — que, para Weber, não mais corresponde à concepção de uma autêntica religião de salvação — não representa uma orientação exclusiva do processo racionalizador nem uma conseqüência necessária da racionalização das éticas de cunho religioso. Berten resume, a propósito, dois aspectos complementares da crítica habermasiana: "...em primeiro lugar, Habermas avalia o fato de o Ocidente ter chegado à modernidade através da ética ascética do puritanismo protestante como algo contingente, pertencente à dinâmica da história real e não à necessidade de uma lógica da história; em segundo lugar, o modelo de racionalidade usado por Weber ao julgar o comportamento ético é importado, indevidamente, da esfera da racionalidade científica, da racionalidade instrumental. É nesse sentido que a racionalidade própria da ética não é respeitada"[56]. Habermas insurge-se contra a pretensão weberiana de que uma consciência moral guiada por princípios não possa sobreviver sem fundamento religioso. Nosso autor defende, como aludimos, a idéia de uma continuidade do processo de racionalização do domínio prático-moral rumo às éticas formais e cognitivas dos tempos modernos, marcadamente secularizadas, entre as quais está, numa referência precípua ao kantismo, sua própria ética da comunicação. Uma ética universalista, de caráter racional, é resultado da racionalização das imagens religiosas de mundo, mas sua estabilidade independe do contexto religioso de origem. Vale lembrar que a religião é importante, para Habermas, no plano da gênese e não da manutenção de um estádio pós-convencional de consciência moral.

O ponto de referência da apresentação feita por Habermas de um modelo não seletivo de racionalização é sua noção de razão comunicativa, que, mais uma vez reiterando, possibilita uma compreensão descentrada do mundo, que, por sua vez, permite a adoção de várias atitudes — objetivante, normativa e expressiva — ante os setores da realidade — objetivo, social e subjetivo. Sua construção sistemática põe em evidência o fato de que os três tipos de racionalidade — cognitiva, moral e estética —, referentes às esferas culturais de valor anotadas por Weber, estabilizam-se em processos de aprendizagem permanentes e cumulativos[57]. Habermas procura

---

56. BERTEN, A. "De l'éthique puritaine à l'éthique de la fraternité: Weber et Habermas", op. cit., p. 10.

57. Para uma leitura crítica dos complexos de racionalidade estabelecidos por Habermas a partir das relações pragmático-formais resultantes da

construir um modelo que evidencie o caráter "parcial" da modernização social, divergindo do diagnóstico de Weber sobre nossa época, fruto do caráter estreito da noção de racionalidade presente em sua teoria da modernidade.

Na fase de emergência do capitalismo moderno, Weber centra sua atenção na diferenciação das esferas de valor. Quanto ao desenvolvimento da sociedade moderna após o século XVIII, ele sublinha a autonomização dos subsistemas de agir racional relativo a fins. Ora, a descontinuidade da análise weberiana reside no fato de privilegiar o aspecto da racionalização ética e cultural no nível genético e o aspecto da racionalização das estruturas sociopolíticas e econômicas no plano do desenvolvimento da modernidade[58]. A um processo fecundo de racionalização sucede um outro restritivo, o que retira, de cada qual, a devida amplitude. Na verdade, a posição de Weber é extremamente complexa e ambígua. Mas o fato é que, ao traçar seu diagnóstico do mundo contemporâneo, Weber nota um crescimento desmedido da racionalidade instrumental. No aspecto da racionalização cultural, cujo processo provoca a diferenciação das esferas axiológicas, aponta a tendência a uma perda de sentido (*Sinnverlust*), fruto da derrocada da unidade substancial outrora mantida pelas imagens religiosas e metafísicas de mundo. No aspecto da racionalização social, cujo processo, por seu turno, induz ao fenômeno da autonomização dos subsistemas do agir instrumental, Weber nota a tendência a uma perda de liberdade (*Freiheitsverlust*), fruto do poder crescente e inelutável de uma sociedade burocratizada, transformada numa "jaula de ferro", na conhecida expressão weberiana.

Max Weber associa a *perda de sentido* ao pluralismo de valores do mundo moderno, o famoso combate dos deuses. Se, por um lado, a autonomização das esferas culturais de valor representou um enorme progresso do ponto de vista formal, no sentido de uma demarcação mais precisa dos critérios axiológicos internos de cada esfera, por outro, esse processo estiolou a unidade, portadora de

---

combinação entre atitudes básicas e conceitos de mundo, vide: McCARTHY, Th. "Reflections on Rationalization in the *Theory of Communicative Action*", in: BERNSTEIN, R. (Ed.). *Habermas and Modernity*, op. cit., pp. 176-191.

58. Cf. PUSEY, M. *Jürgen Habermas*, op. cit., pp. 47-57. O autor qualifica Habermas — curiosamente — de "left-weberian", considerando sua reconstrução da teoria da racionalização de Weber a chave de sua obra magna.

sentido, das imagens tradicionais de mundo. As interpretações míticas, no caso das sociedades tribais, e as imagens religiosas e metafísicas de mundo, no âmbito das grandes civilizações, forneciam, cada qual à sua maneira, os elementos necessários para uma visão unificadora do mundo. Entretanto, segundo Weber — e Habermas segue na mesma trilha —, o que caracteriza as sociedades modernas é, precisamente, o questionamento desse imenso poder totalizante e unificador das visões de mundo, ou seja, a capacidade de distinguir o mundo da imagem que dele fazemos, ou a reflexividade e a conseqüente dissociação entre o mundo e sua representação. Dessa forma, o retorno ao politeísmo é, para Weber, um traço marcante da época contemporânea. Não mais um politeísmo de deuses, mas de ordens de valores que se afrontam numa luta sem expiação. A perda da unidade fornecida aos indivíduos pela mediação das imagens de mundo, seja ela representada pela figura de Deus, da Natureza, da Razão, seja de qualquer outro princípio, provocou a perda de sentido no contexto de um mundo irremediavelmente desencantado. O veredicto de Weber, neste ponto, é implacável: "O destino de nossa época, caracterizada pela racionalização, pela intelectualização e, sobretudo, pelo desencantamento do mundo, conduziu os homens a banir os valores supremos mais sublimes da vida pública"[59].

Quanto ao segundo componente do diagnóstico weberiano sobre nossa época, o da *perda de liberdade*, já enunciado por Weber em seu escrito dos anos 1904-1906 sobre *A ética protestante e o espírito do capitalismo* (claro que, com as nuances típicas de um autor que sempre tratou de separar cuidadosamente juízos de fatos dos juízos de valores), Habermas nota ser ele apresentado, nos últimos ensaios — notadamente a Zwischenbetrachtung, de 1915, a *Politik als Beruf* e a *Wissenschaft als Beruf*, ambos de 1919 —, como uma proposição logicamente dedutível da primeira tese sobre a perda de sentido. Numa passagem célebre, ao final de seu estudo sobre o protestantismo, Weber afirma que o temor demonstrado pelos primeiros puritanos de que a preocupação pelos bens materiais pudesse deixar de ser um tênue manto sob absoluto controle dos que aspiravam à salvação, na verdade, consumou-se, de tal forma que o manto sobre os ombros dos fiéis transformou-se numa jaula para todo indivíduo nascido sob o sistema econômico moder-

---

59. WEBER, M. *Le savant et le politique*. Paris, Plon, 1959, p. 96.

no, determinando um estilo de vida mecânico e rotinizado[60]. Assim, a "jaula de ferro" transforma-se numa tradução metafórica e original da modernidade ocidental e da economia capitalista. Na descrição feita por Weber do processo de racionalização do Ocidente, a motivação psicológica de origem ética e religiosa, pela qual o desdobramento da moderna economia capitalista foi assegurado, dissolveu-se num utilitarismo puro, gerando um novo *ethos* econômico desconectado da fundamentação religiosa proveniente do espírito da ascese cristã.

Habermas, como sugerimos, vê na análise weberiana uma descontinuidade entre a caracterização da racionalização cultural das imagens de mundo, um processo necessário para o surgimento do racionalismo ocidental, e a da racionalização social, tal como se efetua no período moderno. Weber não mobiliza os mesmos recursos conceituais para analisar os dois movimentos históricos. Pelo contrário. A racionalização social é concebida de forma negativa, a partir de uma noção restrita de racionalidade, provocando, assim, uma brusca mudança e um estreitamento da perspectiva weberiana. Há, pois, uma contradição central em Weber. Ora, Habermas contesta não apenas a plausibilidade da tese da perda de sentido, mas também a tentativa de deduzir desta última a tese da perda de liberdade. A posição de Habermas — como no debate sobre a racionalidade com a antropologia cultural[61] — tem nuances. Ele não discorda da observação weberiana de que a sociedade moderna ocidental testemunha certa erosão do sentido e da liberdade, desde que posta em limites razoáveis. Certas perdas são inevitáveis, como resultado do próprio processo racionalizador: "com o surgimento das estruturas modernas de consciência rompe-se a unidade imediata do verdadeiro, do bem e do perfeito, unidade sugerida pelos conceitos básicos da religião e da metafísica"[62]. Deve-se concluir daí um politeísmo de valores e um *nonsense* da modernidade? Habermas discorda, situando-se numa posição eqüidistante do pessimismo estéril e do otimismo ingênuo.

Nosso autor sublinha, isto sim, a necessidade de uma distinção clara entre os *conteúdos* de valor, provenientes da dinâmica

---

60. Cf. WEBER, M. *EP*, pp. 248-251.
61. Cf. *supra* nossa apresentação da defesa feita por ele da universalidade da interpretação moderna de mundo.
62. TAC I, p. 259.

material da história e da pluralidade de tradições culturais, e os *critérios formais* de valor, pertencentes à lógica da história universal e aos aspectos de validade segundo os quais as questões de verdade, de justiça e de gosto podem ser diferenciadas e, enquanto tais, submetidas a um trabalho racional. A razão comunicativa, lembremo-nos, não é uma razão unificadora, que viria substituir os princípios últimos da metafísica, mas uma razão procedimental e mediadora dos aspectos plurais da realidade. É importante sublinhar, uma vez mais, que a racionalização não está associada, para Habermas, aos *conteúdos* das tradições culturais mas, antes, às novas possibilidades de criticá-las. É o novo *tipo* ou a nova *forma* de razão, institucionalizada num mundo vivido moderno altamente racionalizado, que faz toda a diferença[63]. Segundo ele, "Weber vai longe demais quando, da perda da unidade substancial da razão, infere um politeísmo de poderes últimos que lutam entre si, cujo caráter irreconciliável radicaria num pluralismo de pretensões de validade *incompatíveis*. Pois, é justamente no plano formal, no qual são comprovadas pela argumentação as pretensões de validade, que fica assegurada a *unidade* da racionalidade na *diversidade* de esferas de valor, racionalizadas, cada qual, segundo seu próprio sentido interno"[64]. Como dissemos no início do trabalho, o projeto teórico de Habermas demonstra, neste sentido, uma clara continuidade, se o tomamos, por um lado, a partir desse esforço em pensar com profundidade um conceito de razão que procure uma unidade formal na multiplicidade de vozes com que se apresenta no contexto da modernidade, e, por outro lado, de fundar uma teoria da sociedade que repouse sobre tal conceito de razão.

O paradoxo weberiano da modernidade ocidental é transformado numa concepção em que a diferenciação das esferas culturais de valor e a disjunção entre mundo vivido e sistema, sobre a qual falaremos a seguir, representam dois fenômenos conjugados na evolução das sociedades modernas. Para Habermas, assim como o desencantamento do mundo não leva necessariamente à perda de sentido, a diferenciação estrutural da sociedade — processo ao qual se associa o fenômeno tendencial de "colonização" do mundo vi-

---

63. O que torna injusta, para não dizer errônea, a leitura de LÖWY, M. "A Escola de Frankfurt e a Modernidade". *Novos Estudos*, 32, março (1992): 119-127.
64. TAC I, p. 260. Cf. tb. PPM, pp. 151s.

vido pela esfera sistêmica — não provoca automaticamente a perda de liberdade. A seu juízo, o empobrecimento comunicativo da prática corrente (perda de sentido) resulta de uma "separação elitista entre as culturas dos experts e os contextos ordinários do agir comunicativo", e a reificação da prática comunicacional cotidiana (perda de liberdade) é conseqüência de uma "penetração das formas de racionalidade econômica e administrativa nas esferas de ação que se opõem à conversão aos meios reguladores do dinheiro e do poder"[65]. Um diagnóstico truncado conduz, segundo Habermas, à condenação unilateral da modernidade ou ainda de seu conteúdo racional e suas perspectivas futuras, gerando alianças conservadoras suspeitas entre antimodernos e pós-modernos[66].

Três aspectos da teoria habermasiana estão cingidos nesta reformulação da teoria weberiana da modernidade: a teoria da racionalidade (com o conceito mais englobante de razão comunicativa e a conseqüente superação da perspectiva monológica da filosofia do sujeito), a teoria da evolução social (com a distinção entre os domínios da lógica e da dinâmica do desenvolvimento das sociedades modernas), e, enfim, a teoria da sociedade (com a incorporação de categorias da análise funcionalista que permitem distinguir a esfera sistêmica da esfera do mundo vivido). A teoria habermasiana da religião, que não é um aspecto isolado de seu *opus* e nem constitui um *corpus* sólido e conclusivo, está conectada com os três aspectos mencionados. Tratamos até agora dos dois primeiros. Só falta apresentar o último aspecto, antes de penetrarmos nos meandros de sua teoria da modernidade. Deixaremos para as considerações finais as notas críticas sobre a teoria da religião de Habermas inspirada em Weber.

---

65. TAC II, p. 364.
66. Sobre isso, cf. DFM, pp. 13-16.

Capítulo IV

SOCIEDADE MODERNA E FUTURO DA RELIGIÃO

4.1. Mundo vivido e "verbalização" do sagrado

Seria impossível nomear, e mais ainda estudar sistematicamente, todas as tradições teóricas de que se serve Habermas para desenvolver sua própria teoria crítica da sociedade. No campo das ciências sociais, é sobretudo nas análises de Mead e de Durkheim que Habermas encontra elementos fundamentais tendo em vista a superação do paradigma da filosofia do sujeito, no qual soçobra ainda a perspectiva weberiana. Esses autores auxiliam no preenchimento das lacunas nos planos da teoria da ação (passagem da atividade orientada para um fim ao "agir comunicativo"), de um lado, e da conceitualização da teoria dos sistemas (articulação das perspectivas do "mundo vivido" e do sistema), de outro. Em Mead, Habermas nota a presença de uma teoria da ação social baseada numa teoria da comunicação. Em Durkheim, os contornos gerais de uma teoria social que relaciona integração social e integração do sistema. Dito de maneira esquemática, Habermas completa Mead com Durkheim e Durkheim com Mead para, então, completá-los com sua abordagem pragmática da linguagem.

Como em todos os "mestres fundadores" da sociologia, a religião ocupa, no caso de Durkheim, um lugar capital no conjunto de sua produção teórica[1]. De forma análoga a Weber, os resultados

---

1. Uma bibliografia exaustiva é proposta por Victor Karady, apresentador da monumental obra: DURKHEIM, E. *Textes*. Paris, Minuit, 3 tomos,

fundamentais de suas pesquisas são condensados nos escritos consagrados a essa temática, tais escritos são numerosos e atravessam toda a obra durkheimiana[2]. Todavia, como é sabido, as conquistas substantivas foram por ele reunidas, ao final da trajetória, num estudo sobre o sistema totêmico na Austrália[3]. O esforço central empreendido por Durkheim, qual seja, o de clarificar o fundamento da coesão das sociedades modernas, ou, nos termos habermasianos, a validade normativa das instituições e dos valores, é um fio condutor de sua pesquisa sociológica. Durkheim vê-se confrontado com sociedades caracterizadas pela diferenciação crescente dos papéis sociais, pela especialização das funções na prática social e pelo aumento do individualismo. Dá-se conta, portanto, do imenso fosso separando as sociedades ditas "primitivas", estruturalmente homogêneas, das sociedades "modernas" altamente diferenciadas. Os primeiros elementos interpretativos dessa problemática aparecem em sua conhecida obra acerca *Da divisão do trabalho social*[4], de 1893, e prosseguem em seu estudo sobre *O suicídio*[5], de 1897. Neles já encontramos dois conceitos básicos da sociologia durkheimiana: "consciência coletiva" e "anomia". Por meio desses conceitos percebemos que sua preocupação maior era a da "sobrevivência" da sociedade moderna, e nisso se constata, em sua obra, a indissociabilidade das questões moral e da ordem social. Ora, os ritos religiosos e as crenças irão adquirir, progressivamente, um caráter significativo na explicação do funcionamento das sociedades e na compreensão da coesão necessária entre os indivíduos, fundamento da solidariedade social.

1975. Durkheim só publicou, em vida, quatro livros e cerca de três dezenas de artigos, uma parte ínfima, portanto, de uma produção prolífica em torno de setecentos títulos. Vide, tb., a bibliografia indicada no brilhante estudo de Steven Lukes: *Emile Durkheim, his life and work: a historical and critical study*. London, Allen Lane, 1973.

2. Para uma bibliografia completa dos estudos de Durkheim sobre o tema da religião, bem como de trabalhos sobre a temática, cf. PICKERING, W.S.F. *Durkheim on religion: a selection of readings with bibliographies*. London, Routledge and Kegan Paul, 1975, pp. 305-321.

3. Cf. DURKHEIM, E. *Les formes élémentaires de la vie religieuse*. Paris, Alcan, 3ª ed., 1937; a edição original é de 1912 (doravante: *FEVR*)

4. Cf. DURKHEIM, E. *De la division du travail social*. Paris, PUF, 7ª ed., 1960.

5. Cf. DURKHEIM, E. *Le Suicide*. Paris, PUF, nova ed., 1960.

O estudo de Durkheim acerca dos sistemas totêmicos australianos, como ele diz expressamente, não visa a um simples inventário das crenças arcaicas para enriquecer os conhecimentos etnológicos e históricos. Pelo contrário. Enquanto análise sociológica, ele pretende "explicar uma realidade atual, próxima de nós e capaz, portanto, de afetar nossas idéias e nossos atos: esta realidade é o homem e, mais precisamente, o homem de hoje, pois não há outro que estejamos mais interessados em conhecer bem. Portanto, nós não estudaremos a religião mais antiga, que será objeto de investigação, pelo mero prazer de contar coisas bizarras e singularidades. Se nós a tomamos como objeto de nossa pesquisa, é porque ela nos pareceu mais apta do que qualquer outra a fazer compreender a natureza religiosa do homem, ou seja, a nos revelar um aspecto essencial e permanente da humanidade"[6]. Buscando, pela via do sistema religioso mais puro e simples, elementos constitutivos da religião — vale dizer, representações de mundo (pensamento) e atitudes rituais (prática) —, Durkheim quer chamar a atenção para a origem de todas as instituições sociais e de todas as categorias do pensamento humano a partir do fenômeno religioso. O engendramento, pela religião, de tudo o que existe de essencial na sociedade não é um fato surpreendente aos olhos de Durkheim, porquanto, de maneira circular, a idéia de sociedade é o próprio fundamento da religião: "A conclusão geral do livro que vamos ler é que a religião é uma coisa eminentemente social. As representações religiosas são representações coletivas que exprimem realidades coletivas"[7].

A renomada tese de Durkheim tornou-se objeto de discussões permanentes e apaixonadas. Evans-Pritchard, por exemplo, dizia que "foi Durkheim, e não o selvagem, quem transformou a sociedade num deus"[8]. Malgrado esta opinião virulenta, parece que Gellner está mais próximo da verdade ao sublinhar o erro de apontar o núcleo do pensamento durkheimiano como sendo a doutrina da adoração da sociedade por si mesma por meio da religião. Na verdade, a essência do estudo durkheimiano sobre a vida religiosa repousa na idéia de que os conceitos humanos só podem existir

---

6. DURKHEIM, E. *FEVR*, p. 2.
7. Idem, *Ibidem*, p. 13.
8. A frase de Pritchard é famosa: "It was Durkheim and not the savage who made society into a god". (*Nuer Religion*. Oxford, Clarendon Press, 1956, p. 313.)

num contexto social (idéia cuja descoberta será posteriormente creditada a Wittgenstein e, conforme vimos, retomada por Winch), e de que, por sua vez, as categorias fundamentais do pensamento humano (tempo, espaço, etc.), das quais dependem todos os nossos conceitos, necessitam de ritos para sobreviver[9]. A tese da origem de todas as instituições sociais a partir da religião, à primeira vista trivial, é considerada por Habermas como algo importante, pois sugere a hipótese de uma mudança do "agir ritual" pelo "agir comunicativo" no curso da evolução social, sendo este último o *medium* que une os três componentes estruturais do mundo vivido (cultura, sociedade e personalidade), fortemente imbricados na "consciência coletiva" das sociedades pré-modernas.

O interesse de Habermas pelas pesquisas de Durkheim, notadamente sobre a religião e o direito, está no fato de elas lançarem luz sobre uma das três raízes *pré-lingüísticas* do agir comunicativo, a que é associada à formação da solidariedade social. Neste sentido, a teoria durkheimiana complementa a teoria da comunicação de Mead, a qual auxilia na investigação das outras duas raízes *pré-lingüísticas* do agir comunicativo, ligadas à constituição do mundo de objetos observáveis e manipuláveis e à formação da identidade dos indivíduos. Evidentemente, podemos notar aqui a estrutura tricotômica herdada por Habermas do jovem Hegel. Todavia, o importante é que Habermas vê na análise de Mead um modelo sociológico fundado em bases comunicativas, cujos conceitos, não obstante, são desenvolvidos apenas do ponto de vista ontogenético[10]. Por outro lado, encontra em Durkheim uma particular atenção à perspectiva filogenética, mas com a limitação de um modelo sociológico vinculado aos conceitos da filosofia do sujeito. O interacionismo simbólico de Mead fornece indicações preciosas no sentido da superação da perspectiva monológica da teoria da ação, ao passo que a teoria da solidariedade social de Durkheim permite integrar a teoria do agir e a teoria dos sistemas. Para nossa pesquisa, já avançada no primeiro aspecto, vale a pena estudar como Habermas aborda a idéia de Durkheim sobre os fundamentos sagrados da moral.

---

9. Cf. GELLNER, E. "Concepts and Society", in: WILSON, B. (Ed.). *Rationality*, op. cit., pp. 18-49.

10. Não nos alongaremos aqui nos comentários de Habermas sobre Mead. Vide, sobretudo: TAC II, pp. 9-51 e PPM, pp. 183-234. Cf. tb.: MEAD, G. H. *Mind, Self and Society*. Chicago, University Press, 1934.

Durkheim vê no conceito de "obrigação" um dos traços constitutivos da norma moral. Ele afirma, com efeito, que "as regras morais estão investidas de uma autoridade especial, em virtude da qual elas são obedecidas porque elas ordenam"[11]. As regras "morais" se distinguem de regras "técnicas" pelo fato de que as conseqüências inoportunas resultantes da violação das regras são distintas em cada caso: a infração cometida no uso incorreto das regras técnicas resulta numa intervenção mal-sucedida, ao passo que, do ponto de vista das regras morais, o uso incorreto de um sistema normativo de conduta traz como conseqüência uma sanção[12]. Surge, então, a pergunta: que relação existe entre o erro cometido e a sanção que se segue no caso do agir moral? Durkheim, ao respondê-la, vincula sua análise à noção kantiana de "dever". A violação de uma norma não é vista como um "crime" por ser acompanhada de sanções, mas, ao contrário, desencadeia as sanções porque as normas possuem caráter obrigatório: "...a sanção é uma conseqüência do ato que não resulta do conteúdo do ato, mas do fato de que o ato não está conforme a uma regra preestabelecida. É por existir uma regra, anteriormente colocada, e por ser o ato uma forma de rebelião contra esta regra, que ele provoca uma sanção. Assim, há regras que apresentam este caráter particular: somos impelidos a não realizar os atos que elas nos proíbem simplesmente porque elas no-los proíbem. É o que chamamos o caráter *obrigatório* da regra moral. Eis, portanto, reencontrada, por uma análise rigorosamente empírica, a noção de *dever* e de obrigação, mais ou menos como Kant a entendia"[13].

Entretanto, de acordo com Durkheim, a análise kantiana da ação moral é insuficiente e incompleta, pois só aponta um dos aspectos da moralidade. Ao caráter impositivo e impessoal da autoridade moral, o pensador francês acrescenta a ambivalência do sentimento que as exigências morais despertam no agente. Este último incorpora as obrigações normativas, transformando-as em

---

11. DURKHEIM, E. "Détermination du fait moral", in: *Sociologie et Philosophie*. Paris, PUF, 1963, pp. 49-90 (aqui: p. 50; de agora em diante: *FM*)

12. Habermas associa à distinção entre regras "técnicas" e regras "morais" sua própria dualidade entre "trabalho" e "interação" (cf. TAC II, pp. 56s.)

13. DURKHEIM, E. *FM*, pp. 61-62.

algo que lhe é próprio. Neste sentido, à noção de dever é adicionado o conceito de desejo. Nas palavras de Durkheim, "ao contrário do que disse Kant, a noção de dever não esgota a noção da moral. É impossível que nós realizemos um ato unicamente por ele nos ser ordenado — e abstração feita de seu conteúdo. Para que possamos nos fazer dele agente, é preciso que ele afete, em alguma medida, nossa sensibilidade, que ele apareça, sob qualquer relação, como *desejável*. Portanto, a obrigação ou o dever não exprime senão um dos aspectos, e um aspecto abstrato, da moral. Uma certa *desejabilidade* é um outro caráter, não menos essencial que o primeiro"[14]. Ora, estas duas características dos "fatos morais" — a sensibilidade ou o "desejo", por um lado, a obrigação ou o "dever", por outro — incitam Durkheim a apontar as analogias estruturais entre as esferas do sagrado e da moralidade.

O "sagrado" é, igualmente, aquilo que impele o indivíduo a agir de uma certa maneira. Porém, ao mesmo tempo, a aura do sagrado atrai os indivíduos para si. A noção de sagrado, por apresentar aquela mesma dualidade inerente ao conceito de "autoridade moral", dela se aproxima de forma exemplar. Como diz Durkheim, "o objeto sagrado nos inspira, senão o temor, pelo menos um respeito que dele nos isola, que nos mantém à distância; e ao mesmo tempo, ele é objeto de amor e de desejo; nós tendemos a nos aproximar dele, nós aspiramos a ele. Eis, pois, um duplo sentimento que parece contraditório, mas que, no entanto, não deixa de existir na realidade"[15]. Pode-se afirmar que o sagrado é aquele fenômeno originário, primordial, que Rudolf Otto[16] designa pelo termo pertinente de "numinoso" (do latim *numem* = divindade), cuja experiência suscita no indivíduo sentimentos de fascinação e de reverência, mais que um mero "sentimento de dependência", de acordo com a clássica fórmula de Schleiermacher. Enquanto objeto numinoso, o "sagrado" é o *mysterium tremendum et fascinans*. Atrai e

---

14. Idem, *Ibidem*, p. 50.
15. *Ibidem*, p. 68.
16. Sua obra *Das Heilige* (edição original de 1917) deixou forte impressão nas pesquisas contemporâneas sobre a religião. Há uma boa tradução espanhola: *Lo Santo. Lo racional y lo irracional en la idea de Dios*. Madrid, Alianza Editorial, 1980. Sobre o que segue, permitimo-nos remeter o leitor a nosso artigo "O sagrado e a questão do mal". *CREatividade*, PUC/RJ, 2 (1993): 9-12 [3 colunas].

repele. Seduz e evita. É objeto de temor e espanto por seu aspecto majestático. Mas é, igualmente, objeto de sedução e atração pelo seu elemento fascinante. O sagrado engendra no indivíduo um sentimento ambivalente (dever/obrigação *versus* desejo/impulso) similar ao provocado pela autoridade moral, algo resumido na bela passagem de Durkheim: "O ser sagrado é, num sentido, o ser proibido que não ousamos violar; é também o ser bondoso, amado e procurado"[17]. Ora, o duplo caráter do numinoso atesta sua ambivalência estrutural. Trata-se de um "contraste harmônico", no dizer de Otto, que se descobre em toda a evolução religiosa, presente como o fato mais notável e singular da história das religiões.

Cabe aqui uma rápida digressão a respeito da análise fenomenológica[18] da experiência religiosa, na qual a esfera sagrada aparece, em princípio, sem nenhum vínculo com o racional. Situa-se fora e também acima do âmbito da razão. É inacessível e incompreensível, conforme a assertiva platônica: "É difícil encontrar o Criador, e, uma vez encontrado, é impossível falar de sua natureza a todos os homens" (*Timeu*, 28c). Nessa linha de reflexão, uma questão se impõe: de que forma o homem, ser vivente na esfera profana, conhece o sagrado, realidade suprema que o realiza? A bem dizer, o sagrado não é conhecido pelo homem, dado seu caráter inefável, impossível de ser apreendido. Ele simplesmente se manifesta, aparece como uma realidade de ordem distinta da ordem natural, que o evoca sob múltiplas formas. Segundo Mircea Eliade, um grande expoente do estudo fenomenológico e histórico dos fatos religiosos, o sagrado se manifesta "como algo completamente diferente do profano"[19]. Dizer que se manifesta é o mesmo que dizer que o sagrado não se explica, que está envolvido em mistério, ou, melhor dito, é o próprio mistério. Sua presença é indicada pelo termo

---

17. DURKHEIM, E. *FM*, p. 51.

18. Cf., a propósito: VAN DER LEEUW, G. *La religion dans son essence et ses manifestations. Phénoménologie de la religion*. Paris, Payot, 1955. Quanto ao tema do "sagrado": CASTELLI, E. (Ed.). *Le Sacré: études et recherches*. Paris, Aubier, 1974; e, mais recentemente: HAMMOND, Ph. E. (Ed.). *The sacred in a secular age. Toward revision in the scientific study of religion*. Los Angeles, University of California Press, 1985; RIES, J. *Les chemins du sacré*. Paris, Aubier, 1985.

19. ELIADE, M. *Le Sacré et le Profane*. Paris, Gallimard, 1965, p. 17. Vide, também, do mesmo autor: *Traité d'histoire des religions*. Paris, Payot, 1949.

"hierofania". A palavra provém do grego (*hierós* = sagrado + *fainein* = mostrar) e a tradução literal seria a de "algo sagrado que se mostra" ou a "manifestação do sagrado". Podemos falar, desde logo, em "espaços", "tempos" e "gestos" sagrados, realidades nas quais o sagrado se mostra, e que compõem, em última análise, o universo religioso. Das mais primitivas às mais elaboradas realidades hierofânicas, deparamos sempre com "...o mesmo ato misterioso: a manifestação de algo de 'ordem diferente', de uma realidade que não pertence ao nosso mundo, em objetos que fazem parte integrante de nosso mundo 'natural', 'profano'"[20]. É claro que a compreensão deste fenômeno requer que não cedamos à tentação de um racionalismo banal, incapaz de perceber a diferença entre a adoração do objeto *como tal* e a veneração ao objeto, por assim dizer, *hierofanizado* — ou seja, manifestando o sagrado —, ato pelo qual o objeto, sem deixar de ser ele mesmo, transforma-se em outra coisa, isto é, numa coisa sagrada.

A fórmula encontrada para a conceitualização da religião, a partir dos termos mencionados, fez fortuna e ganhou apreço entre os eruditos, por sua concisão e pelo alto grau de irredutibilidade das noções empregadas. Assim, tornou-se lugar comum entre os que se interessam pelos estudos do fenômeno religioso, o uso dos termos "sagrado" e "profano" para designar a estrutura básica da religião. Evidentemente, não existe um consenso quanto ao valor explicativo dessa dicotomia e sua real utilidade[21], e tampouco acerca das possíveis relações entre as noções. A bem da verdade, a definição do termo "religião" é um problema praticamente insolúvel e o emprego dos referidos conceitos tende a ser múltiplo, de acordo com a perspectiva teórica usada no tratamento da questão. O sagrado — ao menos em sua forma religiosa — é tido simplesmente como aquilo que se opõe ao profano. O primeiro termo, a despeito de múltiplas variações, sói associar-se às noções analógicas de divino, permanente, extraordinário, transcendente. O segundo, de maneira correlata, às noções de humano, fugaz, habitual, imanente. O conceito de sagrado é solidário do conceito de profano, uma solidariedade fundada na oposição, feita de harmonia e de contraste. Nesta ótica, torna-se difícil pensarmos um conceito sem relacioná-lo ao outro. Malgrado as diferenças de ritos, dogmas e atitu-

---

20. Idem, *Ibidem*.
21. Vide, por exemplo, os comentários críticos feitos por: EVANS-PRITCHARD, E. *Theories of Primitive Religion*, op. cit., pp. 64s.

des, a despeito, também, de quaisquer juízos de valor, as religiões guardariam entre si, segundo a fórmula utilizada, um elemento central que as une: a divisão bipartida do universo nesses dois domínios.

Émile Durkheim, cuja obra "FEVR" é contemporânea da citada *Das Heilige*, de Otto, insiste na presença da mencionada estrutura dualista em todos os sistemas religiosos. "Todas as crenças religiosas conhecidas, simples ou complexas, apresentam uma mesma característica comum: elas supõem uma classificação das coisas — reais ou ideais — que os homens se representam em duas classes ou em dois gêneros opostos, designados geralmente por dois termos distintos bem traduzidos pelas palavras *profano* e *sagrado*. A divisão do mundo em dois domínios, que compreendem, um deles tudo o que é sagrado, o outro tudo o que é profano, eis o traço distintivo do pensamento religioso..."[22]. Sabe-se que a regra apresentada não lhe parece suficiente para uma completa definição de religião — fenômeno que distingue da magia, igualmente marcada pela dualidade entre o sacro e o profano —, razão pela qual Durkheim tenta traçar uma linha de demarcação: a religião pressupõe, ao contrário da magia, noções como as de coletividade, de grupo, de adesão comum a certas práticas rituais, em resumo, a "realidade institucional" da Igreja. Mas, independente da pertinência de tal distinção entre a *magia* e a *religião* — e das conseqüentes distinções entre o "mago" e o "sacerdote", a "clientela" e a "comunidade de fé", as "seitas" e as "igrejas", e assim por diante[23] —, a inclusão de novas categorias tem servido, quando muito, a uma mais completa elucidação do objeto estudado. Mas não, certamente, ao abandono daquelas categorias que fornecem uma sedutora pista na compreensão do caráter essencial do fenômeno religioso: a repartição radical do mundo em domínios separados e mutuamente relacionados — o sagrado e o profano.

---

22. DURKHEIM, E. *FEVR*, pp. 50-51
23. Interrogações que suscitaram infindáveis debates, aqui evitadas devido aos limites do presente estudo, e que seguem dividindo os estudiosos. Para uns, trata-se de um resíduo da filosofia da história de origem positivista, enquanto, para outros, representa uma importante demarcação conceitual para o estudo do fenômeno religioso. Habermas, ao que parece, tenderia ao primeiro grupo, em oposição, portanto, a Durkheim. Cf. indicação neste sentido, in: TAC II, p. 209.

Aliás, é precisamente tal estrutura basilar do fenômeno religioso que permite a Durkheim vislumbrar a proximidade entre moral e religião. Deve-se ter claro que esta aproximação não representa, para Durkheim, mera escolha subjetiva, já que as esferas do sagrado e da moralidade são indissociáveis. Destarte, ele é levado a se fazer a questão weberiana da sobrevivência de uma moral sem fundamento religioso. O diagnóstico durkheimiano sobre nossa época, como é notado por Habermas, não vai no mesmo sentido do diagnóstico de Weber[24], graças a uma compreensão do sagrado como "estrutura simbólica".

Porém, é no momento da explicação da origem do sagrado e do significado da autoridade moral que Habermas se dá conta da dependência durkheimiana *vis-à-vis* dos conceitos fundamentais da filosofia da consciência. Em seu texto de 1906 a propósito do "fato moral", com efeito, Durkheim tende a assimilar a sociedade, por meio da noção de "consciência coletiva", a um sujeito em grande formato: *"se há uma moral"*, afirma ele, "ela não pode ter como meta senão o grupo formado por uma pluralidade de indivíduos associados, ou seja, a sociedade, *sob condição todavia de que a sociedade possa ser considerada como uma personalidade qualitativamente diferente das personalidades individuais que a compõem*. A moral começa, pois, lá onde começa o vínculo a um grupo, qualquer que seja ele"[25]. Além disso, há uma espécie de argumentação circular na explicação da origem da religião: a religião é o fundamento da solidariedade moral ou vice-versa? A resposta de Durkheim é obscura. Numa passagem interessante, ele sublinha a analogia entre o seu raciocínio e a demonstração kantiana de Deus: "Kant postula Deus, pois, sem esta hipótese, a moral é ininteligível. Nós postulamos uma sociedade especificamente distinta dos indivíduos porque, de outra forma, a moral é sem objeto, o dever sem

---

24. Raymond Aron resume, magistralmente, a divergência última entre os dois autores: "Durkheim, a despeito de tudo, conservou até o fim... uma visão otimista, progressista da história. A visão da história que se retira da obra de Max Weber, eu não a julgo nem otimista nem pessimista, mas trágica. Entre Marx e Weber, houve Nietzsche, cuja sombra paira sobre um tanto de páginas da *Religionssoziologie* e dos *Politische Schriften*". ("Socialisme et Sociologie chez Durkheim et Weber". *Commentaire*, 32 (1985-86), pp. 1040-1050; aqui: p. 1040).

25. DURKHEIM, E. *FM*, pp. 52-53.

ponto de apoio"[26]. O fato de que a escolha entre "Deus" e a "sociedade" seja indiferente — porquanto Durkheim representa, como notamos, a divindade como a "sociedade transfigurada e pensada simbolicamente" —, na verdade não apaga a sensação de círculo vicioso no raciocínio. Habermas comenta que "a moral é reduzida ao sagrado, e o sagrado às representações coletivas de uma entidade que, por seu turno, deve ser constituída de um sistema de normas obrigatórias"[27].

Habermas encontra em "FEVR", cujas bases, não obstante, são idênticas, respostas mais consistentes às questões, mutuamente relacionadas, da origem do sagrado e do significado da autoridade moral, que o "conduzem finalmente a elucidar a estrutura simbólica do sagrado e a dar uma interpretação não-positivista da consciência coletiva"[28]. Habermas segue o estudo de Durkheim sobre o simbolismo religioso a partir de uma idéia central na constituição de sua própria teoria da religião, ou seja, a de uma dissociação do *medium* da comunicação, correspondente à separação dos domínios sagrado e profano. O agir comunicativo representa, para Habermas, o lugar "em que *se ramificam* as energias da solidariedade social"[29]. As ações rituais se movem num nível pré-lingüístico, na forma de um simbolismo mais antigo do que as interações mediadas pela linguagem, ao passo que as imagens religiosas de mundo estão já conectadas ao agir comunicativo, somente pelo qual "...as energias da solidariedade social, consolidadas graças ao simbolismo religioso, podem se ligar e se comunicar como autoridade moral, tanto aos indivíduos quanto às instituições"[30]. O rito, tal qual a linguagem, é um meio de coordenação das ações, mas esta se distingue por sua racionalidade interna.

Durkheim considera o rito como o elemento original da religião, de tal forma que, dentre as funções constitutivas de toda religião, tanto de ordem especulativa quanto prática, a primeira tende a ser substituída pelo saber científico, ao contrário do culto ou da prática ritual, uma característica primordial e eterna. Durkheim rechaça vigorosamente as ditas interpretações "racionais"

---

26. Idem, *Ibidem*, p. 74.
27. TAC II, p. 60.
28. Idem, *Ibidem*.
29. TAC II, p. 67.
30. TAC II, p. 71.

do fenômeno religioso que só conseguem enxergar na religião um sistema de idéias ou de crenças, quando, na verdade, ela é, acima de tudo, um sistema de ação, que responde a necessidades permanentes e universais da humanidade[31]. Habermas nota a importância do acento no *status* simbólico das coisas sagradas, que leva Durkheim a estruturar a teoria da consciência coletiva como uma teoria das formas simbólicas, pois "quando se reconhece na prática ritual o fenômeno originário, o simbolismo religioso pode ser entendido como *medium* para uma forma especial de interação simbolicamente mediada. A prática ritual serve para estabelecer uma comunhão realizada na comunicação. As ações rituais permitem ver que o sagrado é expressão de um consenso normativo, atualizado regularmente"[32]. Habermas fala num consenso normativo "regularmente atualizado" pelo rito devido à convicção expressa por Durkheim de que o culto, como elemento essencial da religião, estaria destinado a sobreviver a qualquer mudança do *conteúdo* das crenças religiosas. A importância crucial da prática ritual para o estabelecimento e renovação da identidade coletiva leva Durkheim a sugerir uma identidade *formal* entre as assembléias religiosas e as formas modernas de reuniões institucionais, pois "não pode haver sociedade que não sinta a necessidade de manter e de conservar, em intervalos regulares, os sentimentos coletivos e as idéias coletivas que fazem sua unidade e sua personalidade"[33].

Entretanto, para Habermas, os símbolos sagrados "arcaicos" expressam apenas um consenso normativo do tipo tradicional. Em contextos modernos de ação, altamente racionalizados, o simbolismo religioso não é capaz, no seu entender, de exprimir a identidade de indivíduos e de coletividades. Assim, o consenso normativo garantido pelo rito e mediado pelo símbolo constitui, em última instância, o *núcleo arcaico* da identidade coletiva. Habermas visa explicar, então, a transformação estrutural do eixo antigo da solidariedade social, ancorada nos símbolos religiosos e interpretada pela "semântica do sagrado". O fio condutor da explicação proposta por Habermas é, justamente, o da concepção da "verbalização" (*Versprachlichung*) do sagrado. "Na medida em que se libera o potencial de racionalidade contido no agir comunicativo, o núcleo arcaico da

---

31. Cf. DURKHEIM E. *FEVR*, pp. 595s.
32. TAC II, p. 62.
33. DURKHEIM, E. *FEVR*, p. 610.

normatividade se dissolve e dá lugar às imagens de mundo racionalizadas, ao direito e à moral universalizados, bem como a processos acelerados de individuação"[34]. Habermas retoma, uma vez mais, sua teoria da evolução social, que permite tratar de outra maneira, ou seja, segundo uma *lógica* evolucionária das sociedades, a questão da mediação, feita pelo agir comunicativo, entre os três componentes estruturais do "mundo vivido", uma questão formulada da seguinte maneira: *em que direção se transformaram as constelações de partida* determinantes da ação regida por normas? Segundo Habermas — cuja resposta constitui a pedra angular de sua interpretação da teoria durkheimiana da religião, e, por isso, merece ser aqui reproduzida na íntegra —, "as funções de integração social e de expressão, em princípio preenchidas pela prática ritual, passam ao agir comunicativo, de sorte que a autoridade do sagrado é gradualmente substituída pela autoridade de um consenso tido por fundado em cada época. Isto implica uma emancipação do agir comunicativo em face de contextos normativos protegidos pelo sagrado. O desencantamento e a despotenciação do âmbito sacral se efetuam por meio de *uma verbalização do consenso normativo fundamental assegurado pelo rito*; com este processo destrava-se o potencial de racionalidade contido no agir comunicativo. A aura de encantamento e temor, difundida pelo sagrado, e sua força *fascinante* são sublimadas, e com isso reconduzidas ao cotidiano, na força *vinculante* das pretensões de validade criticáveis"[35].

A verbalização do sagrado implica o domínio progressivo das estruturas da ação orientada à intercompreensão, significa que as funções elementares de reprodução simbólica do mundo vivido (as funções de reprodução cultural, integração social e socialização dos indivíduos), originariamente garantidas pelo rito e fundamentadas no domínio sacral, passam doravante às estruturas da comunicação lingüística. Esta idéia de uma "fluidificação comunicativa" do consenso religioso de base permite a Habermas elaborar a noção de "mundo vivido racionalizado", a qual, por seu turno, possibilita conjugar a teoria de Durkheim sobre a evolução moral e jurídica com a reconstrução da teoria weberiana da racionalização das imagens religiosas de mundo[36]. Nosso autor sugere que a diferenciação

---

34. TAC II, p. 56.
35. TAC II, p. 88.
36. Cf. TAC II, pp. 89s.

moderna das esferas axiológicas, como resultado de um processo de racionalização, está implícita na concepção durkheimiana de uma mudança da forma de integração social: a passagem da "solidariedade mecânica", típica das sociedades tradicionais em que a divisão do trabalho é insignificante, à "solidariedade orgânica", característica das sociedades modernas, mais complexas e heterogêneas. Habermas traduz tal evolução nos termos de uma substituição da integração social por meio da "fé", por uma integração baseada na "cooperação". Assim, "a interação regida por normas muda de estrutura à medida que as funções de reprodução cultural, de integração social e de socialização passam da esfera do sagrado à prática comunicativa cotidiana. Neste processo, a *comunidade de fé religiosa*, que torna possível, no início, a cooperação social, transforma-se numa *comunidade de comunicação submetida às coações da cooperação*"[37].

Temos aqui, portanto, um elemento importante na constituição da teoria habermasiana da sociedade e também (não por acaso) de sua teoria crítica da religião, a saber: *a verbalização do sagrado exprime uma racionalização do mundo vivido*. Do que se trata efetivamente? A resposta de Habermas é longa e sinuosa, porém elucidativa: "Trata-se, por um lado, da diferenciação dos componentes estruturais do mundo vivido, em princípio estreitamente imbricados na consciência coletiva, ou seja: cultura, sociedade e personalidade se separam. E, por outro lado, das transformações, às vezes paralelas e às vezes complementárias, que ocorrem nesses três planos: o recalque do saber sacral por um saber baseado em razões, especializado segundo as pretensões de validade; a separação entre legalidade e moralidade e a universalização do direito e da moral; enfim, a expansão do individualismo, que implica exigências crescentes de autonomia e auto-realização. A estrutura racional dessas tendências à verbalização do sagrado se manifesta no fato de que a prossecução das tradições, a manutenção das ordens legítimas e a continuidade na biografia das pessoas singulares se fazem cada vez mais dependentes de atitudes que, quando problematizadas, obrigam a tomar postura com 'sim' ou 'não' diante de pretensões de validade suscetíveis de crítica"[38].

---

37. TAC II, p. 103.
38. TAC II, p. 121.

Contudo, Habermas sabe que a linguagem, como meio de intercompreensão, se sobrecarrega de tarefas no âmbito das sociedades modernas desencantadas, resultado da mudança progressiva do agir ritual pelo agir comunicativo nas funções de reprodução simbólica do mundo vivido. Neste quadro, "a linguagem já não serve apenas para transmitir e *atualizar* um consenso assegurado pré-lingüisticamente, mas, cada vez mais também, para *produzir* um consenso racionalmente motivado — e isso tanto nos domínios das experiências prático-morais e expressivas quanto no domínio cognitivo da relação com a realidade objetiva"[39]. A impotência da razão comunicativa diante da complexidade do mundo moderno obriga Habermas a integrar a perspectiva sistêmica na teoria da sociedade, tendo em conta dois tipos de coordenação das ações: a que é obtida por intermédio do consenso dos participantes (perspectiva do mundo vivido) e a que é realizada pela via funcional dos observadores (perspectiva do sistema). A distinção entre "sistema", por um lado, e "mundo vivido", por outro, permite especificar duas esferas de reprodução social — material e simbólica — com funções diferentes no plano da integração — sistêmica e social —, associadas a seus respectivos contextos de ação — estratégica e comunicativa. Habermas integra a teoria do agir com a teoria dos sistemas, evitando uma absorção da primeira pela segunda com seu conceito bipolar de sociedade[40], pelo qual combina, de maneira lúcida, as análises hermenêutica e funcionalista. Em Habermas, a teoria da ação tem *primazia* sobre a teoria sistêmica, pois ele estabelece primeiro os eixos de uma teoria da ação que, como vimos, repousa na noção de agir comunicativo, para, em seguida, incorporar a perspectiva do sistema, e não o contrário. Nesse sentido, o "mundo vivido" é um conceito complementar do "agir comunicativo", na medida em que o primeiro representa o *background* social da ação orientada ao entendimento mútuo e o segundo o *medium* da reprodução simbólica do mundo da vida.

A concepção pragmático-formal de mundo vivido é desenvolvida a partir da tradição fenomenológica que remonta a Husserl e

---

39. TAC II, p. 120.
40. Para uma apresentação crítica da teoria habermasiana da sociedade, cf. BAXTER, H. "System and Lyfe-world in Habermas's *Theory of communicative action*". *Theory and Society*, 1 (1987): 39-86.

a Schütz[41], na qual este conceito é definido como "horizonte não--temático" (*unthematische Horizont*) de convicções que serve de pano de fundo da ação social. Em comparação com as manifestações históricas e as formas concretas de vida, o mundo da vida representa uma estrutura formal invariável que está "sempre lá" como fonte. Ele consiste, para Habermas, num "conjunto de modelos interpretativos" que são culturalmente transmitidos e lingüisticamente organizados, e não, como em Husserl, constituído pela atividade intencional de um Eu transcendental*. Os conceitos de "mundo vivido" e de "mundo" se distinguem segundo um duplo critério: "tematização de objetos" e "restrição dos campos de iniciativa".

Quanto ao primeiro aspecto, Habermas acentua que, graças aos conceitos formais de *mundo*, os participantes da comunicação definem conjuntamente as situações. O *mundo vivido*, entretanto, "é um *contexto formador do horizonte dos processos de intercompreensão*, que delimita a situação da ação, e, por isso, permanece inacessível à tematização"[42]. Assim, numa situação concreta de ação, os indivíduos se encontram em face de esferas passíveis ou não de tematização: com respeito aos conceitos de mundo, podemos produzir saberes específicos, ao passo que o mundo vivido não é, propriamente, um objeto de saber. Os primeiros formam, na totalidade, o contexto de uma dada situação, constituem um sistema de referência "sobre o qual" uma intercompreensão torna-se possível, sendo assim tematizáveis por definição. Com o mundo vivido é diferente, pois ele estabelece o contexto, sendo "como tal" constitutivo para uma intercompreensão. Ele fornece a "cobertura", por assim dizer, de um consenso pré-reflexivo de fundo que se encarrega de absorver os riscos de dissenso, constituindo um saber pré-reflexivo que acompanha o processo de intercompreensão sem se converter num tema concreto das discussões.

---

41. Cf. HUSSERL, E. *Expérience et Jugement*. Paris, PUF, trad. de D. Souche, 1970; SCHÜTZ, A. *Collected Papers*. La Haye, Nijhoff, 3 tomos, 1967. No que tange à concepção habermasiana, cf. TAC II, pp. 132s.; LCS, pp. 424s.; PPM, pp. 87s.

* Ler, a propósito, o ensaio "Edmund Husserl über Lebenswelt, Philosophie und Wissenschaft", de 1990, retomado por Habermas em: *Texte und Kontexte*. Frankfurt, Suhrkamp, 1991.

42. LCS, p. 431.

Mas há um segundo traço distintivo. Além da função de formação do contexto, o mundo vivido "oferece, ao mesmo tempo, uma reserva de convicções, à qual os participantes da comunicação recorrem a fim de cobrir com interpretações suscetíveis de consenso a necessidade de entendimento surgida numa situação determinada. Como *recurso*, o mundo da vida tem uma função *constitutiva* nos processos de intercompreensão...", e, neste sentido, "pode ser representado como uma reserva lingüisticamente estruturada de suposições de fundo, que se reproduz sob a forma de tradição cultural"[43]. Habermas afirma amiúde que "linguagem" e "cultura" representam elementos constitutivos do próprio mundo da vida, permanecendo, segundo seu termo, numa espécie de posição "semitranscendental" com respeito aos elementos da situação.

É apenas a partir deste saber implícito que serve de pano de fundo — com suas convicções profundas, não-problemáticas — que os membros da comunidade lingüística podem pretender a um acordo sobre algo no mundo. Não é possível adotar uma posição extramundana com respeito ao mundo vivido e à linguagem, que constitui o meio de intercompreensão entre os sujeitos. "O mundo vivido é, por assim dizer, o lugar transcendental em que o falante e o ouvinte se encontram; em que podem pretender reciprocamente que seus enunciados coincidam com o mundo (o mundo objetivo, social e subjetivo); em que podem criticar e fundamentar estas pretensões de validade, resolver suas dissensões e chegar a um acordo. Numa palavra: em face da linguagem e da cultura, os participantes não podem adotar em ato a mesma distância que adotam em face da totalidade dos fatos, das normas ou das vivências, sobre as quais é possível o entendimento"[44]. Segundo Habermas, as três características do mundo vivido descritas pela tradição fenomenológica[45] (a saber: de imediatez, de força totalizadora e de constituição holística) podem servir de base para a introdução de um conceito pragmático-formal de mundo vivido. Contudo, é preciso não apenas reformular o conceito fenomenológico à luz da teoria da comunicação, mas também corrigir o que ele chama de "redução culturalista" deste conceito. Destarte, tal como as tradições culturais, os

---

43. LCS, p. 432.
44. TAC II, p. 139.
45. Cf. PPM, pp. 92-95; cf. tb. TAC II, pp. 143-147.

ordenamentos institucionais e as estruturas de personalidade devem ser considerados como componentes básicos do mundo vivido.

Habermas cruza, então, os vários elementos da sistemática tricotômica da seguinte forma: aos três componentes do mundo vivido (cultura, sociedade e personalidade) correspondem processos de reprodução (reprodução cultural, integração social e socialização), que passam pelos aspectos do agir comunicativo (intercompreensão, coordenação da ação e socialização)[46]. "Sob o aspecto funcional da *intercompreensão*, o agir comunicativo serve à transmissão e renovação do saber cultural; sob o aspecto da *coordenação da ação*, serve à integração social e à criação de solidariedade; e, finalmente, sob o aspecto da *socialização*, serve à formação de identidades pessoais. As estruturas simbólicas do mundo vivido se reproduzem pela via da continuidade do saber válido, da estabilização da solidariedade dos grupos e da formação de atores capazes de assumir responsabilidades". E, logo a seguir, Habermas define com precisão os três componentes estruturais do mundo vivido: "Chamo *cultura* à provisão de saber de onde os participantes da comunicação extraem interpretações ao se entenderem sobre algo no mundo. Chamo *sociedade* aos ordenamentos legítimos pelos quais os participantes da comunicação regulam suas pertenças a grupos sociais e asseguram, assim, a solidariedade. E por *personalidade* entendo as competências que tornam um sujeito capaz de falar e de agir, isto é, capacitam-no a participar dos processos de entendimento e afirmar neles sua própria identidade"[47]. Evidentemente, Habermas defende a validez universal de sua teoria social baseada nas noções complementares de "agir comunicativo" e "mundo vivido", porquanto representam "estruturas" gerais a partir das quais os mundos da vida concretos podem variar, segundo uma "lógica" evolutiva. Ao assinalar certas condições necessárias para uma racionalização do mundo vivido, Habermas considera vital a idéia mencionada da "verbalização do sagrado", que ele traduz sob o aspecto da diferenciação entre cultura, sociedade e personalidade, diferenciação entendida como um processo evolutivo de aprendizagem. Assim, "quanto mais se diferenciam os componentes estruturais do mundo vivido e os processos que contribuem para sua

---

46. Para uma visão geral, vide as figuras 21, 22 e 23, in: TAC II, pp. 156-158.

47. TAC II, pp. 151-152.

manutenção, mais os contextos de interação são submetidos às condições de um entendimento racionalmente motivado, isto é, às condições da formação de um consenso que, *em última instância*, baseia-se na autoridade do melhor argumento... Tal autonomização só pode ocorrer se as coações da reprodução material deixarem de se ocultar por detrás da máscara de um acordo normativo fundamental, impenetrável à racionalidade, isto é, por detrás da autoridade do sagrado"[48].

Note-se que Habermas faz uma distinção entre duas formas de reprodução do mundo da vida — material e simbólica —, correlativas aos dois aspectos significativos da ação social, ou seja, da atividade orientada para um fim e da atividade orientada à intercompreensão. É sobre tal distinção que toma forma sua concepção "bidimensional" de sociedade, que possibilita apreender conexões sistêmicas sem abandonar o privilégio dado à perspectiva do mundo vivido. Trata-se de uma estratégia teórica que, para Habermas, evita tanto identificar o mundo vivido com a sociedade em seu conjunto quanto reduzi-lo a meros elementos sistêmicos. Sua teoria da sociedade é, assim, construída de acordo com a dupla perspectiva "interna" dos participantes e "externa" dos observadores, segundo as formas de integração "social" — vinculada às orientações da ação — e "sistêmica" — que transcende tais orientações. Daí sua proposta de conceber as sociedades *simultaneamente* como mundo da vida e como sistema, concepção que, verificada do ponto de vista de uma teoria da evolução social, permite dissociar a racionalização do mundo vivido da complexidade crescente dos sistemas sociais.

O fio condutor da análise habermasiana é a disjunção (*Entkoppelung*) entre as esferas do sistema e do mundo vivido no curso da evolução social. Como em TCI, Habermas examina a gênese dos subsistemas do agir racional com respeito a fins que, ligados ao próprio processo de racionalização do mundo vivido, gradualmente se autonomizam do contexto de origem e, de maneira paradoxal, voltam-se para dominá-lo do exterior. Destarte, Habermas propõe conceber a sociedade como "um sistema que deve preencher condições de manutenção próprias dos mundos socioculturais da vida", ou "uma conexão sistemicamente estabilizada das ações de grupos

---

48. TAC II, p. 159.

socialmente integrados"[49], a fim de fazer justiça à diferença metodológica entre a teoria da ação e a teoria dos sistemas. Cabe notar que Habermas considera a evolução social como um processo de diferenciação em dois planos. Primeiro, o da referida disjunção entre sistema e mundo vivido. Segundo, o da diferenciação no seio de cada esfera da sociedade. Na esfera do mundo vivido, trata-se da diferenciação entre seus componentes estruturais, cujo processo, como vimos, ele designa pelo termo "racionalização do mundo vivido". Na dimensão do sistema, trata-se da diferenciação progressiva entre os mecanismos de integração sistêmica (por ordem de surgimento no curso da evolução: a diferenciação segmentária, a estratificação, a organização estatal, e os meios reguladores), de início estreitamente imbricados com os mecanismos de integração social. O segundo plano é o mais importante: a disjunção entre sistema e mundo vivido é fruto tanto da "racionalização do mundo vivido" quanto da "crescente complexidade do sistema". Mas há também um pormenor de extrema relevância: neste segundo plano, a racionalização do mundo vivido tem preeminência, pois a integração sistêmica está condicionada por esse aspecto. Antes da emergência do mundo vivido racionalizado, por assim dizer, a integração sistêmica é subordinada à integração social. Com o advento das "sociedades de classe politicamente estratificadas" ou sociedades tradicionais, tal relação, ao menos em parte, se modifica, já que o sistema se torna relativamente independente do mundo da vida, impondo-lhe restrições cada vez maiores. Segundo nosso autor, nas "sociedades de classe economicamente constituídas" ou sociedades modernas, o mundo vivido passa a ser gradualmente reduzido a uma espécie de satélite do sistema, ou seja, na conhecida expressão de Habermas, o sistema procura "colonizar" o mundo vivido. Nelas, se consuma a disjunção entre integração social e integração sistêmica.

É claro que oferecemos apenas um panorama das reflexões habermasianas, por vezes elípticas, encontradas na segunda *Zwischenbetrachtung* de TAC. De qualquer forma, parece-nos que as considerações anteriores acerca da teoria da evolução social comportam os elementos básicos para se compreender a sua argumentação. A conclusão fundamental para uma teoria da sociedade baseada no duplo modelo "mundo vivido" *vs* "sistema" é que "...quan-

---

49. As definições foram reproduzidas, respectivamente, de TAC II, p. 167 e p. 255.

to mais complexos são os sistemas sociais, mais periféricos se tornam os mundos da vida. Num sistema social diferenciado, o mundo vivido se reduz, e se converte em mais um subsistema". Todavia, Habermas não adere à concepção da total reificação do mundo vivido moderno, porquanto "...a este enunciado não se deve dar um sentido causal, como se as estruturas do mundo vivido se transformassem na dependência da complexidade incrementada do sistema. Pelo contrário: os aumentos de complexidade dependem da diferenciação estrutural do mundo da vida. E esta mudança estrutural, qualquer que seja a forma de se explicar sua dinâmica, obedece, por sua vez, à lógica própria de uma racionalização comunicativa"[50]. Por esta razão, qualquer novo mecanismo sistêmico resultante do processo evolutivo só ganha vida própria, segundo Habermas, a partir do momento em que garante um "solo institucional" no mundo da vida, ou seja, quando esta última esfera tenha sido racionalizada à altura. Ora, de forma paradoxal, a transferência cada vez mais acentuada das orientações da ação e das interações do contexto do mundo vivido para o do sistema denota, para Habermas, um crescimento de racionalidade, resultado da "generalização dos valores" (*value generalization*, termo emprestado de Parsons). Segundo nosso autor, a generalização dos valores provoca duas tendências contrárias[51].

De um lado, o consenso não é mais garantido pela religião, mas depende sobretudo de uma formação racional da vontade. O potencial de racionalidade contido no agir comunicativo se libera de seu contexto religioso originário e o "simbolismo religioso" dá lugar à "linguagem" como *medium* de integração social. De outro, a margem de cobertura dos conflitos diminui sensivelmente em função da superação do contexto tradicional que decidia antecipadamente quais pretensões de validade deviam ser reconhecidas como válidas. Ora, com o aumento da carga assumida pelos indivíduos

---

50. TAC II, p. 189.
51. Sobre o que segue, cf. TAC II, pp. 196s. A propósito do funcionalismo sistêmico na obra de Habermas, além do mencionado artigo de Baxter, cf. McCARTHY, Th. "Complexity and democracy, or the seducements of systems theory". *New German Critique*, 35 (1985): 27-53; cf. tb., nesta mesma revista: MISGELD, D. "Critical hermeneutics versus neoparsonianism? A critique of the distinction between system and lifeworld in Habermas's *Theory of communicative action* (vol. II)", pp. 55-82.

para a definição comum de suas situações, cresce igualmente os riscos de dissenso, colocando-se em xeque a coordenação das ações. Assim, surgem certos mecanismos que funcionam como "redutores" da carga que pesa sobre o agir comunicativo. Habermas distingue "meios de comunicação" baseados em "vínculos empiricamente motivados" e na "confiança racionalmente motivada", associando aos primeiros os "meios reguladores" (*Steurungsmedien*) do poder e do dinheiro — formas estratégicas modernas do prestígio e da influência. Os aspectos salientes de tais meios sistêmicos de controle, associados aos subsistemas político-administrativo e econômico são: por um lado, eles substituem a comunicação por meio da linguagem, e, por outro, as interações regidas pelo "poder" e pelo "dinheiro" passam ao largo do contexto do mundo vivido[52].

É nesses meios não-lingüísticos de comunicação que se processa a reprodução material da sociedade. As estruturas simbólicas dos mundos da vida compartilhados intersubjetivamente, por sua vez, só se reproduzem por meio da linguagem, na prática comunicativa ordinária. A tese habermasiana da disjunção entre sistema e mundo vivido, portanto, não deve ser entendida como concessão à perspectiva sistêmica, mas como resultado de uma apreensão crítica do processo de modernização. Ao contrário do radicalismo cínico do funcionalismo sistêmico, que reduz a integração à adaptação, e do idealismo hermenêutico, que reduz a integração a um consenso ingênuo, imunizado das imposições sistêmicas, Habermas acredita que as distorsões ideológicas do mundo moderno só podem ser bem diagnosticadas a partir de uma compreensão das formas de integração social como compromissos entre as duas esferas da sociedade. O modelo habermasiano de sociedade é o do *condicionamento mútuo* entre sistema e mundo vivido. Habermas introduz, então, a noção de "forma de intercompreensão" (*Verständigungsform*) visando designar os vários tipos de compromisso surgidos no curso da evolução social, compromissos entre as estruturas universais do agir orientado ao entendimento mútuo e as coações sistêmicas da reprodução material da sociedade. O domínio da religião serve aqui, concretamente, como ilustração do referido conceito.

---

52. São esses dois aspectos que guiam a revisão habermasiana da "teoria dos meios de comunicação" de Parsons (cf. TAC II, pp. 257-310, sobretudo a figura 37, p. 302). Não iremos entrar nos pormenores. Vide, para tanto: BAXTER, H. "System and Life-World...", op. cit., pp. 59s

Habermas menciona quatro formas de intercompreensão segundo a evolução social — arcaicas, tradicionais, do início da modernidade e modernas —, que são elencadas por seus graus de racionalidade. As sociedades tradicionais se distinguem das sociedades arcaicas por uma maior demanda de legitimação. Nestas últimas, organizadas em laços de parentesco, o sistema institucional "está ancorado no rito, isto é, numa prática que se interpreta por narrativas míticas e que fixa sua validade normativa a partir de si mesma"[53]. Nas sociedades tradicionais, em que se articula uma ordem política global, como o Estado, a validade das leis deve, em princípio, ser garantida pelo poder sagrado de um chefe político. Ora, sugere Habermas, a força de integração social da autoridade política deve repousar, inelutavelmente, não sobre a força repressiva, e sim sobre a autoridade da função, ela própria ancorada na ordem jurídica. "Daí que as leis necessitem do reconhecimento intersubjetivo dos cidadãos, que tenham de ser legitimadas como justas. A cultura é, assim, investida da tarefa de justificar por que a ordem política existente *merece* ser reconhecida"[54]. Há, pois, uma diferença capital: deve-se legitimar um sistema de classes radicalmente injusto, com divisão desigual de riqueza e de poder, e não apenas assegurar uma identidade comum por meio de narrativas míticas. As imagens de mundo de ordem cosmológica e teológica substituem progressivamente as "narrativas" mitológicas por "justificações" argumentativas, ainda que, neste nível intermediário de um sistema de ação estruturado convencionalmente, os princípios últimos aos quais se referem as argumentações estejam ao abrigo das objeções. A conexão ideológica entre a religião e a ordem política, por meio de mecanismos de mediação, como já sabemos, é a operação capital de conciliação entre os conteúdos religiosos universais — como o amor, a justiça, a igualdade, a fraternidade, e assim por diante — e os imperativos particulares de manutenção do poder político. As imagens de mundo, e a religião em particular, devem cumprir eficazmente a função de legitimação da injusta repartição dos bens terrestres, questão central da teodicéia, cujo tema, como notamos na reconstrução habermasiana da teoria da religião de Weber, é próprio das religiões universais.

---

53. TAC II, p. 206.
54. Idem, *Ibidem*.

Tal interpretação ideológica do mundo e da sociedade, afirmada durante séculos, malgrado a evidência tangível das injustiças e das desigualdades, só foi possível graças ao que Habermas designa por "limitações estruturais da comunicação", isto é, ao fato de que as imagens religiosas de mundo se mantêm num nível de indeterminação das pretensões de validade criticáveis, num nível em que a prática cotidiana não se desvencilhou, todavia, de seu fundamento sacral. A imunização contra a crítica não pode ser rompida senão por uma insofismável *separação entre o religioso e o secular*, vale afirmar, somente a partir de uma compreensão moderna de mundo. Destarte, no entender de Habermas, a forma convencional de intercompreensão "deve sua força de imunização a um desnível peculiar entre dois âmbitos de ação, que pode ser descrito em termos estruturais: as orientações de ação sacrais gozam de uma maior autoridade do que as de ação profanas, ainda que no âmbito do sagrado as esferas de validade estejam menos diferenciadas e que também se recorra menos ao potencial de racionalidade do que nos âmbitos profanos"[55]. A idéia de verbalização do sagrado traduz uma laicização racional do vínculo social primitivo na força ilocucionária da linguagem profana, cuja autoridade está ligada à força não-coerciva, motivada racionalmente, do melhor argumento[56].

Num esquema complexo, Habermas caracteriza as "formas de entendimento" a partir da distinção básica entre o domínio da ação sacral e o domínio da ação profana, de um lado, e do grau de diferenciação de esferas de validez, de outro[57]. Das sociedades arcaicas às sociedades modernas, tais formas de intercompreensão são dispostas de molde a descrever uma lógica da evolução histórica, segundo uma liberação progressiva do potencial de racionalidade

---

55. TAC II, p. 208.
56. Razão pela qual, seja dito, Rochlitz se insurge contra o termo "mise en langage", usado pelo tradutor francês de TAC II para verter a expressão alemã *Versprachlichung*, que "...sugere a manutenção do sagrado por simples transposição na linguagem". ("Éthique postconventionnelle et démocratie", op. cit., p. 953). As versões espanhola e inglesa usam, respectivamente, os termos "lingüistización" e "linguistification", inadequados, ao nosso ver, em língua portuguesa.
57. Cf. o esquema 28, in: TAC II, p. 210. Esse diagrama resume a concepção da "verbalização" do sagrado, que Habermas institui a partir de sua releitura da teoria durkheimiana da religião.

contido no agir comunicativo. "Num extremo da escala temos a prática ritual e num outro a prática da argumentação. Se, ademais, consideramos que, entre os âmbitos da ação sacral e profana, há uma gradação de autoridade e de racionalidade, em sentidos opostos, dispomos dos pontos de vista pertinentes para organizar uma seqüência sistemática de formas de intercompreensão"[58]. No seio do domínio da *ação sacral*, há a distinção relevante entre a prática cultual e as imagens de mundo reguladoras da prática. Habermas estabelece, então, as seguintes correspondências: nas sociedades arcaicas, corresponde ao mito uma prática ritual dos membros do clã; nas sociedades tradicionais, às imagens religiosas de mundo corresponde uma prática sacramental, com as preces e os exercícios espirituais da comunidade religiosa; no início das sociedades modernas, à "religião cultivada" (*Bildungsreligion*) corresponde uma retomada contemplativa das obras de arte auráticas; finalmente, no que concerne às sociedades modernas, Habermas deixa vazia a casa correspondente ao âmbito sacral, a fim de demonstrar, com clareza, que a esfera do sagrado perde seu significado estrutural. Ele diz, com efeito, que "ao longo desta linha, a prática cultual vai ficando 'desencantada', no sentido de Weber; ela perde o caráter de obrigação diante de Deus, é cada vez menos exercida com a consciência de que o poder divino possa ser *forçado* a fazer algo"[59].

No âmbito da *ação profana*, por sua vez, há uma distinção capital entre comunicação e atividade orientada para um fim. A forma de intercompreensão arcaica é, para Habermas, o protótipo da radical oposição em face da forma moderna de intercompreensão. Os aspectos da ação que a compreensão moderna de mundo é impelida a manter separados estão fundidos na prática ritual num só e mesmo ato. De forma análoga, o pensamento mítico (plano teórico) funde os mesmos aspectos amalgamados no ritual (plano prático), razão pela qual, como sugerimos, Habermas não considera relevante uma pretensa contraposição entre o culto religioso e a prática mágica, fundada numa eventual oposição, dentro da esfera do sagrado, entre um agir comunicativo e um agir orientado para um fim. Tal oposição, segundo Habermas, só é viável na esfera profana, e mesmo assim quando é rompido o círculo entre os domí-

---

58. TAC II, p. 209.
59. Idem, *Ibidem*.

nios da "ação sacral" e da "ação profana", o qual, por estar fechado no pensamento mítico, sugere ao observador moderno o caráter autoritário e irracional da esfera sagrada. A tendência à racionalidade, já entre os primitivos, só pode ser percebida quando se passa do âmbito da ação sacral ao âmbito da ação profana. Embora tal tendência seja bem perceptível nas sociedades tradicionais, em função da desmitologização provocada pelas interpretações religiosas e metafísicas de mundo e por um certo desencantamento urdido na própria prática corrente, Habermas considera que o processo de racionalização só atinge seu termo com o advento das sociedades modernas, nas quais os conflitos entre mecanismos de reprodução material e simbólica — relacionados com as formas concorrentes de integração sistêmica e social — tornam-se visíveis e ganham a forma "tendencial" de uma colonização do mundo da vida pelo sistema.

Destarte, uma das figuras usadas por Habermas no intuito de apresentar sua concepção da evolução social, expressiva quanto à nossa perspectiva de estudo, é a de um afastamento progressivo dos domínios profanos da ação de seu contexto religioso primordial. Habermas afirma, com efeito, à guisa de conclusão, que "o âmbito da ação sacral se dissolve amplamente com o desenvolvimento das sociedades modernas, ou, ao menos, ele perde seu significado estrutural. No marco das esferas de validade já inteiramente diferenciadas, a arte abandona sua origem cultual, tanto quanto a moral e o direito deixam para trás seu pano de fundo religioso e metafísico. Com a *secularização da cultura burguesa*, as esferas culturais de valor se separam claramente e se desenvolvem de acordo com uma lógica própria, com aspectos específicos de validade. Mas, com isto, a cultura perde aquelas propriedades formais que lhe permitiam assumir funções ideológicas. Na medida em que as tendências, aqui apenas esboçadas, se realizem efetivamente nas sociedades modernas desenvolvidas, a violência estrutural dos imperativos sistêmicos, que penetra nas formas próprias da integração social, já não pode se ocultar por trás da tendência racional que passa do âmbito da ação sacral ao profano"[60].

Habermas propõe um olhar crítico, embora não-apocalíptico, sobre nossa época. A modernidade é, para ele, um projeto de emancipação, de autonomia. Certamente, também é um movimento

---

60. TAC II, p. 215.

repleto de ambigüidade — caráter atestado inclusive pelo uso feito por Habermas da perspectiva sistêmica. Neste eixo, entre os comentários sobre a obra de Parsons, particularmente em torno de sua antropologia tardia (em que este autor subverte a tripartição weberiana das esferas axiológicas, nela colocando um quarto componente, representado, em suma, pelo simbolismo religioso), Habermas denuncia a tentativa de criar na teoria da sociedade uma espécie de sucedâneo (*ersatz*) das funções sócio-integradoras da religião atacada em sua substância. Pode-se antever o temor de Habermas com respeito aos resultados previsíveis de tal modelo teórico, cujo erro reside, para ele, numa inadequada imbricação entre as teorias da ação e do sistema. Mas não será o agir comunicativo, por sua vez, um *ersatz* da religião? Voltaremos a essa questão na conclusão. Consideremos antes sua perspectiva filosófica sobre a modernidade.

4.2. A modernidade: um projeto inacabado

No prefácio à primeira edição francesa de TAC, Habermas assinala que, apesar de a teoria do agir comunicativo representar, sobretudo, uma teoria da sociedade, ela trabalha implicitamente sobre temas filosóficos que são desenvolvidos detidamente em DFM e PPM, tais como o modo de situar a razão, a guinada lingüística, a superação do logocentrismo ocidental e os aspectos do pensamento pós-metafísico. Portanto, a obra magna pressupõe a teoria da modernidade explicitada em DFM do ponto de vista da história da filosofia. Entretanto, embora Habermas evoque, em algumas passagens de TAC, a crítica da modernidade encontrada no pós-estruturalismo francês — em autores como Foucault, Derrida e Lyotard —, e seguramente conhecesse a famosa publicação deste último[61], em

---

61. Cf. LYOTARD, J.-F. *La condition postmoderne*. Paris, Minuit, 1979. Nesta obra, há uma menção a Habermas, na qual Lyotard opõe seu modelo *agonístico* à teoria consensual da verdade. Habermas, salvo engano, nunca respondeu diretamente a este pensador, mantendo implícito o debate, malgrado nova intervenção de Lyotard (cf. "Réponse à la question: Qu'est-ce que le postmoderne?" *Critique*, 419 (1982): 357-367). Remetemos o leitor à bibliografia ao final do trabalho, na qual elencamos algumas (das inúmeras) interpretações sobre a teoria habermasiana da modernidade.

que define a "pós-modernidade" como a incredulidade ante as metanarrativas, Peter Hohendahl tem razão em afirmar que o abismo entre "Frankfurt" e "Paris", na obra de Habermas, só começou a declinar a partir dos primeiros anos da última década[62]. No referido prefácio, de 1986, nosso autor condensou, de maneira retrospectiva, o eixo de sua leitura filosófica da modernidade: "De uma distância tomada sem crispação, nós nos apropriamos então de toda a riqueza do movimento de pensamento que vai de Kant a Hegel, e não precisamos encontrar refúgio do lado de um 'outro da razão'..."[63].

Quatro textos habermasianos, situados entre TAC e DFM (e retomados nos sucessivos escritos políticos), merecem destaque especial: a) *Die Moderne: ein unvollendetes Projekt*; b) *Moderne und postmoderne Architektur*; c) *Die Kulturkritik der Neokonservativen in den USA und in der Bundesrepublik*; d) *Die Krise des Wohlfahrtsstaates und die Erschöpfung utopischer Energien*[64]. E isso por três razões fundamentais. Primeiro, esses artigos apresentam a tipologia recorrente no debate *moderno vs. pós-moderno*. Segundo, demostram a importância da *esfera estética* nos contornos formadores da discussão. E, terceiro, permitem notar que o debate sobre a pós-modernidade, a despeito de uma certa aridez na argumentação, não é mero assunto da *intelligentsia*, mas, ao contrário, está associado aos *debates políticos* atuais em torno da questão da democracia.

Esquematicamente, é o programa da "razão comunicativa", isto é, de uma razão processual, diferenciada e pós-convencional, uma racionalidade formal mediadora dos aspectos plurais da realidade, que nosso autor defende como *projeto da modernidade*, que ele considera atual e inacabado. Assim, a idéia central que guia Habermas em sua leitura da modernidade, tentando fixar com cla-

---

62. Cf. HOHENDAHL, P. U. "Habermas' *Philosophical Discourse of Modernity*". *Telos*, 69 (1986): 49-65. O autor desconhece, no entanto, referências explícitas a Foucault na obra magna de Habermas (vide, p. ex.: TAC II, p. 121)

63. TAC I, p. 11.

64. Cf. "La modernité: un projet inachevé". *Critique*, 413 (1981): 950-967; "Architecture moderne et postmoderne", in, EP, pp. 9-24; "Les néoconservateurs critiques de la culture. Un mouvement d'intellectuels dans les traditions américaine et allemande", in: EP, pp. 63-85; "La crise de l'État--providence et l'épuisement des énergies utopiques", in: EP, pp. 105-126.

reza sua posição, é a de que um diagnóstico crítico de nossa época deve colocar em evidência não um *excesso* mas uma *insuficiência* de razão[65]. Este programa serve de demarcação entre o projeto habermasiano e as três formas de conservadorismo (críticas do modernismo) que ele enumera em seu escrito "detonante" da problemática da modernidade[66]: o *antimodernismo* dos "jovens conservadores" — a tendência inspirada em Nietzsche, e representada na França por Bataille, Derrida e Foucault; o *pré-modernismo* dos "velhos conservadores" — a corrente neo-aristotélica, que ele remonta a Leo Strauss e exemplifica com autores como Hans Jonas e Robert Spaemann; enfim, o *pós-modernismo* dos "neo-conservadores" — perspectiva adotada, por um lado, sob um ângulo sociológico nos Estados Unidos, por pensadores que seguem a linha interpretativa de Daniel Bell, e, por outro lado, sob forma mais filosófica na Alemanha, pelos discípulos de Ritter, Forsthoff e Gehlen.

Habermas é um pensador que leva a sério a crítica da razão, sem preconizar um retorno às antigas imagens de mundo ou buscar refúgio na nostalgia da "origem" ou ainda na utopia do "outro da razão"[67]. A crítica vai acompanhada da reconquista de uma razão que Habermas descobre no vínculo instaurado entre nós pela comunicação cotidiana. Trata-se, assim, e num sentido inverso ao do *Zeitgeist*, de uma perspectiva declaradamente cognitivista e universalista. Como notamos, ele reformula o conceito de racionalidade nos termos de uma razão comunicativa, cuja estrutura intersubjetiva permite-nos antecipar a universalização dos interesses implícitos no discurso. Segundo nosso autor, a modernidade deve ser criticada com os meios fornecidos pela própria dialética da razão moderna, porquanto nem a "razão totalizante" nem o "irracionalismo" apresentam soluções satisfatórias. Sob a égide da "razão comunicativa", contudo, a crítica da modernidade não abandona as promessas contidas no programa iluminista, enfrentando resolutamente o problema axial de autofundamentação dos "tempos modernos". Em lugar de dar-lhe as costas, Habermas "retoma o con-

---

65. Cf. DFM, pp. 287s.
66. Referimo-nos ao primeiro artigo acima mencionado, sobre a "modernidade: um projeto inacabado", publicado em 1981.
67. Sobre o que segue, cf. nosso artigo "Razão comunicativa", op. cit., bem como a introdução a esse tema no presente trabalho.

tradiscurso inerente à modernidade, para retirá-lo da frente de combate, sem saída, que opõe Nietzsche a Hegel. Esta crítica renuncia à originalidade excessiva de um retorno às origens arcaicas; ela liberta a força subversiva do próprio pensamento moderno contra o paradigma da filosofia da consciência imposto desde Descartes até Kant"[68].

Para Habermas, representação racional e crítica determinada constituem movimentos indissolúveis da autoconsciência filosófica da modernidade posta em evidência por Hegel, fraturada por sua herança conservadora e bombardeada em seu núcleo pela tradição nietzschiana. Os que prosseguem criticamente o projeto da modernidade, neste sentido, são confrontados com adversários que possuem em comum tanto a sensação de ruptura com o horizonte categorial por ela formado quanto a resolução de desperdir-se dela. Segundo Habermas, há uma espécie de "paralelismo estrutural" entre conservadorismo e atitude pós-moderna. Evitando colocar na berlinda o projeto moderno — longe, porém, da aprovação entusiástica de seu desenvolvimento pós-iluminista —, Habermas acredita em sua continuidade, vale dizer, na releitura atenta de seu sentido interno de caráter universal. Tal projeto da modernidade se caracteriza, entre outras coisas[69], por uma avaliação positiva — ainda que crítica — da racionalidade e de seus progressos, por uma defesa clara da democracia como forma madura de resolução dos conflitos e, enfim, pela convicção inabalável de que as questões práticas são suscetíveis de discussão argumentativa. É na obra de Hegel que Habermas vislumbra os sinais de uma nova consciência do tempo, as tentativas de fundamentar sua normatividade interna assim como as aporias de um modelo que abandona gradualmente as intuições iniciais de uma filosofia da intersubjetividade em prol de uma filosofia da identidade.

Mas antes de comentar sua análise da teoria hegeliana da modernidade, convém dissipar um certo nevoeiro em torno da tipologia habermasiana sobre o debate *moderno vs pós-moderno*. Com efeito, comparando-se o texto germinal com a obra capital sobre o tema da modernidade em Habermas, constata-se que apenas os chamados "neoconservadores" e "jovens conservadores"

---

68. DFM, p. 288 (trad. mod.).
69. Cf. BERTEN, A. "Modernité et postmodernité: un enjeu politique?". *Revue Philosophique de Louvain*, 81 (1991): 84-112.

aparecem nos dois contextos. No primeiro caso, Habermas distingue, como já notamos, três formas de conservadorismo, excluindo, por isso mesmo, uma posição que (por convenção) chamaríamos de "pró-moderna". No segundo caso, nosso autor situa as três correntes principais da herança pós-hegeliana, excluindo, portanto, a atitude "pré-moderna" dos "velhos conservadores". Nesta segunda vertente, a teoria do agir comunicativo é claramente situada na linha do hegelianismo de esquerda, embora diferenciada da "filosofia da práxis" cativa do modelo obsoleto da produção. Vejamos a tipologia encontrada na obra filosófica[70].

Habermas distingue três correntes: a) hegelianos de esquerda; b) hegelianos de direita; c) tradição nietzschiana. E utiliza, por sua vez, três critérios básicos de demarcação da herança de Hegel, isto é: a crítica do subjetivismo, a compreensão da história e o papel dos intelectuais. Em todas as vertentes, temos acordos de princípio, em particular o da *crítica da razão centrada no sujeito*. Porém, ao passo que os primeiros se utilizam de uma estratégia de denúncia da razão por seus próprios meios — lançando a razão crítica contra a razão instrumental —, os segundos dissociam a desordem da modernidade cultural dos ganhos da modernização social — fato inspirado na perda da unidade substancial da razão — e os terceiros passam a satirizar a razão enquanto tal, adjetivando-a com o nome do poder. Quanto ao *tema da história*, fazem parte do "movimento" (situando o tempo atual como o passado de um presente por vir) ou da "inércia" (desvinculando modernidade e razão pluralizada) ou do "anarquismo" (advogando a ruptura com a modernidade por uma exclusão total do horizonte histórico da razão). E, finalmente, no que tange ao *papel dos intelectuais*, os hegelianos de esquerda são partidários críticos da crítica e levam adiante o processo das Luzes, os hegelianos de direita constituem adeptos da metacrítica

---

70. Cf. DFM, pp. 57s. É claro que já havia sido constituído o debate sobre a "pós-modernidade" antes da intervenção habermasiana no início dos anos oitenta. Sobre o termo e o histórico do debate, em brevíssimas indicações, vide: HUYSSEN, A. "Mapping the postmodern". *New German Critique*, 33 (1984): 5-52; WELLMER, A. "Dialectique de la modernité et de la postmodernité". *Les Cahiers de Philosophie*, 5 (1988): 99-162; WOLIN, R. "Modernism vs. Postmodernism". *Telos*, 62 (1984-85): 9-29. Vale citar a pequenina, mas muito bem escrita, introdução de Jair Ferreira dos Santos: *O que é pós-moderno*. S.P., Brasiliense, Col. Primeiros Passos, 1986.

e pretendem impor a inteligência superior dos bem-pensantes, enquanto a tradição nietzschiana é denunciadora da traição perpetrada por intelectuais que, com a boa fé forjada numa visão ingênua, avalizam crimes hediondos cometidos em nome da razão universal.

Vejamos agora, no marco da herança pós-hegeliana, a posição das formas de conservadorismo apontadas no texto antes mencionado. No que diz respeito aos *neoconservadores*, não há uma oposição radical ao projeto moderno, e sim uma tentativa de desconectar a "relação interna" apontada por Hegel (e, sob outra ótica, mantida por Weber) entre racionalidade e modernidade. Trata-se da celebração unilateral do dinamismo social da modernização (falam, então, em pós-história), cujo controle é requerido, entretanto, a fim de se evitar um caos provavelmente resultante dos "conteúdos explosivos" da modernização cultural, tida por ultrapassada. "A atitude positiva para com a modernidade *social* e a depreciação da modernidade *cultural* são típicas do modo de avaliação implícito em *todos* os diagnósticos neoconservadores da época contemporânea"; eles apelam às forças integradoras da religião, visando preencher a necessidade de consolação do homem moderno, acentuada graças ao declínio das visões religiosas de mundo no curso do processo de racionalização. Aos olhos de Habermas, na argumentação neoconservadora "...apenas a restauração de uma consciência religiosa, a superação da cultura profana, pode restabelecer as bases morais de uma sociedade laicizada"[71]. A terceira perspectiva da posteridade de Hegel, associada ao nietzschianismo, é aquela dos *jovens conservadores*, em que a tônica é a da renúncia à dialética da razão moderna ou a da rejeição total da modernidade. Segundo Habermas, a despeito de suas atitudes modernistas oriundas da experiência vital da modernidade estética, adotam "...um antimodernismo irreconciliável. Remetem as forças espontâneas da imaginação, da experiência subjetiva e da afetividade ao longínquo e arcaico, e, de forma maniqueísta, contrapõem à razão instrumental um princípio apenas acessível pela evocação, seja o da vontade de poder ou da soberania, do ser ou de uma força dionisíaca do poético"[72]. Convém frisar que Habermas distingue, em meio aos inúmeros paralelismos associados à idêntica orientação de "crítica radical" da razão, duas vertentes do anti-humanismo fundado em Nietzsche: por um lado, a li-

---

71. EP, pp. 68 e 70.
72. "La modernité: un projet inachevé", op. cit., p. 966.

nha que vai de Bataille — fiel a uma "experiência estética" do dionisíaco — a Lacan e Foucault; por outro lado, a vertente inaugurada por Heidegger — igualmente vinculada ao "messianismo" dionisíaco, mas que restabelece o papel predominante da filosofia mediante um pensamento que "ontologiza" a arte e busca uma "superação imanente" da metafísica — e prolongada por Derrida. Quanto aos *velhos conservadores*, não constituem, em sentido estrito, uma porção da herança hegeliana, porquanto, conforme comentário fulminante de Habermas em DFM, abandonam o discurso da modernidade para buscar refúgio na autoridade de modelos já superados. "Com efeito, a referência de um velho conservadorismo às verdades religiosas ou metafísicas é algo que já não conta no discurso filosófico da modernidade — os antigos valores da Europa perderam o seu valor"[73]. Mas isto não implica a caducidade deste modelo na inspiração das outras correntes conservadoras. Neste sentido, embora admita a simplificação da tipologia, Habermas considera sua utilidade "para a análise do debate político e intectual hoje. Temo que as idéias do antimodernismo, acrescida de uma dose de pré-modernismo, estejam ganhando terreno entre os grupos ecológicos e alternativos"[74].

Destarte, são os dois primeiros modelos de conservadorismo mencionados — os "neoconservadores" e os "jovens conservadores" — ficam retidos na análise habermasiana do discurso filosófico da modernidade, já que, apesar de partidários de uma tradição antiga de reação contra-iluminista, não saem dos parâmetros deste discurso — ou seja, se atêm aos "temas" e "regras" do jogo —, rivalizando com os "hegelianos de esquerda" na interpretação mais ou menos correta da herança de Hegel, a partir do tríplice critério supra-referido. Eis por que Habermas, em DFM, associa ambas as correntes críticas do modernismo a uma mesma atitude fundamental — chamada simplesmente, neste novo contexto, de "pós-moderna" —, cujas versões, moderada em um dos casos, e radical em outro, igualam-se na pretensão de fundar novos *esclarecimentos* ante os limites do próprio *Esclarecimento* (*Aufklärung*). Assim, na visão de Habermas, é "numa forma política inteiramente diferente, nomeadamente numa forma *anarquista*, que a idéia de pós-modernidade se apresenta entre os teóricos que não contam com o fato

---

73. DFM, p. 65 (trad. mod.).
74. "La modernité: un projet inachevé", op. cit., p. 967.

de se ter produzido uma dissociação entre modernidade e racionalidade. Também eles proclamam o fim do Iluminismo e avançam para lá do horizonte da tradição da razão, de que se reclamou outrora a modernidade européia — também eles se instalam na "pós-história". Mas, diferentemente do que acontece com os neoconservadores, os anarquistas despedem-se da modernidade *no seu todo*... Nesta perspectiva, a modernização social não pode sobreviver ao fim da modernidade cultural, de que derivou, não deverá poder resistir ao anarquismo "vindo dos tempos imemoriais", cuja bandeira a pós-modernidade arvora"[75]. Abandono da modernidade cultural, por um lado, rejeição da modernidade em seu conjunto, por outro lado, há sempre em tais atitudes pós-modernas, segundo nosso autor, o mesmo erro de ignorar que a razão é capaz, a um só tempo, de crítica e de autocrítica.

O projeto habermasiano, ao contrário, poderia ser designado como o de uma *reconciliação da modernidade consigo mesma*. Para isto, Habermas propõe, como vimos, uma teoria da racionalidade que permita criticar as "patologias da sociedade moderna", mas também resistir ao "ceticismo pós-moderno". Como diz Habermas, num belo jogo de palavras de difícil tradução, "é próprio da natureza do Iluminismo o iluminar-se a si mesmo, inclusive os males por ele causados. Só quando se repele este fato crê-se necessário recorrer à oposição ao Iluminismo para iluminá-lo"[76]. Neste aspecto, Habermas se assemelha a Hegel na infatigável tarefa de crítica da razão no horizonte da própria racionalidade, navegando sempre entre o particular e o universal e evitando tanto a *Cila* do absolutismo quanto a *Caribde* do relativismo. Não é possível, para Habermas, evitarmos o uso de termos como "racionalidade" e "razão", por serem eles, para o mal ou para o bem, constitutivos de nossa referência à história. Na razão comunicativa (isto é, um "conceito de razão cético e pós-metafísico, mas não derrotista") não há retorno ao purismo da razão, mas tampouco há celebração do irracionalismo. Nela se retoma aquele contradiscurso inerente à própria modernidade, cujo projeto, situado numa continuidade com a tradição do idealismo alemão (tradição, porém, repensada num marco

---

75. DFM, pp. 15-16. Tal corrente constitui o "maior desafio" para o projeto da modernidade, razão pela qual Habermas lhe dedica sete dos doze ensaios de DFM.
76. EP, p. 56.

lingüístico), provoca severa oposição sob duas frentes distintas: por um lado, a do pensamento da "unidade metafísica", que, visando reabilitar figuras pré-kantianas de pensamento — ou da própria metafísica instaurada por Kant —, considera o conceito de razão comunicativa demasiado tênue e solidário do contingente; por outro lado, a das variadas formas de "contextualismo", que, enaltecendo a pluralidade das histórias e das formas de vida, a mutabilidade dos contextos, a heterogeneidade de discursos e de jogos de linguagem, etc., consideram tal conceito de razão demasiado forte, avalista de um "pensamento das origens" responsável pelas crises contemporâneas. Estas duas vertentes, a despeito das viscerais diferenças, guardam afinidades. Segundo Habermas, "o primado metafísico da unidade perante a multiplicidade e o primado contextualista da pluralidade diante da unidade são cúmplices secretos. Minhas considerações caminham em direção à tese de que a unidade da razão não pode ser percebida a não ser na multiplicidade de suas vozes..."[77]. Assim, a "pluralidade" dos jogos de linguagem encontra "unidade" formal nas pretensões de validade comprovadas pela argumentação, o que permite forjar uma noção de racionalidade capaz de revisar o projeto inconcluso da modernidade.

Na verdade, tal revisão esclarecedora não representa novidade absoluta, uma vez que habita o discurso filosófico da modernidade desde suas origens: na filosofia kantiana, enquanto expressão inconsciente da época moderna, e no pensamento dos primeiros críticos de Kant, tais como Schiller, Fichte, Schelling, entre outros, e sobretudo em Hegel, o primeiro filósofo "...a desenvolver um conceito preciso de modernidade"[78]. De acordo com Habermas, a crítica do Iluminismo — isto é, de seus limites e dilemas — formou-se no bojo do processo de constituição da consciência histórica dos "novos tempos", que é parte integrante deste movimento. Habermas retrocede, portanto, ao idealismo e ao romantismo alemães no intuito de examinar, por um lado, o conceito de modernidade, e, por outro, as variantes subseqüentes de seus discursos críticos. A bem dizer (e em clara sintonia com sua antiga dualidade *trabalho/ interação*), Habermas vê, particularmente nos jovens Marx e Hegel,

---

77. PPM, p. 153.
78. DFM, p. 16. Daí o programa habermasiano, cujo fio condutor é o retorno a Hegel para compreender "a relação *interna* entre modernidade e racionalidade".

corretas intuições, logo abandonadas, na linha de uma substituição do paradigma do "conhecimento dos objetos" pelo paradigma do "entendimento mútuo" entre sujeitos capazes de falar e de agir. "Os paralelos entre Marx e Hegel", diz Habermas, "são realmente surpreendentes. Tanto um como outro, na juventude, deixam aberta a opção de utilizar a formação não-coerciva da vontade numa comunidade de comunicação sujeita às necessidades de cooperação, como modelo para a reconciliação da sociedade civil onde reina a discórdia; mas ambos renunciam mais tarde, e por razões similares, a servir-se desta opção. Com efeito, Marx cede, como Hegel, às pressões exercidas pelas categorias fundamentais da filosofia do sujeito"[79]. Cabe aqui resumir tal reconstrução habermasiana do conceito de modernidade em Hegel, em especial no aspecto da relação entre modernidade e religião, evitando, não obstante, repetir os elementos antecipados no início do presente estudo[80].

As transformações históricas ocorridas na passagem da *Idade Média* para os *Tempos Modernos* foram vistas por Hegel como sinais de uma nova época que não podia mais tomar emprestada sua legitimidade de um passado já superado, um tempo inovador que tinha de buscar os critérios normativos de orientação em seu próprio seio. Tal problema da "autofundamentação" da modernidade por seus próprios meios, que Hegel enfrentará e transformará em questão central da filosofia, está antecipado na famosa *Querela dos Antigos e dos Modernos*, que irrompeu ao fim do século XVII e início do século XVIII e que perdurou durante todo o Século das Luzes. Foi uma querela, como se sabe, a propósito dos "modelos estéticos", e cuja questão principal era saber se a arte clássica deveria ou não servir de modelo. Baudelaire irá retomar, no século seguinte, as palavras de ordem do movimento modernista, superando, por sua vez, o dilema surgido no confronto entre os defensores do classicismo e os partidários da arte moderna, e isto mediante

---

79. DFM, p. 69 (trad. mod.).
80. A propósito, vide as seguintes intervenções do colóquio *Enlightenment and Rationality*, de dezembro de 1987: DALLMAYR, F. "The Discourse of Modernity: Hegel and Habermas"; HONNETH, A. "Enlightenment and Rationality"; ROCKMORE, T. "Enlightenment and Reason", in: *The Journal of Philosophy*, 11 (1987): 682-701. Cf. tb., do mesmo Tom Rockmore: "La modernité et la raison: Habermas et Hegel". *Archives de Philosophie*, 52, 2 (1989): 177-190.

uma concepção da modernidade como algo situado na interseção do tempo e da eternidade, algo marcado pelo sinal de união entre o duradouro e o efêmero. "A modernidade é o transitório, o evanescente, o contingente, é a metade da arte, sendo a outra metade o eterno e o imutável"[81]. Para Habermas, trata-se de enorme conquista esta forma de conceitualização da modernidade. Como diz Le Goff, num comentário lúcido sobre Baudelaire, a modernidade "torna-se aqui alcance dos limites, aventura na marginalidade, e não mais conformidade com a norma, refúgio na autoridade, ajuntamento no centro como sugere o culto do *antigo*"[82]. Assim, para Baudelaire, a modernidade é precária, mas pode forjar uma imagem incomum de si mesma: nos termos de Habermas, "ela pretende que o instante transitório seja confirmado como o passado autêntico de um presente vindouro. Ela afirma-se como aquilo que um dia virá a ser *clássico*; 'clássico' será doravante o 'relâmpago' do nascer de um mundo novo, o qual não tem nenhuma subsistência e com o seu surgir logo selará o seu desmoronar"[83]. E Habermas cita ainda esta bela passagem de Baudelaire: "Para que a modernidade seja digna de se tornar antigüidade é necessário que lhe seja retirada a beleza misteriosa que a vida involuntariamente lhe confere"[84]. Toda obra autêntica está ligada, para Baudelaire, ao presente, mas provoca, também, uma ruptura com a transitoriedade da vida ao preencher o desejo da beleza eterna.

Destarte, Habermas salienta a importância da esfera estética, na qual se torna consciente o problema da autofundamentação da modernidade ou ainda de sua ruptura com as sugestões normativas do passado. Certamente, a idéia da modernidade já está presente

---

81. BAUDELAIRE, Charles. *Curiosités esthétiques et autres écrits sur l'art*. Paris, Hermann, 1968, p. 131. Habermas se refere, sobretudo, ao famoso ensaio de Baudelaire, de 1863, intitulado "Le peintre de la vie moderne".

82. LE GOFF, J. *Histoire et mémoire*. Paris, Gallimard, 1988, p. 89. O termo "moderno" já aparece à época da queda do Império Romano, ao passo que a expressão "modernidade" foi lançada por Baudelaire no artigo acima mencionado. Le Goff faz uma elucidativa exposição dos termos "modernismo", "modernização" e "modernidade" no capítulo "Antique (Ancien)/Moderne", in: *Ibidem*, pp. 59-103

83. DFM, p. 20.

84. BAUDELAIRE, Ch. *Curiosités esthétiques...*, op. cit., p. 132.

nos autores renascentistas, nos líderes do movimento reformador e, mais ainda, em Kant, inaugurador, com as três "Críticas", do discurso filosófico da modernidade. "Mas é só no fim do séc. XVIII que o problema da *autocertificação* da modernidade torna-se de tal modo premente que leva Hegel a tomar consciência desta questão *como* problema filosófico e mesmo como o *problema fundamental* da sua filosofia"[85]. Assim, em Hegel, filosofia e modernidade são conceitos solidários, indissociáveis, porquanto a necessidade de autofundamentação da modernidade é concebida por Hegel como verdadeira "necessidade de filosofia". "Ele vê a filosofia", diz Habermas, "confrontada com a tarefa de traduzir em pensamentos *seu próprio* tempo, que, para Hegel, significa a época moderna. Hegel está convencido de que não pode de forma alguma apreender o conceito que a filosofia faz de si própria sem atender ao conceito filosófico de modernidade"[86]. Diferente de Marx, para quem o princípio da modernidade será o do "trabalho"[87], Hegel descobre na "subjetividade", na "autoconsciência", o princípio fundamental da época moderna. "O princípio do mundo moderno", afirma Hegel, "é em geral a liberdade da subjetividade. Segundo este princípio, todos os aspectos essenciais presentes na totalidade espiritual se desenvolvem para obter seus direitos"[88]. Tal princípio explica, para Hegel, a superioridade e, ao mesmo tempo, a fragilidade dos novos tempos. Explica igualmente, na interpretação de Habermas, o fato de encontrarmos na obra de Hegel — a um só tempo — uma conceitualização e uma crítica da modernidade, movimentos paralelos de uma nascente autoconsciência filosófica da modernidade, que expressam a própria dialética da razão moderna, cindida pelos "neoconservadores" herdeiros dos hegelianos de direita e radicalmente rejeitada pelos "jovens conservadores" continuadores de Nietzsche. A posição de Habermas, ao contrário, é a de uma reconstrução do pensamento hegeliano, visando instalar, ao modo dos "jovens hegelianos de esquerda", a durabilidade da idéia da crítica da modernidade alimentada de seu próprio espírito, a partir

---

85. DFM, pp. 26-27.
86. Idem, *Ibidem*, p. 27.
87. Cf. *Ibidem*, pp. 70s. A propósito, cf. RAULET, G. "Marxisme et condition post-moderne". *Philosophiques*, vol. X, 2 (1983): 289.313.
88. HEGEL, G.W.F. *Principes de la philosophie du droit*. Paris, Vrin, trad. de R. Derathé, 1975, p. 283 (nota 24).

de um novo conceito de razão que renuncia às pretensões desmesuradas do panlogismo de Hegel.

Habermas recorda as quatro conotações do termo *subjetividade* em Hegel, a saber: "individualismo", "direito à crítica", "autonomia da ação" e, por fim, a "própria filosofia idealista". A seguir, os três *eventos históricos* vitais que, para Hegel, implantaram este princípio: a "Reforma", o "Iluminismo" e a "Revolução Francesa". Então, Habermas sublinha a posição importante de Kant, cujo criticismo exprime as encarnações fundamentais do princípio moderno da subjetividade: a *ciência* (sujeito cognoscente), a *arte* (interioridade absoluta), a *moral* (liberdade subjetiva dos indivíduos). Aos olhos de Habermas, como vimos, a linha filosófica que vai "de Kant a Hegel" é central para a compreensão da modernidade, pois o empreendimento teórico de Hegel parte da convicção de que a filosofia de Kant é a expressão maior do mundo moderno, isto é, sua auto-exegese decisiva. Como diz Habermas, "a razão tem de superar o estado de cisão para o qual o princípio da subjetividade arrastou tanto a razão como 'todo o sistema das condições de vida'. Com sua crítica, apontada diretamente aos sistemas filosóficos de Kant e de Fichte, Hegel visa igualmente atingir a autocompreensão da modernidade que neles se exprime"[89]. A questão central de Hegel é encontrar (na própria razão) o "poder unificador" outrora representado pela religião. O conceito kantiano de razão significa apenas, para ele, a expressão do corte da modernidade perante o "conceito substancial" de razão da antiga tradição metafísica, ruptura consubstanciada no princípio da "autoconsciência". Como nota Rochlitz, "...Kant não apresenta esta consciência-de-si como fenômeno da modernidade, e sobretudo não experimenta a diferenciação como cisão que necessita de reconciliação; esta tomada de consciência só aparece com o romantismo de Iena e com o 'programa de sistema' comum a Schelling, Hegel e Hölderlin. A partir deste momento, torna-se evidente que a subjetividade moderna é unilateral: ela destrói os vínculos sociais tradicionais, fundados na religião, sem criar um equivalente"[90]. O programa que Hegel terá de

---

89. DFM, p. 31 (trad. mod.).
90. ROCHLITZ, R. "Des philosophes allemands face à la pensée française. Alternatives à la philosophie du sujet". *Critique*, 464-465 (1986): 7-39 (aqui: pp. 24-25). O artigo trata da recepção, na Alemanha, do pós-estruturalismo francês.

realizar será o da constituição de um novo princípio de reconciliação a fim de remediar o distanciamento entre a razão e a vida.

Porém, não é mais possível retomar "figuras" anteriores à modernidade, uma vez que, nas palavras de Habermas, "a crítica não pode nem deve servir-se de nenhum outro instrumento que não seja a reflexão na qual reconhece a *mais pura expressão do princípio dos tempos modernos*. Na realidade, se se pretende que a modernidade se fundamente a partir de si própria, Hegel tem de desenvolver o conceito crítico de modernidade a partir de uma dialética inerente ao princípio do próprio Iluminismo"[91]. Ora, a oposição entre a fé e o saber constituía, para o jovem Hegel, o sinal de uma radicalização do princípio normativo da modernidade. Ele via tanto no subjetivismo quanto no positivismo da "eticidade" dois aspectos contrários de um único e mesmo fenômeno de separação. As "religiões positivas", em função do respeito cego à autoridade e da adesão ingênua à fé, expressavam somente a alienação do espírito em face da verdadeira substância de sua vida. Assim, rechaçado por uma imposição que lhe é exterior, o espírito retira-se da existência social e volta-se para o abrigo da fé subjetiva. Segundo o jovem Hegel, o espírito deveria superar tal alienação e se tornar, a um só tempo, substância social e subjetividade livre[92].

A bem dizer, Hegel via no processo de secularização o signo de um desenvolvimento mais racional e, por isso, mais universal da religião: o cristianismo libertou-se, gradualmente, do "legalismo positivo" do judaísmo, o protestantismo eliminou o "culto fetichista" do catolicismo, e a religião racional kantiana superou o "dogmatismo" da fé sectária. Hegel se sente interpelado, no entanto, a unir fé e razão, que se tornaram hostis na modernidade: a razão aparece, de início, como negação da religião, e não como sua realização ou acabamento, gerando a oposição na fé "positiva", que

---

91. DFM, p. 32.
92. Estamos evitando citações dos textos "teológicos" do jovem Hegel, que perpassam os chamados períodos de Berna (1793-1796) — *Fragmentos sobre religião popular e cristianismo* (1793/1794), *Vida de Jesus* (1795), *A positividade da religião cristã* (1795/1796) — e de Frankfurt (1797-1800) — *Esboço sobre religião e amor* (1797-1798) e *O Espírito do cristianismo e seu destino* (1798/1799). Em DFM, Habermas cita, a todo momento, passagens marcantes destes escritos. Ainda sobre sua leitura de Hegel, cf.: TP, vol. I, pp. 145-162 e 163-185; e RMH, pp. 82s.

implicava exterioridade vazia, abstrata diante da vida e do pensamento. Os partidários da *Aufklärung*, de um lado, e da ortodoxia, de outro, rendem-se à mesma tentação de separação absoluta entre fé e razão, e por isso o jovem Hegel irá se opor tanto à religião "positiva" quanto à religião "racional": "..o triunfo glorioso que a razão iluminista alcançou sobre aquilo que, em virtude de sua estreita concepção religiosa como fé, ela considerava como sendo-lhe oposto, na verdade, só consistiu em que: nem o positivo, contra o qual lutou, permaneceu religião, nem ela, vencedora, tampouco permaneceu razão"[93]. Os escritos "teológicos" de juventude evidenciam a "dialética da religião" presente na abordagem hegeliana, ou seja, seu caráter "racional" e não-positivo (rejeição da ortodoxia) bem como seu caráter "mítico", isto é, ligado ao sentimento e à imaginação (rejeição da religião kantiana).

Ora, a solução do jovem Hegel para o problema da separação "moderna" entre a fé e a razão foi apontada na idéia da "religião popular" (*Volksreligion*), que deveria, justamente, combinar razão e emoção, dando à subjetividade uma presença visível na esfera pública. Tal religião popular estabeleceria, num nível superior, a comunidade harmônica da *polis* grega. Para Habermas, nesta versão "mítico-poética" da reconciliação da modernidade baseada no "passado exemplar" do cristianismo primitivo e da Antiguidade, restava, entretanto, um dilema, assim traduzido: "Na polêmica entre a ortodoxia e o Iluminismo, o princípio da subjetividade gera uma positividade que, por sua vez, motiva a necessidade objetiva da sua superação. Mas, antes que possa realizar esta dialética do Iluminismo, Hegel tem de mostrar como é que a superação da positividade pode ser explicada a partir do mesmo princípio a que esta positividade é devida"[94]. Como sabemos, a *Filosofia do espírito* de Iena (1803-1804: *Realphilosophie I*; 1805-1806: *Realphilosophie II*), que retomava, sob o pano de fundo de seus estudos de economia política, as discussões acerca da "relação moral" situadas no fragmento de Frankfurt sobre *O Espírito do Cristianismo e seu Destino*, continha, segundo Habermas, respostas adequadas a esta questão

---

93. HEGEL, G.W.F. "Foi et Savoir", in: *Premières publications*. Paris, Vrin, trad. de M. Méry, 1952, pp. 191-320 (aqui: p. 193). Trata-se do escrito "Glauben und Wissen" (1802), do chamado período de Iena (1801-1807)
94. DFM, p. 37.

mediante uma teoria da intersubjetividade. Mas tal resolução do problema foi abandonada posteriormente por Hegel.

Habermas acredita que a "totalidade ética" — concebida pelo jovem Hegel, nos escritos teológicos, como religião popular — poderia ter sido pensada como "razão comunicativa" encarnada em contextos interativos. Segundo Habermas, o excessivo apego de Hegel à concepção da "religião popular" como expressão da totalidade ética gerou um enorme conflito com a concepção da "vida política moderna" fundada nos estudos de economia política. A seguinte passagem evoca o *leitmotiv* da reconstrução habermasiana do pensamento de Hegel: "por mais forte que seja a interpretação da eticidade da *polis* e do cristianismo primitivo, esta já não pode fornecer o critério de que se possa apropriar uma modernidade em si mesma cindida. Essa poderia ter sido a razão por que Hegel não continuou a seguir as pegadas da razão comunicativa que são patentes nos seus escritos de juventude, desenvolvendo no período de Iena um conceito de absoluto que permitia uma libertação, dentro dos limites da filosofia do sujeito, dos padrões da antiguidade e do cristianismo — é certo, pelo preço de um outro dilema"[95].

No entender de Habermas, a solução encontrada pelo Hegel da maturidade não resolve o dilema, porquanto o conceito de absoluto reproduz as aporias inerentes ao princípio da subjetividade que pretende superar. E o conceito de religião, neste sentido, acompanha a história das dilacerantes tentativas hegelianas de propor uma resposta filosófica ao problema central da autofundamentação da modernidade. Nos escritos juvenis, Hegel vislumbrou uma forma de "religião poética", inspirada, tal como as idéias de Schelling e Hölderlin, no programa de educação estética do romântico Schiller, em que propunha, por meio da arte, uma solução dialética (isto é, de aliança entre o "monoteísmo" da razão e o "politeísmo" da imaginação) ao conflito moderno entre a religião racional e a religião positiva[96]. Mas Hegel, já no período de Iena, abandona esse

---

95. DFM, p. 40 (foram substituídas as expressões "bipartida" e "comunicacional", respectivamente, por "cindida" e "comunicativa").

96. Vide o fragmento hegeliano, do período de Frankfurt, intitulado "O mais antigo programa do sistema do idealismo alemão" (1796-1797). Sobre Schiller, vide o excurso de Habermas, in: DFM, pp. 51-55 (cf. SCHILLER, F. *Lettres sur l'éducation esthétique de l'homme*. Paris, Aubier-Montagne, trad. de R. Leroux, 1943)

projeto de uma alternativa estética à reconciliação religiosa. Na célebre *A Fenomenologia do Espírito* (1807), em que a religião é analisada a partir dos três estágios da "religião natural", da "religião da arte" e da "religião revelada", prefigura-se a concepção madura de uma superação (ou "suprassunção", como está em voga na tradução do termo alemão *Aufhebung*, que comporta uma conservação do que foi suprimido num plano mais elevado) da arte pela religião e desta pela filosofia, a qual, como "saber absoluto", representa a culminação da vida do espírito. Para Hegel, a arte é uma esfera assaz vinculada à dimensão do sensível. Portanto, a filosofia é chamada a suprassumir a forma (intuitiva) da arte romântica de seu tempo.

Por outro lado, o mesmo movimento de suprassunção é apontado por Hegel em relação à esfera religiosa. A filosofia preserva o *conteúdo* da religião, suas expressões de reconciliação e de redenção, embora transcenda, segundo o movimento da superação dialética, a *forma* subjetiva do "sentimento" e da "representação" pela qual, do ponto de vista religioso, o espírito absoluto se manifesta. Assim, no entender de Hegel, o objeto da filosofia é idêntico ao da religião: Deus, que é o *Absoluto*. Com efeito, ele afirma que "...o conteúdo da filosofia, sua exigência e interesse são totalmente comuns com os da religião. O objeto da religião, bem como o da filosofia, é a verdade eterna, Deus, e nada mais que Deus e a explicação de Deus. A filosofia não se explicita a si mesma senão enquanto explicita a religião e, enquanto se explicita a si mesma, explicita a religião... Assim, religião e filosofia coincidem numa mesma coisa. De fato, a filosofia é ela própria um culto divino, como a religião. Mas ambas, tanto a religião quanto a filosofia, são culto divino de um modo peculiar..."[97]. Hegel aplica ao Absoluto os mesmos atributos que a teodicéia sempre aplicou a Deus, defendendo-se da acusação de panteísmo lançada pelos teólogos de sua época, panteísmo que ele atribui ao sistema de Espinosa. Não é o caso, porém, de adentrar nestes pormenores. Digno de destaque é a tensão permanente que impregna a filosofia hegeliana da religião,

---

97. A citação é extraída da primeira seção da introdução às *Lições sobre filosofia da religião*, de 1827. Como se sabe, Hegel ministrou quatro cursos sobre o tema, em 1821, 1824, 1827 e 1831. Utilizamos a recente edição crítica trilíngüe: alemão, inglês e espanhol (HEGEL, G.W.F. *Lecciones sobre filosofía de la religión*. Madri, Alianza Editorial, tomo I, 1984, p. 60).

o cuidado em pensar a esfera religiosa de acordo com o próprio devir dialético da razão moderna. O comentário de Habermas sobre a questão resume os desafios desta dialética: "Como na arte, a reflexão irrompeu na religião; a fé substancial cedeu ou à indiferença ou ao sentimentalismo devoto. Deste ateísmo a filosofia salva o *conteúdo* da fé, destruindo sua *forma* religiosa. Pois a filosofia não tem outro conteúdo senão a religião, mas ao transformar este conteúdo em saber conceitual, 'ele não é (mais) justificado na fé'"[98].

Tal passagem de Habermas, a ser lida *cum grano salis*, porquanto sugere que a distância tomada por Hegel em relação à religião cristã de seu tempo, isto sim correto, e com respeito tanto ao "abstracionismo ilustrado" quanto ao "sentimentalismo pietista", houvesse significado um abandono do trabalho dialético sobre a religião, permite-nos, entretanto, aproximar nosso autor da herança hegeliana, do ponto de vista de uma teoria crítica da religião. Hegel, e sustentamos a mesma hipótese para Habermas, não deve ser avaliado como o edificador de um sistema que teria absorvido integralmente a esfera religiosa num momento superior qualquer, no caso a filosofia. Hegel mantém-se, a despeito de tudo, na linha kantiana de uma integração da religião no contexto diferenciado e pluralista do mundo moderno, ao contrário de seus sucessores, particularmente da esquerda hegeliana. O limite que se coloca, para ele, é precisamente aquele acima referido por Habermas, cabe lembrar, o da impossibilidade, nos contextos modernos de ação, de uma justificação da razão pela fé. A labuta teórica do filósofo, para o qual o problema da autocertificação da modernidade transformou-se em questão central, reside, no campo da filosofia da religião, justamente no sentido oposto: trata-se, antes de mais nada, de justificar a fé pela razão, de mostrar "a razão da religião". O conteúdo religioso, neste sentido, é legitimado pela forma do pensamento especulativo, do conceito, que é própria da filosofia — e esta, longe de colocar-se por cima da religião, busca comprovar a verdade de seu conteúdo segundo uma forma distinta da fé como representação, ou seja, nas palavras do próprio Hegel, "...mediante a filosofia, a religião recebe sua justificação a partir da consciência pensante"[99].

---

98. DFM, p. 44 (trad. mod.).
99. HEGEL, G.W.F. *Lecciones sobre filosofía de la religión*, op. cit., tomo III, p. 252 (a citação de Habermas é do curso de 1821; a nossa, do curso de 1827)

Habermas prossegue a dialética da razão moderna — e com isso a herança hegeliana —, iluminando-a, porém, com seu conceito de "razão comunicativa", ante o qual o jovem Hegel de Iena, como numa encruzilhada, postou-se, para em seguida, ao modo de involução, tomar a direção errada, a qual elucidamos no início de nosso estudo. Desta herança hegeliana, ao que parece, Habermas deixa para trás o trabalho dialético sobre o mito e a religião no contexto da modernidade, embora preserve igualmente o conteúdo da religião, não como Hegel, na filosofia, mas numa "ética discursiva" que, pelo sentido racional da validade normativa da linguagem profana, retoma a autoridade do sagrado na perspectiva pós--convencional da integração social. Habermas não pretende ressuscitar novas mitologias, mas não deixa de notar um aspecto fundamental de convergência entre o programa iluminista e o credo das chamadas "grandes religiões", a saber, "o elemento de auto-superação ou transcendência, pelo qual o Eu prisioneiro de seu universo se distancia do mundo no seu conjunto e de si mesmo, abrindo, assim, uma perspectiva sem a qual nem a autonomia — baseada no reconhecimento recíproco — nem a individualidade podem ser conquistadas"[100]. Evidentemente, a despeito disto, o indivíduo moderno tem de assumir com a fronte erguida sua pertença a uma "comunidade de comunicação" que não reivindica "modelos" de solidariedade anteriores à modernidade, que não requer o restabelecimento dos poderes funcionais das tradições enquanto forma de compensação, pois a modernidade inconclusa "depende exclusivamente de si mesma — ela tem de criar a partir de si mesma sua própria normatividade. Doravante, o presente autêntico é o lugar onde se entrecruzam a continuidade e a inovação da tradição"[101].

4.3. Considerações finais sobre a religião em Habermas

Habermas nunca pensou — e temos todas as razões para acreditar que ele não vislumbra esta hipótese — em apresentar uma síntese da *Religionstheorie* dispersa ao longo de sua obra. O tema, certamente marginal, representa, não obstante, uma preciosa "porta de entrada" no universo teórico habermasiano, na medida em

---

100. EP, p. 57.
101. EP, p. 106.

que reflete prodigiosamente seus contornos gerais. Acreditamos que a ausência de sistematicidade no tratamento desta questão não obnubila, antes ao contrário, a importância revestida pela teoria da religião no seio de seu projeto intelectual. Habermas comunga com os clássicos do pensamento moderno, estejam eles situados na "primeira modernidade" ou na "modernidade madura", da tendência em pensar nossa época como um movimento emancipatório ou de autonomia (teórica e prática) em face da esfera religiosa. Destarte, o pano de fundo da história da consciência moderna, consciência marcada por noções como as de revolução, de crise, de progresso, em suma, de movimento, é, igualmente para nosso autor, o processo, descrito brilhantemente por Max Weber, de racionalização e desencantamento das imagens religiosas de mundo. Marx afirmou, há um século e meio, que "a crítica da religião é a premissa de toda a crítica"[102], condensando, por esta frase capital, o *leitmotiv* do pensamento moderno em seu percurso de independência com respeito à pressão exercida pela tradição. É nesta linha, digamos *éclairée*, que se deve situar a teoria do agir comunicativo e, em conseqüência, a teoria habermasiana da religião. É claro que, para Habermas, os *mestres-pensadores* da modernidade, em particular Kant e Hegel, caíram em descrédito[103], mas não, como acabamos de ver, o projeto moderno como tal e os ideais que lhe são inerentes.

A compreensão do pensamento moderno se vincula à da modernidade em sua totalidade. Neste sentido, o tema da religião, ou melhor ainda, a religião *enquanto* tema (submetido à prova da crítica), só adquire fisionomia própria, dentro do campo filosófico, a partir do contexto moderno. A instituição de um pluralismo religioso, a reboque de um pluralismo instaurado em todos os setores da vida social, desintegrou gradualmente evidências até então tidas como definitivas em virtude de terem sido ditadas por instâncias depuradas do controle da razão humana. Como sugere Kant, a religião passa a ser, como qualquer outra esfera, submetida ao crivo deste tribunal racional. Ao nosso ver, o que se denomina *Filosofia*

---

102. A frase, na íntegra, é: "Für Deutschland ist die *Kritik der Religion* im Wesentlichen beendigt und die Kritik der Religion ist die Voraussetzung aller Kritik" ("Zur Kritik der Hegelschen Rechtsphilosophie. Einleitung", in: MARX, K.-ENGELS, F. *Gesamtausgabe*. Berlin, Dietz Verlag, Band 2, pp. 170-183; aqui: p.170)

103. A propósito, vide o ensaio de Habermas "A filosofia como guardador de lugar e como intérprete", in: MC, pp. 17-35.

da Religião — fonte de todas as abordagens críticas posteriores do fenômeno religioso — é uma disciplina inteiramente nova, típica do mundo moderno, de onde emerge com a transformação (advinda da ruptura do teocentrismo medieval) da consciência religiosa. Assim, ela se constitui num campo autônomo em que se detecta a eclosão de uma reflexão independente da tutela do pensar teológico. Dentro de tal ramo filosófico de estudo — do qual irá se desgarrar, por seu turno, a chamada *Ciência das Religiões*, a partir do século passado —, cabe frisar a posição central dos mesmos Kant e Hegel, cujas obras *A Religião dentro dos limites da simples razão* (1793) e *Lições sobre filosofia da religião* (1821 a 1831) constituem seus marcos teóricos mais expressivos.

A estes últimos, ainda no campo da filosofia, antepuseram-se os jovens hegelianos, antes mesmo da crítica avassaladora de Nietzsche, e seu decreto da *morte de Deus*, transformado em lugar comum do ponto de vista teórico mas cada vez mais suspeito diante do (mal denominado) "reencantamento do mundo". Ora, o fato é que a partir do idealismo alemão se percebe um corte límpido em torno do tratamento filosófico do tema da religião. As leituras kantiana e hegeliana da religião, claro que dentro dos pressupostos críticos de suas respectivas abordagens, representam *leituras positivas* — no sentido de que a religião é valorada como algo plenamente associado à realização do homem, um fenômeno inerente à condição humana, e não como uma "construção" brotada de condições pretensamente superáveis. O deslocamento produzido pela escola hegeliana de esquerda (e ainda mais radicalmente pela crítica "marxiana"[104] do fenômeno religioso) comporta uma *leitura negativa*: a religião, ao invés, é produto de um homem (abstrato, num caso, ou concreto, quando relacionado ao seu mundo e sua sociedade) que ainda não se encontrou consigo mesmo, um conjunto de ilusões e quimeras construídas por um ser que precisa suportar as correntes que o escravizam e as contingências de sua existência. Visando sublinhar eficazmente tal ruptura, apesar do *coup de force* da apresentação, podemos elencar duas frases, uma de Hegel

---

104. Termo usual para a análise do próprio Marx, o qual jamais dedicou obra particular ao tema. Há seleções dos escritos "marxianos" em inglês, francês e espanhol. A edição espanhola é, de longe, a mais completa e minuciosa (*Sobre la religión*. Salamanca, Sígueme, trad. de H. Assmann e R. Mate, 1974).

e outra de Marx (caberia também citar Kant e Feuerbach)[105], que exprimem de forma breve mas lapidar as duas vertentes referidas. Ei-las: "A religião é uma produção do espírito divino, não uma invenção do homem" (Hegel)[106]; "O fundamento da crítica irreligiosa é: o homem faz a religião; a religião não faz o homem" (Marx)[107].

Esta pequena digressão referente a alguns fundamentos da filosofia da religião pretende, antes de tudo, estabelecer um "ponto de apoio" a partir do qual possamos situar a teoria habermasiana da religião. Dentro da ótica sistemática de nosso estudo salta à vista a posição intermediária de nosso autor em relação ao "corte" acima sugerido. O que intentamos sugerir nesta exegese de sua obra? Por um lado, que Habermas se inspira inequivocamente na tradição da "esquerda hegeliana", herança da qual recolhe o fio condutor de uma crítica permanente e impiedosa do âmbito sacral, diferente de Hegel que permaneceu apegado à tentativa de integrar o religioso na própria vida do espírito, dando-lhe inclusive posto de honra na esfera do Absoluto. Por outro lado, Habermas não evoca (em texto algum) a hipótese da desintegração do fenômeno religioso, cabível apenas numa abordagem teleológica sucedânea das filosofias objetivistas da história, com respeito às quais a sua teoria "evolucionária" da sociedade se demarca de modo inequívoco. Se por um lado, portanto, a *Religionstheorie* de Habermas incorpora os alicerces da "crítica materialista", por assim dizer, da religião — representando a relação entre o religioso e o secular em termos de dicotomia, ou seja, renunciando a todo ensaio de reconciliação do sagrado com o profano —, por outro, no entanto, esta mesma *Religionstheorie* demonstra uma notável abertura ante os chamados fenômenos superestruturais — a religião aí compreendida — que a conduz além da mera crítica objetivante, positivista da religião, em virtude do vínculo originário, pelo que consta, da teoria do agir comunicativo com as "raízes místicas" do idealismo alemão, tanto em Hegel

---

105. Cf. KANT, I. *La religion dans les limites de la simple raison*. Paris, Vrin, trad. de J. Gibelin, nova ed., 1983. Cf. tb. FEUERBACH, L. *L'essence du christianisme*. Paris, Maspero, trad. de J. P. Osier, 1973.

106. HEGEL, G.W.F. *Lecciones...*, op. cit., p. 43. Em alemão: "Die Religion ist ein Erzeugnis des göttlichen Geistes, nicht Erfindung des Menschen...".

107. "Das Fundament der irreligiösen Kritik ist: Der Mensch macht die Religion, die Religion macht nicht den Menschen" (MARX, K. "Zur Kritik der Hegelschen Rechtsphilosophie. Einleitung", op. cit., p. 170).

quanto em Schelling, pensador ao qual Habermas dedicou sua tese doutoral chamada *O Absoluto e a História*.

Neste sentido, Habermas reproduz a mesma tensão impregnante na Escola de Frankfurt, cujos principais membros sofreram influências similares. Para dizê-lo brevemente[108]: Habermas faz análises mais exaustivas do que Adorno e Marcuse, os quais sempre mantiveram uma atitude negativa com respeito às tradições religiosas, tidas como "ideologias autoritárias"; por outro lado, Habermas se exprime menos do que Horkheimer e Benjamin, os quais acentuavam continuamente o aspecto positivo das tradições religiosas, seus "elementos crítico-utópicos"[109]. Ambos os aspectos são perceptíveis na obra habermasiana, abundantemente alusiva quanto às energias utópicas das religiões, energias que, no entanto, são integradas no universo do discurso argumentativo. É natural, pelo já exposto, que Habermas esteja convencido de que "o conteúdo essencial dos princípios incorporados ao direito dos povos concorda com a substância normativa das grandes doutrinas proféticas que tiveram eco na história mundial"*. Há, portanto, um duplo aspecto a ser considerado na abordagem habermasiana do fenômeno religioso: primeiro, as raízes místicas que funcionam como pilares da teoria do agir comunicativo; segundo, sua teoria evolutiva da sociedade, a partir da qual os conteúdos religiosos universais sofrem uma "liquefação" comunicativa. Estes aspectos não apenas sinalizam uma dificuldade em situar Habermas do ponto de vista de uma teoria da religião mas também justificam as leituras seletivas de sua obra, alvo de críticas tanto à direita quanto à esquerda do espectro político-intelectual. A teoria do agir

---

108. Convém, no entanto, sublinhar que é precisamente a grande convergência de tradições de pensamento que dá lugar, ainda hoje, ao contestável enquadramento de Habermas como "herdeiro" ou "continuador" da Escola de Frankfurt. Embora ele prossiga as intenções originais da "teoria crítica", Habermas não é (pelo menos, não é mais) um frankfurtiano. A propósito, ler a introdução de C. Bouchindhomme à edição francesa de MC.

109. Cf. por exemplo: MÖRTH, I. "La sociologie de la religion comme théorie critique". *Social Compass*, 1 (1980): 27-50; SIEBERT, R. "Horkheimer's Sociology of Religion". *Telos*, 30 (1976-77): 127-144; "Adorno's Theory of Religion". *Telos*, 58 (1983-84): 108-114. Ler tb. o belo texto de Habermas "Zu Max Horkheimers Satz: "Einen unbedingten Sinn zu retten ohne Gott, ist eitel", retomado em: *Texte und Kontexte*, op. cit.

* *Passado como futuro*, op. cit., p. 32.

comunicativo provoca atitudes contrárias — que fatalmente se avizinham — nesse "terreno movediço" do religioso.

A admiração profunda que Habermas nutre pelas tradições místicas tanto do judaísmo quanto do protestantismo é notória. Mas a encetar uma análise dos inúmeros textos de Habermas em que tal aspecto aparece de forma clarividente, sobretudo em seus escritos filosófico-políticos (em especial quando se refere a Walter Benjamin e seu grande amigo, o "cabalista" judeu Gershom Scholem[110]), preferimos reproduzir suas próprias palavras. Elas são de uma entrevista concedida por Habermas pouco antes da publicação de TAC, na qual, com veia religiosa inquestionável, ele associa explicitamente as grandes linhas das místicas judaica e protestante (e do idealismo alemão, com elas imbricado) a seu próprio projeto teórico. A passsagem é longa, porém eloqüente: "...tenho um motivo intelectual e uma intuição fundamental. De resto, esta intuição remonta a tradições religiosas, como as místicas protestante e judaica, e também a Schelling. O motivo intelectual constitutivo é a reconciliação da modernidade em si mesma dividida, a idéia de que, sem abandonar as diferenciações que a modernidade tornou possível tanto no âmbito cultural quanto no social e no econômico, pode-se encontrar formas de vida em comum nas quais autonomia e dependência entrem numa relação satisfatória; a idéia de que é possível entrar de cabeça erguida numa comunidade que não tenha o caráter dúbio de comunidades substanciais orientadas para o passado. A intuição se origina na esfera da relação com o outro; ela visa às experiências de uma intersubjetividade intacta, mais precária do que tudo o que a história já produziu até hoje em termos de estruturas de comunicação — uma teia de relações intersubjetivas que, mesmo assim, possibilita uma relação entre liberdade e dependência, relação apenas compreensível sob modelos interativos. Onde quer que apareçam tais idéias, seja em Adorno ao citar Eichendorff, seja no Schelling de As *Idades do Mundo*, no jovem Hegel ou em Jakob Böhme, trata-se sempre de idéias de uma interação bem--sucedida. Reciprocidade e distância, separação e proximidade efe-

---

110. Cf. "L'actualité de Walter Benjamin. La critique: prise de conscience ou préservation". *Revue d'Esthétique*, 1 (1981): 107-130; cf. tb. o excurso sobre Benjamin, in: DFM, pp. 22-26. Sobre Scholem: "Le voile de la Thora". *Les Nouveaux Cahiers*, 53 (1978): 16-22; "Gershom Scholem. In memorian (1897-1982)" e "Mort à Jérusalem", in: *Esprit*, 70 (1982): 132-137 e 138-141.

tuada e indefectível, vulnerabilidade e cautela complementares — todas estas imagens de proteção, exposição e compaixão, de entrega e resistência, procedem do horizonte de experiência, para dizê-lo em termos de Brecht, de uma convivência amigável. Esta amizade não exclui o conflito, ela apenas se refere às formas humanas mediante as quais podemos sobreviver aos conflitos"[111]. Como se pode notar, as "reservas utópicas" da teoria do agir comunicativo se prestam a diversos tipos de exegese, e o debate no campo da teoria da religião, sob quaisquer enfoques, é um signo exemplar.

A recepção da obra de Habermas no campo da chamada "teologia política" serve de ilustração. A tentativa de assimilação do "agir comunicativo" como parâmetro normativo[112] de teorias e práticas religiosas ávidas de renovados fundamentos esbarra no desconforto de uma teoria da evolução social calçada na idéia da "verbalização" do sagrado. A pragmática universal representaria uma forma de teodicéia secularizada, cujo impasse residiria justamente numa repressão de temas somente resgatáveis no âmbito do discurso religioso. Mas, além disso, ela conteria um niilismo latente na concepção de solidariedade da ética discursiva dirigida apenas ao presente e ao futuro[113]. No entanto, Habermas não nega a função consoladora da religião, seu potencial de doação de sentido, embora sublinhe a impossibilidade de universalização dos traços particulares de comunidades agrupadas em torno de credos religiosos, já que no contexto pós-convencional da linguagem qualquer conteúdo, mesmo aqueles veiculados pela linguagem religiosa, tem de ser

---

111. "Dialectique de la rationalisation". *Les Cahiers de Philosophie*, 3 (1986-87): 59-100 (aqui: pp. 94-95).

112. Para uma visão geral, vide os artigos reunidos, in: ARENS, E. (Org.). *Habermas und die Theologie*, op. cit.; há também uma bibliografia sobre o tema da religião em Habermas (pp. 33-38). Nosso autor promove um interessante exame acerca das relações entre a teologia e a teoria do agir comunicativo numa conferência pronunciada na "Divinity School" de Chicago, em 1988: "Transzendenz von innen, Transzendenz ins Diesseits" (retomada como excurso em *Texte und Kontexte*, op. cit.).

113. Trata-se de um resumo das críticas fundamentais feitas por R. Siebert, único autor que, a nosso conhecimento, também visou a uma apresentação sistemática da *Religionstheorie* de Habermas, embora de um ângulo radicalmente distinto (*The Critical Theory of Religion: The Frankfurt School. From Universal Pragmatic to Political Theology*. New York--Amsterdam, Mouton Publishers, 1985).

submetido a uma comprovação intersubjetiva no âmbito do discurso argumentativo, cujos pressupostos são, ademais, incontornáveis. O problema aqui é a entrada de "cabeça erguida" nas formas de convivência baseadas numa formação democrática e racional da vontade política. Quanto ao segundo aspecto, parece haver um equívoco, pois a ética comunicativa comporta não apenas um aspecto prospectivo mas também um aspecto retrospectivo, ou seja, de "solidariedade anamnésica" diante das injustiças cometidas no decurso da história. Embora irreversíveis, elas são recuperadas pelo prisma advocatório desta ética argumentativa que incorpora o papel de defesa das vítimas que não puderam ser ouvidas, instalando assim um universalismo, por assim dizer, completo[114]. Destarte, embora as raízes místicas da teoria do agir comunicativo apontem na direção do uso teológico de seus temas, algo perfeitamente lícito, a teoria da evolução social sobre a qual repousa a *Religionstheorie* inibe qualquer tentativa de *teologização* da obra habermasiana.

Note-se, porém, que tal ensaio de *apropriação* do agir comunicativo, na vertente referida, se converte em acusação de purismo ou neo-romantismo dirigida ao projeto teórico de Habermas, proveniente de vários flancos que partem do pressuposto contrário de que o agir comunicativo restaura o *élan* de *reencantamento* do mundo. Nesta ótica, o discurso é assimilado à fórmula oculta do "verbum" religioso, ou seja, a uma forma de retórica (travestida de jargões racionais) movida pelo apelo às imagens familiares da tradição cristã, como as de "pecado" (no caso, comunicação distorcida) e "salvação" (vale dizer, intersubjetividade intacta)[115]. À parte o fato de que Habermas não se incomodaria (não mesmo) com a proximidade entre a razão comunicativa e o conteúdo essencial das religiões universais, as quais *"convergem...* num núcleo de intuições morais" interpretado "como sendo o igual respeito por qual-

---

114. Sobre esta solidariedade histórica universal pela rememoração, na qual se nota a influência de Benjamin, cf. DFM, p. 26. Habermas diz que a apropriação consciente, crítica da história é o "filtro" moderno do que se chamou outrora a "consciência do pecado" (cf. *Die nacholende Revolution*, op. cit., pp. 155-156).

115. Vide a resenha feita por SKINNER, Q. "Habermas' Reformation", in: *New York Review of Books*, 7 de outubro de 1982, p. 38. O autor sugere (o título fala por si mesmo) que Habermas é, na linha de Lutero, um reformador do séc. XX, isto é, um continuador do protestantismo por outros meios.

quer um, a mesma consideração para com a integridade de qualquer pessoa necessitada de proteção e para com a intersubjetividade vulnerável de todas as formas de existência"[116], ele certamente não admite a suspeita de utopia lançada contra a teoria do agir comunicativo (dúvida quiçá consubstanciada na idéia de "comunidade de comunicação ideal", constituída pelas "condições simétricas do reconhecimento recíproco livre"). Na verdade, para Habermas, a idéia da *intersubjetividade intacta* "não deve ser carregada com as cores da totalidade de uma forma de vida reconciliada e projetada no futuro nos moldes de uma utopia; ela contém nada mais, mas também nada menos, do que a caracterização formal de condições necessárias para formas não antecipáveis de uma vida não fracassada. Não temos promessas de tais formas de vida, nem mesmo *in abstracto*. Delas sabemos apenas que, se pudessem ser realizadas, teriam de ser produzidas por nossa ação conjunta, não isenta de conflitos, porém solidária"[117]. Solidariedade que possibilita, sobretudo, captar os direitos dos indivíduos, das minorias, dos grupos comunitários, do ponto de vista da universalidade, como no tema religioso da "aliança" entre Iahvé e o povo do Israel[118].

O passo em falso reside, no nosso entender, na interpretação da teoria habermasiana da religião pelo fio condutor de uma *absorção da religião pela comunicação*. Pois, como vimos, a teoria da ação e a teoria da sociedade em Habermas se relacionam mediante as noções complementares de "mundo da vida" e de "agir comunicativo": este agir orientado à intercompreensão é o *medium* pelo qual se reproduzem as estruturas simbólicas do mundo vivido, que com seus três componentes estruturais (cultura, sociedade e personalidade), por seu turno, funciona como pano de fundo e como recurso no engendramento daquela forma de ação constitutiva para a vida em sociedade. Os substratos materiais não dependem diretamente do agir comunicativo, que, por sua vez, não se reproduz

---

116. *Passado como futuro*, op. cit, p. 31. Habermas sugere também, a seguir, a idéia do diálogo inter-religioso, bem como do diálogo das tradições religiosas com o pensamento moderno, sempre com base na necessária superação reflexiva das afirmações contextualizadas.
117. PPM, p. 182.
118. Sobre a proximidade entre a razão comunicativa e o motivo religioso, do Velho Testamento, da comunidade fundada na aliança, cf. DFM, pp. 298s.

por meio de mecanismos sistêmicos. Há, certamente, relação profunda entre as esferas do "sistema" e do "mundo vivido", sendo a tarefa de uma teoria da sociedade justamente a de compreender suas inter-relações. Já comentamos exaustivamente estes aspectos. Digno de nota é o fato de que uma teoria social, segundo Habermas, *não tem acesso nem direto nem indireto* àquelas estruturas transcendentes da experiência religiosa, ou seja, a uma suposta realidade última. Estas tampouco devem ser introduzidas na divisão tricotômica do mundo vivido como, ao modo de Parsons, uma quarta esfera que funcionaria como *ersatz* das funções sociointegradoras outrora preenchidas pela esfera do sagrado[119].

Abstração feita da clara posição com respeito à desvalorização da religião em contextos modernos de ação (característica, como notamos, de um *Aufklärer*), em que a autonomização das esferas culturais de valor, com suas respectivas pretensões de validade, significou a ruptura da "unidade substantiva" de um mundo vivido construído em torno da mensagem religiosa, Habermas sugere (sem apoiar, claro) *a existência de domínios bem como de experiências que são próprios da religião*, e, neste sentido, únicos em seu gênero. Assim sendo, nosso autor aponta, clara e reiteradamente, o curso aberto e imprevisível do processo de apropriação crítica dos conteúdos essenciais da tradição religiosa. O agir comunicativo, em definitivo, não pode ser erigido em equivalente profano da idéia de eternidade, nem a teoria que nele se baseia entendida como uma espécie de religião secular que englobaria a totalidade dos conteúdos das tradições religiosas sob a forma de síntese comunicativa superior[120]. Para Habermas, a secularização não é sinônimo de ateísmo e sim uma evolução interna da própria religião, que resulta na

---

119. Sobre o que foi dito, cf. TAC II, pp. 274s.
120. Jean-Marc Ferry, um dos mais lúcidos e rigorosos intérpretes da teoria de Habermas, a despeito de frisar que não pretende propor a referida equivalência nem forjar uma nova divindade, resvala na errônea idéia da absorção do religioso pela comunicação por meio da bela (no entanto, ambígua) fórmula "...la raison qui nous relie, le "religare" qui nous demeure, le religieux de notre temps c'est la communication". ("L'ancien, le moderne et le contemporain". *Esprit*, 133 (1987): 45-68; aqui: p. 67). Falar em "fim da religião", que já não é mais, longe disto, uma idéia de Ferry, mas uma radicalização encontrada em Siebert (cf. *The Critical Theory of Religion*, op. cit., p. 169), como sendo uma tese defendida por Habermas é simplesmente desconhecer o *status* não-objetivista de sua teoria evolucionária.

superação gradual da relação coletiva com a transcendência e não da fé enquanto tal.

Não iremos repetir os traços capitais da *Religionstheorie* de Habermas. Nosso estudo tratou precisamente de explicitá-los por meio das reconstruções habermasianas dos pensamentos clássicos sobre o fenômeno religioso bem como dos temas básicos da teoria do agir comunicativo[121]. Cabe aqui, no entanto, tecer algumas notas críticas acerca de nosso objeto de pesquisa. De pronto, reiteramos a impressão da ausência de "dialética do Iluminismo", propalada sobejamente por Habermas, em seu tratamento da dimensão religiosa no âmbito da modernidade, vale dizer, seu silêncio diante do impacto que o pensamento e o agir religiosos não apenas tiveram mas continuam tendo — para o mal ou para o bem — nos mais variados contextos socioculturais. Não se trata aqui de mero refúgio em aspectos de conteúdo, porquanto para o próprio Habermas os modos de desdobramento do projeto moderno, embora norteados pela lógica de uma direção histórica racionalizadora de caráter universal, são deveras multiformes, dando lugar, em muitos casos, à revitalização de experiências vitais, tidas no calor das emoções como absolutamente incompatíveis com o desenvolvimento da modernidade.

As sociedades modernas já não possuem, isto é evidente, a densidade sacral de outrora: a autoridade do sagrado definhou consideravelmente e as funções "normativas" preenchidas pelo rito arcaico e fundadas na religião foram amplamente assumidas pelas estruturas profanas da comunicação pela linguagem. A secularização do mundo moderno representa, portanto, a afirmação da autonomia criadora do homem, o predomínio da razão antropocêntrica, provocando o duplo processo de pluralização e privatização das crenças religiosas[122]. Na verdade, o chamado "desencantamento" do

---

121. Permitimo-nos remeter o leitor ao esboço da teoria habermasiana da religião ao final de nosso artigo "Weber e Habermas: religião e razão moderna", op. cit.

122. Cf. p. ex. HERVIEU-LEGER, D. "Sécularisation et modernité religieuse". *Esprit*, 106 (1985): 50-62; no mesmo nº da revista: MONGIN, O. "Quand la religion s'éclipse...", pp. 34-49; SCHLEGEL, J.L. "Revenir de la sécularisation?". *Esprit*, 113-114 (1986), pp. 9-23. Cf. tb. DUCRET, R., HERVIEU-LEGER, D. et LADRIERE, P. (Eds.). *Christianisme et modernité*. Paris, Cerf, 1990.

mundo é um processo urdido na própria esfera sagrada — e nisto se manifesta, como foi visto, uma tensão permanente na relação entre o religioso e as diversas esferas da realidade profana. Destarte, a nosso juízo, a tendência hodierna à oposição radical entre o *sagrado-mítico* e o *profano-racional* é uma panacéia que provoca um encontro inesperado (no mesmo solo inconstante) dos prosélitos da *dissolução do sagrado* numa cultura radicalmente secularizada e dos apologistas da *revanche do sagrado* num mundo totalmente esgotado pelo desencanto. No âmbito da teoria habermasiana da religião, sustentamos então a seguinte hipótese: *a liberação do potencial de racionalidade presente no agir comunicativo, um processo iniciado no seio do pensamento mítico e completado na modernidade, torna possível a liberação da própria esfera religiosa e um desenvolvimento autônomo e racional de seus aspectos internos.*

Na modernidade, como afirma Habermas, a religião perde seu significado estrutural na sociedade. Na nossa leitura, isto quer dizer que, no seio do mundo moderno não mais estruturado pela lógica do sagrado, a religião deixa de ser "fundamento", no sentido de algo que constitui "o essencial de", mas pode cohabitar (doravante) em igualdade de condição com as esferas do agir profano. Ocorre um desbloqueio da própria religião, tanto do ponto de vista teórico (pensamento) quanto do ponto de vista prático (ação). Ao nosso ver, o domínio religioso libera-se *ao mesmo tempo* em que se liberam os diversos domínios retidos por ele. Estes aspectos mencionados — vale repetir, de uma *autonomização* da esfera religiosa no contexto moderno e de uma continuidade da *racionalização* das imagens religiosas de mundo — são desconsiderados por Habermas, embora estimemos plausíveis de exame profundo, sem no entanto situar no mesmo plano o simbolismo religioso e as esferas axiológicas salientadas pela análise weberiana, inspirada no criticismo de Kant; sem tampouco renunciar às conquistas básicas da teoria do agir comunicativo, que representa, para nós, um fundamento crítico insubstituível para a teoria contemporânea da sociedade.

O que sugerimos é uma particular atenção aos próprios desdobramentos da dialética da religião — em seu movimento co-extensivo ao da dialética da razão moderna. Isto implica rechaçar não apenas o vaticínio do advento de uma sociedade irreligiosa mas também a postura ingênua de uma transparência do religioso, campo no qual os fundamentalismos — equivalentes religiosos, como sugere Habermas com procedência, da crítica autodestrutiva da razão — estão sempre à espreita. A religião é um domínio no qual a razão pode se insinuar, mas jamais (por definição) cobrir todos os aspectos. Não obstante, indaga-se, o "sacrifício da inteligência" (Weber) que a religião exige de seus fiéis, esta fronteira em que a fé ordena que a razão se cale, impede de assumir (na *res publica*) os procedimentos do debate democrático?

BIBLIOGRAFIA

I. Obras de Habermas (citadas)

Strukturwandel der Öffentlichkeit. Berlin, Hermann Luchterland Verlag, 1962 [*Mudança Estrutural da Esfera Pública*. Rio de Janeiro, Tempo Brasileiro, trad. de Flávio R. Kothe, 1984 — **MEP**].

Theorie und Praxis. Frankfurt, Suhrkamp, 1963/1971 [*Théorie et Pratique*. Paris, Payot, 2 tomos, trad. de G. Raulet, 1975 — **TP**].

Technik und Wissenschaft als "Ideologie". Frankfurt, Suhrkamp, 1968 [*La technique et la science comme "idéologie"*. Paris, Gallimard, trad. de J.-R. Ladmiral, 1973 — **TCI**].

Erkenntnis und Interesse. Frankfurt, Suhrkamp, 1968/1973 [*Connaissance et Intérêt*. Paris, Gallimard, trad. de G. Clémençon e J.-M. Brohm, 1976 — **CI**].

Zur Logik der Sozialwissenschaften. Frankfurt, Suhrkamp, 1970/1982 [*Logique des sciences sociales et autres essais*. Paris, PUF, trad. de R. Rochlitz, 1987; versão parcial — **LCS**].

Legitimationsprobleme im Spätkapitalismus. Frankfurt, Suhrkamp, 1973 [*A crise de legitimação no capitalismo tardio*. Rio de Janeiro, Tempo Brasileiro, trad. de V. Chacon, 1980 — **CLC**].

Zur Rekonstruktion des Historischen Materialismus. Frankfurt, Suhrkamp, 1976 [*Para a reconstrução do materialismo histórico*. S. Paulo, Brasiliense, trad. de Carlos N. Coutinho, 2ª ed, 1990; versão parcial — **RMH**].

"Le voile de la Thora". *Les Nouveaux Cahiers*, 53 (1978): 16-22.

"Some Aspects of the Rationality of Action", in: GERAETS, Th. F. (Ed). *Rationality Today*. Ottawa, University Press, 1979, pp. 185-205.

Theorie des kommunikativen Handelns. Frankfurt, Suhrkamp, 1981 [*Théorie de l'agir communicationnel*. Paris, Fayard, trad. de J.-M. Ferry (tomo I) e J.-L. Schlegel (tomo II), 1987 — **TAC I** e **TAC II**].

Kleine Politische Schriften I-IV. Frankfurt, Suhrkamp, 1981.

"L'actualité de Walter Benjamin. La critique: prise de conscience ou préservation". *Revue d'Esthétique*, 1 (1981): 107-130.

"La modernité: un projet inachevé". *Critique*, 413 (1981) 950-967.

"A Reply to my Critics", in: THOMPSON, J. and HELD, D. (Eds.). *Habermas: Critical Debates*. London, MacMillan Press, 1982, pp. 219-283.

"Gershom Scholem. In memorian (1897-1982)". *Esprit*, 70 (1982): 132-137.

"Mort à Jérusalem". *Esprit*, 70 (1982): 138-141.

Moralbewußtsein und kommunikatives Handeln. Frankfurt, Suhrkamp, 1983 [*Consciência moral e agir comunicativo*. Rio de Janeiro, Tempo Brasileiro, trad. de Guido A. de Almeida, 1989 — **MC**].

Vorstudien und Ergänzungen zur Theorie des kommunikativen Handelns. Frankfurt, Suhrkamp, 1984 [parcialmente em **LCS**].

Der philosophische Diskurs der Moderne. Frankfurt, Suhrkamp, 1985 [*O discurso filosófico da modernidade*. Lisboa, Dom Quixote, trad. de A. Marques et alii, 1990 — **DFM**].

Die Neue Unübersichtlichkeit. Kleine Politische Schriften V. Frankfurt, Suhrkamp, 1985 [*Ecrits Politiques*. Paris, Cerf, trad. de C. Bouchindhomme e R. Rochlitz, 1990; versão parcial — **EP**].

"Questions and Counterquestions", in: BERNSTEIN, R. (Ed.). *Habermas and Modernity*. Cambridge, Polity Press, 1985, pp. 192-216.

"A Philosophico-Political Profile". *New Left Review*, 151 (1985): 75-105.

"Moralität und Sittlichkeit. Treffen Hegels Einwände gegen Kant auch auf die Diskursethik zu?", in: KUHLMANN, W. (Ed.). *Moralität und Sittlichkeit. Das Problem Hegels und die Diskursethik*. Frankfurt, Suhrkamp, 1986, pp. 16-37.

"Dialectique de la rationalisation". *Les Cahiers de Philosophie*, 3 (1986-1987): 59-100.

Eine Art Schadensabwicklung. Kleine Politische Schriften VI. Frankfurt, Suhrkamp, 1987 [parcialmente em **EP**].

Nachmetaphysisches Denken. Frankfurt, Suhrkamp, 1988 [*Pensamento pós-metafísico*. Rio de Janeiro, Tempo Brasileiro, trad. de Flávio B. Siebeneichler, 1990 — **PPM**].

"Law and Morality", in: *The Tanner Lectures on Human Values*. Cambridge, University Press, 1988, pp. 217-279.

"La souveraineté populaire comme procédure. Un concept normatif d'espace public". *Lignes*, 7 (1989): 29-58.

"Justice and Solidarity: on the discussion concerning "stage 6"". *The Philosophical Forum*, 1-2 (1989-90): 32-52.

Die nacholende Revolution. Kleine Politische Schriften VII. Frankfurt, Suhrkamp, 1990 [parcialmente em **EP**].

Vergangenheit als Zukunft. Zurich, Pendo, 1990 [*Passado como Futuro*. Rio de Janeiro, Tempo Brasileiro, trad. de Flávio B. Siebeneichler, 1993].

Texte und Kontexte. Frankfurt, Suhrkamp, 1991.

Erläuterungen zur Diskursethik. Frankfurt, Suhrkamp, 1991 [*De l'éthique de la discussion*. Paris, Cerf, trad. de M. Hunyadi, 1992].

Faktizität und Geltung. Beiträge zur Diskurstheorie des Rechts und des demokratischen Rechtsstaats. Frankfurt, Suhrkamp, 1992.

II. Obras sobre Habermas

ALFORD, C. F. "Is Jürgen Habermas's Reconstructive Science really science?". *Theory and Society*, 3 (1985): 321-340.

APEL, K.-O. "L'éthique de la discussion: sa portée, ses limites", in: *Dictionnaire universel de philosophie*. Paris, PUF, 1990, pp. 154-165.

——. *Penser avec Habermas contre Habermas.* (?), Editions de l'Eclat, 1990, 60 pp.

ARENS, E. (Org.). *Habermas und die Theologie.* Düsseldorf, Patmos, 1989.

BAXTER, H. "System and Life-world in Habermas's *Theory of Communicative Action*". *Theory and Society*, 1 (1987): 39-86.

BAYNES, K. "Rational Reconstruction and Social Criticism: Habermas's Model of Interpretative Social Science". *The Philosophical Forum*, 1-2 (1989-90): 122-145.

BENHABIB, S. "In the Shadow of Aristotle and Hegel: Communicative Ethics and Current Controversies in Practical Philosophy". *The Philosophical Forum*, 1-2 (1989-90): 1-31.

BERGER, J. "Review of *Theorie des kommunikativen Handelns*". *Telos*, 57 (1983): 194-205.

BERNSTEIN, R. (Ed.). *Habermas and Modernity.* Cambridge, Polity Press, 1985.

BERTEN, A. "Habermas, l'éthique et la politique". *Revue Philosophique de Louvain*, 73 (1989): pp. 74-96.

——. "De l'éthique puritaine à l'éthique de la fraternité: Weber et Habermas". Louvain-la Neuve, *manuscrit*, 1990, 14 pp.

——. "Modernité et postmodernité: un enjeu politique?". *Revue Philosophique de Louvain*, 81 (1991): 84-112.

BÜRGER, P. "The Significance of the Avant-Garde for Contemporary Aesthetics — A Reply to Jürgen Habermas". *New German Critique*, 22 (1981): 19-22.

CONSTANTINEAU, Ph. "L'éthique par-délà la sémantique et la pragmatique". *Critique*, 475 (1986): 1210-1224.

DALLMAYR, F. "The Discourse of Modernity: Hegel and Habermas". *The Journal of Philosophy*, 11 (1987): 682-692.

FERRARA, A. "A Critique of Habermas' *Diskursethik*" *Telos*, 64 (1985): 45-74.

FERRY, J.-M. "Max Weber ou Jürgen Habermas. Administration rationnelle ou politique raisonnable?" *Raison Présente*, 63 (1982): 57-75.

———. "Habermas et le modèle de la discussion". *Informations sur les sciences sociales*, vol. 25, nº 1, 1986, pp. 29-52.

———. "La Philosophie moderne face à la société moderne: La reconstruction habermassienne". *Les Cahiers de Philosophie*, 3 (1986-1987): 15-33.

———. *Habermas. L'éthique de la communication*. Paris, PUF, 1987.

———. "L'ancien, le moderne et le contemporain". *Esprit*, 133 (1987): 45-68.

FOSTER, H. "(Post)Modern Polemics". *New German Critique*, 33 (1984): 67-78.

FRANK, M. "Comment fonder une morale aujourd'hui? Remarques a propos du débat Habermas-Tugendhat". *Revue Internationale de Philosophie*, 166 (1988) 361-382.

———. "Dissension et consensus selon Jean-François Lyotard et Jürgen Habermas". *Les Cahiers de Philosophie*, 5 (1988): 163-183.

GIDDENS, A. "Modernism and post-modernism". *New German Critique*, 22 (1981): 15-18.

———. "Labour and Interaction", in: THOMPSON, J. and HELD, D. (Eds.). *Habermas: Critical Debates*. London, MacMillan, 1982, pp. 149-161.

———. "Reason without Revolution? Habermas's *Theorie des kommunikativen Handelns*", in: BERNSTEIN, R. (Ed.). *Habermas and Modernity*. Cambridge, Polity Press, 1985, pp. 95-121.

GRONDIN, J. "Rationalité et agir communicationnel chez Habermas". *Critique*, 464-465 (1986): 40-59.

HELLER, A. "Habermas and Marxism", in: THOMPSON, J. and HELD, D. (Eds.). *Habermas: Critical Debates*. London, MacMillan, 1982, pp. 21-41.

HOHENDAHL, P. U. "Habermas' *Philosophical Discourse of Modernity*". *Telos*, 69 (1986): 49-65.

HONNETH, A. "Enlightenment and Rationality". *The Journal of Philosophy*, 11 (1987): 692-699.

HONNETH, McCARTHY, OFFE, WELLMER. (Eds.). *Zwischenbetrachtung. Im Prozess der Aufklärung. Jürgen Habermas zum 60. Geburtstag*. Frankfurt, Suhrkamp, 1989.

HUYSSEN, A "From counter-culture to neo-conservatism and beyond: stages of the postmodern". *Informations sur les sciences sociales*, 3 (1984): 611-623.

——. "Mapping the Postmodern". *New German Critique*, 33 (1984): 5-52.

INGRAM, D. *Habermas and the dialectic of reason*. New Haven-London, Yale University Press, 1987.

——. "Philosophy and the aesthetic mediation of life: Weber and Habermas on the paradox of rationality". *The Philosophical Forum*, 4 (1987), pp. 329-357.

JAMESON, F. "The Politics of Theory: Ideological Positions in the Postmodernism Debate". *New German Critique*, 33 (1984): 53-65.

KELLY, M "MacIntyre, Habermas, and Philosophical Ethics". *The Philosophical Forum*, 1-2 (1989-90): 70-93.

LUKES, St. "Of Gods and Demons: Habermas and Practical Reason" in THOMPSON, J. and HELD, D. (Eds.). *Habermas: Critical Debates*. London, MacMillan, 1982, pp. 134-148.

McCARTHY, Th. *The Critical Theory of Jürgen Habermas*. Cambridge, Polity Press, 1984 (first edition: 1978).

——. "Habermas's "Overcoming" of Hermeneutics", in: THOMPSON, J. and HELD, D. (Eds.). *Habermas: Critical Debates*. London, MacMillan, 1982, pp. 57-78.

——. "Reflections on Rationalization in *The Theory of Communicative Action*" in: BERNSTEIN, R. (Ed.). *Habermas and Modernity*. Cambridge, Polity Press, 1985, pp. 176-191.

——. "Complexity and Democracy, or the Seducements of Systems Theory". *New German Critique*, 35 (1985): 27-53.

MISGELD, D. "Critical Hermeneutics Versus Neoparsonianism? A Critique of the Distinction between System and Lyfeworld in Habermas' *Theory of Communicative Action*" (Vol. II)". *New German Critique*, 35 (1985): 55-82.

MÖRTH, I. "La sociologie de la religion comme Théorie Critique". *Social Compass*, 1 (1980): 27-50.

PUSEY, M. *Jürgen Habermas*. London, Tavistock, 1987.

RASMUSSEN, D "Communicative Action and Philosophy: Reflections on Habermas' *Theorie des kommunikativen Handelns*". *Philosophy and Social Criticism*, 9 (1982): 3-28.

RAULET, G. "Marxisme et Condition Post-Moderne". *Philosophiques*, 2 (1983): 289-313.

ROCHLITZ, R. "Des philosophes allemands face à la pensée française. Alternatives à la philosophie du sujet". *Critique*, 464-465 (1986): 7-39.

——. "L'idée de l'activité communicationnelle". *Les Cahiers de Philosophie*, 3 (1986-1987): 35-57.

——. "Ethique postconventionnelle et démocratie". *Critique*, 486 (1987): 938-961.

ROCKMORE, T. "Enlightenment and Reason". *The Journal of Philosophy*, 11 (1987): 699-701.

——. "La modernité et la raison. Habermas et Hegel". *Archives de Philosophie*, 52 (1989): 177-190.

RODERICK, R. *Habermas and the Foundations of Critical Theory*. London, MacMillan, 1986.

RORTY, R. "Habermas and Lyotard on Postmodernity", in: BERNSTEIN, R. (Ed.). *Habermas and Modernity*. Cambridge, Polity Press, 1985, pp. 161-175.

SCHMID, M. "Habermas' Theory of Social Evolution", in: THOMPSON, J. and HELD, D. (Eds.). *Habermas: Critical Debates*. London, MacMillan 1982, pp. 162-180.

SIEBERT, R. J. *The Critical Theory of Religion: The Frankfurt School. From Universal Pragmatic to Political Theology*. New York-Amsterdam, Mouton, 1985.

SKINNER, Q. "Habermas' Reformation". *New York Review of Books*, 7 oct. 1982, p. 38.

THOMPSON, J. *Critical Hermeneutics. A study in the thought of Paul Ricoeur and Jürgen Habermas*. Cambridge, University Press, 1981.

THOMPSON, J. and HELD, D. (Eds.). *Habermas: Critical Debates*. London, MacMillan Press, 1982.

WELLMER, A. "Reason, Utopia, and the *Dialectic of Enlightenment*" in: BERNSTEIN, R. (Ed.). *Habermas and Modernity*. Cambridge, Polity Press, 1985, pp. 35-66.

——. "Dialectique de la modernité et de la postmodernité". *Les Cahiers de Philosophie*, nº 5, Mai (1988), pp. 99-162.

WHITE, St. K. *The recent work of Jürgen Habermas: reason, justice and modernity*. Cambridge, Cambridge University Press, 1988.

WOLIN, R. "Modernism vs. Postmodernism". *Telos*, 62 (1984-85): 9-29.

III. Outras obras (seleção)

ARENDT, H. *The life of the mind*. New York, Harcourt Brace Jovanovich, vol. I: *Thinking* e vol. II: *Willing*, 1978.

APEL, K.-O. *Transformation der Philosophie*. Frankfurt, Suhrkamp, 1973.

——. "La question d'une fondation ultime de la raison". *Critique*, 413 (1981): 895.928.

——. *L'Ethique à l'âge de la science*. Lille, Presses Universitaires, trad. de R. Lellouche e I. Mittmann, 1987.

ARAUJO, Luiz B. L. "O sagrado e a questão do mal". *CREatividade*, PUC/RJ, 2 (1993), 9-12 [3 colunas].

——. "Weber e Habermas: religião e razão moderna". *Síntese Nova Fase*, 64 (1994): 15-41.

——. "Razão comunicativa", in: HÜHNE, Leda M. (Org.). *Razões*. Rio de Janeiro, UAPÊ/SEAF, 1994, pp. 139-155.

AUSTIN, J. L. *How to do Things with Words*. Cambridge, University Press, 1962.

BERGER, P. *The Sacred Canopy*. New York, Doubleday, 1967.

BLUMENBERG, H. *The Legitimation of the Modern Age*. Cambridge, MIT Press, 1982.

CASTELLI, E. (Ed.) *Le Sacré. Etudes et Recherches*. Paris, Aubier Montaigne, 1974.

DUCRET, HERVIEU-LEGER, LADRIERE (Eds.). *Christianisme et Modernité*. Paris, Cerf, 1990.

DURKHEIM, E. *Les formes élémentaires de la vie religieuse*. Paris, Alcan, 3ª ed., 1937.

——. *De la division du travail social*. Paris, PUF, 7ª ed., 1960.

——. *Le suicide*. Paris, PUF, nouvelle édition, 1960.

——. "Détermination du fait moral", in: *Sociologie et Philosophie*. Paris, PUF, 1963, pp. 49-90.

——. *Textes*. Paris, Minuit, 3 tomos, 1975s.

ELIADE, M. *Le sacré et le profane*. Paris, Gallimard, 1965.

EVANS-PRITCHARD, E. *Witchcraft, Oracles and Magic Among the Azande*. Oxford, Clarendon Press, 1937.

——. *Theories of Primitive Religion*. Oxford, Clarendon Press, 1965.

FERRY, J.-M. *Les puissances de l'expérience*. Paris, Cerf, 2 tomos, 1991.

FEUERBACH, L. *L'Essence du Christianisme*. Paris, Maspero, trad. de J. P. Osier, 1973.

GAUCHET, M. *Le désenchantement du monde. Une histoire politique de la religion*. Paris, Gallimard, 1985.

HAMMOND, Ph. E. (Ed.). *The Sacred in a Secular Age. Toward Revision in the Scientific Study of Religion*. Los Angeles, University of California Press, 1985.

HEGEL, G.W.F. *La Phénoménologie de l'Esprit*. Paris, Aubier, 2 tomos, trad. de J. Hyppolite, 1939-1941.

———. *L'esprit du christianisme et son destin*. Paris, Vrin, trad. de J. Martin, 1967.

———. *La première philosophie de l'esprit (Iéna, 1803-1804)*. Paris, PUF, trad. de G. Planty-Bonjour, 1969.

———. *Principes de la philosophie du droit*. Paris, Vrin, trad. de R. Derathé, 1975.

———. *Système de la vie éthique*. Paris, Payot, trad. de J. Taminiaux, 1976.

———. *La Positivité de la religion chrétienne*. Paris, PUF, trad. de G. Planty-Bonjour, 1983.

———. "La philosophie de l'esprit de la *Realphilosophie* de 1805", in: TAMINIAUX, J. *Naissance de la philosophie hégélienne de l'Etat*. Paris, Payot, 1984, pp. 193-290.

———. *Lecciones sobre filosofía de la religión*. Madri, Alianza Editorial, 3 tomos, trad. de R. Ferrara, 1984s.

HERVIEU-LEGER, D. "Sécularisation et modernité religieuse". *Esprit*, 106 (1985): 50-62.

HOLLIS, M. and LUKES, St. (Eds.). *Rationality and Relativism*. Oxford, Basil Blackwell, 1982.

HORKHEIMER, M. e ADORNO, Th. *La dialectique de la raison*. Paris, Gallimard, trad. de E. Kaufholz, 1974.

HUSSERL, E. *Expérience et jugement*. Paris, PUF, trad. de D. Souche, 1970.

ISAMBERT, F. "Le Désenchantement du monde: non sens ou renouveau du sens". *Archives de Sciences Sociales des Religions*, 61 (1986): 83-103.

JARVIE, I. C. *Rationality and relativism. In search of a philosophy and history of anthropology*. London, Routledge & Kegan Paul, 1984.

KANT, E. *Fondements de la métaphysique des moeurs*. Paris, Delagrave, trad. de V. Delbos, 1952.

———. *Critique de la faculté de juger*. Paris, Vrin, trad. de A. Philonenko, 3ª ed., 1974.

———. *La religion dans les limites de la simple raison*. Paris, Vrin, trad. de J. Gibelin, ed. revista por M. Naar, 1983.

——. *Critique de la raison pratique*, in: *Oeuvres*. Paris, Gallimard, trad. de H. Wismann e L. Ferry, tomo II, 1983.

KOHLBERG, L. *Essays on Moral Development*. New York, Harper & Rows, 1981.

LADRIERE, P. "La fonction rationalisatrice de l'éthique religieuse dans la théorie weberienne de la modernité". *Archives de Sciences Sociales des Religions*, 61 (1986): 105-125.

LAKATOS, I. *Philosophical Papers*. Cambridge, University Press, 1978.

LEENHARDT, M. *Do Kamo, la personne et le mythe dans le monde mélanésien*. Paris, Gallimard, 1971 (1ª ed.: 1947).

LE GOFF, J. *Histoire et mémoire*. Paris, Gallimard, 1986.

LEVI-STRAUSS, C. *La Pensée Sauvage*. Paris, Plon, 1962.

LEVY-BRUHL, L. *Les fonctions mentales dans les sociétés inférieures*. Paris, Alcan, 1910.

——. *La mentalité primitive*. Paris, Alcan, 1922.

——. *Les carnets de Lévy-Bruhl*. Paris, PUF, 1949.

LUKES, St. *Emile Durkheim, his life and work*. London, Allen Lane, 1973.

LYOTARD, J.-F. *La condition postmoderne*. Paris, Minuit, 1979.

MARX, K. "Zur Kritik der Hegelschen Rechtsphilosophie. Einleitung" in: MARX und ENGELS. *Gesamtausgabe*. Berlin, Dietz Verlag, Band 2, pp. 170-183.

MARX, K. y ENGELS, F. *Sobre la Religión I*. Salamanca, Sígueme, trad. de H. Assmann y R. Mate, 1979.

MONGIN, O. "Quand la religion s'éclipse...". *Esprit*, 106 (1985): 34-49.

OTTO, R. *Lo Santo. Lo racional y lo irracional en la idea de Dios*. Madrid, Alianza Editorial, 1980.

RAYNAUD, Ph. *Max Weber et les dilemmes de la raison moderne*. Paris, PUF, 1987.

RICOEUR, P. *Soi-même comme un autre*. Paris, Seuil, 1990.

RIES, J. *Les chemins du sacré*. Paris, Aubier, 1985.

RORTY, R. *Philosophy and the mirror of nature*. Princeton, University Press, 1979.

RYLE, G. *The Concept of Mind*. London, Hutchinson, 1949.

SCHLEGEL, J-L. "Revenir de la sécularisation?". *Esprit*, 113-114 (1986): 9-23.

SCHLUCHTER, W. *The Rise of Western Rationalism. Max Weber's Developmental History*. Los Angeles, University of California Press, 1981.

SCHÜTZ, A. *Collected Papers*. La Haye, Nijhoff, 3 tomes, 1967.

SEARLE, J. R. *Speech Acts*. Cambridge, University Press, 1969.

SEGUY, J. "Rationalisation, modernité et avenir de la religion chez Max Weber". *Archives de Sciences Sociales des Religions*, 61 (1986): 127-138.

TOULMIN, St. *The Uses of Argument*. Cambridge, University Press, 1958.

———. *Human Understanding*. Oxford, Clarendon Press, vol. I, 1972.

VAN DER LEEUW, G. *La religion dans son essence et ses manifestations. Phénoménologie de la Religion*. Paris, Payot, 1955.

WEBER, M. *Economie et Société*. Paris, Plon, trad de J. Chavy et alii, 1971.

———. *Gesammelte Aufsätze zur Religionssoziologie*. Tübingen, Mohr, 3 tomos, 8ª ed., 1986 (1ª ed.: 1920).

———. "La morale économique des grandes religions. Essais de sociologie religieuse comparée: Introduction". *Archives de Sociologie des Religions*, 9 (1960): 3-30.

———. Parenthèse théorique: le refus religieux du monde, ses orientations et ses degrés". *Archives de Sciences Sociales des Religions*, 61 (1986): 7-34.

———. *Le savant et le politique*. Paris, Plon, trad. de J. Freund, 1959.

———. *L'éthique protestante et l'esprit du capitalisme*. Paris, Plon, trad. de J. Chavy, 1964.

WILSON, B. (Ed.). *Rationality*. Oxford, Basil Blackwell, 1970.

WINCH, P. *The Idea of a Social Science and its Relation to Philosophy*. London, Routledge & Kegan Paul, 1958 (sixth impression: 1970).

DISTRIBUIDORES DE EDIÇÕES LOYOLA

Acre
M. M. PAIM REPRESENTAÇÃO E COMÉRCIO
Rua Rio Branco do Sul, 331 - 69908-340 **Rio Branco**, AC
✆ (068) 224-3432

Bahia
DISTR. BAIANA DE LIVROS COM. E REPR. LTDA
Rua Clóvis Spínola, 40 - Orixás Center - loja II
Pav. A - 40080-240 **Salvador**, BA
✆ (071) 321-8617/ 226-3767/ 226-6051

LIVRARIA E DISTRIBUIDORA MALDONADO LTDA.
Rua Direita da Piedade, 203
Bairro Piedade - 40070-190 **Salvador**, BA
✆ (071) 321-4024

EDITORA VOZES LTDA
Rua Carlos Gomes, 698A - Conj. Bela Center - loja 2
40060-330 **Salvador**, BA
✆ (071) 322-8666/ Fax: (071) 322-8666

PAULINAS
Av. 7 de Setembro, 680 - São Pedro
40110-001 **Salvador**, BA
✆ (071) 243-2477/ 243-2805/ Fax: (071) 321-5133

Brasília
EDITORA VOZES LTDA.
CRL/Norte - Q. 704 - Bloco A n. 15
70730-731 **Brasília**, DF
✆ (061) 223-2436/ Fax: (061) 223-2282

LETRAS E LÁPIS
SCS Quadra 01 Bloco D loja 11 Ed. JK
70350-731 **Brasília**, DF
✆ : (061)223-2684 — Fax: (061) 323-5414

Rua 03 n. 288 — Centro
✆ / Fax: (062) 224-0905
70306-900 **Goiânia**, GO

PAULINAS
Bl. C - Lojas 18/22 - SCS - Q. 05
70300-909 **Brasília**, DF
✆ (061) 225-9595/ 225-9664/ 225-9219
Fax: (061) 225-9219

Ceará
LIVRARIA ARLINDO LTDA.
Praça Waldemar Falcão - Cx. P. 692
60055-140 **Fortaleza**, CE
✆ (085) 226-1596 e 231-7415

EDITORA VOZES LTDA.
Rua Major Facundo, 730 - 60025-100 **Fortaleza**, CE
✆ (085) 231-9321/ Fax: (085) 221-4238

PAULINAS
Rua Major Facundo, 332 - 60025-100 **Fortaleza**, CE
✆ (085) 226-7544/ 226-7398/ Fax: (085) 226-9930

Espírito Santo
"A EDIÇÃO" LIVRARIA E DISTRIB.
Rua Nestor Gomes, 277 salas 101/102 - Ed. Anchieta
Cx. P. 1256 - 29015-150 **Vitória**, ES
✆ (027) 223-4096 e 223-4777

PAULINAS
Rua Barão de Itapemirim, 216 - 29010-060 **Vitória**, ES
✆ (027) 223-1318/ Fax: (027) 222-3532

Goiás
EDITORA VOZES LTDA.
Rua 3 n. 291 - 74023-010 **Goiânia**, GO
✆ / Fax: (062) 225-3077

LIVRARIA EDIT. CULTURA GOIÂNA LTDA
Av. Araguaia, 300 - 74030-100 **Goiânia**, GO
✆ (062) 229-0555/ Fax: (062) 223-1652

Maranhão
PAULINAS
Rua de Santana, 499 - Centro - 65015-440 **São Luís**, MA
✆ (098) 221-5026/ Fax: (098) 232-2692

Mato Grosso
MARCHI LIVRARIA E DISTRIBUIDORA LTDA.
Av. Getúlio Vargas, 381 - Centro
78005-600 **Cuiabá**, MT
✆ (065) 322-6869 e 322-6967/ Fax: (065) 322-3350

Minas Gerais
EDITORA VOZES LTDA.
Rua Tupis, 114 - 30190-060 **Belo Horizonte**, MG
✆ (031) 273-2538/ (031) 222-4482

EDITORA VOZES LTDA.
Rua Espírito Santo, 963 - 36010-041 **Juiz de Fora**, MG
✆ / Fax: (032) 215-8061

ACAIACA DISTR. DE LIVROS LTDA.
Rua 129, nº 384 - Sta. Maria - 35180-000 **Timóteo**, MG
✆ / Fax: (031) 848-3225

Rua João Lustosa, 15/201 - Lourdes
36070-720 — **Juiz de Fora**, MG
✆ / Fax: (032) 235-2780

PAULINAS
Av. Afonso Pena, 2.142 - 30130-007 **Belo Horizonte**, MG
✆ (031) 261-6623/ 261-7236 / Fax: (031) 261-3384

PAULINAS
Rua Curitiba, 870 - 30170-120 **Belo Horizonte**, MG
✆ (031) 224-2832/ Fax (031) 261-3384

PAULINAS
Rua Januária, 552 - 31110-060 **Belo Horizonte**, MG
✆ (031) 444-4400/ Fax: (031) 444-7894

Pará
PAULINAS
Rua Santo Antonio, 278 - Bairro do Comércio
66010-090 **Belém**, PA
✆ (091) 241-3607/ 241-4845/ Fax: (091) 224-3482

Paraná
EDITORA VOZES LTDA
Rua 24 de Maio, 95 - Centro - 80230-080 **Curitiba**, PR
✆ (041) 233-1392/ Fax: (041) 233-1513

EDITORA VOZES LTDA.
Rua Piauí, 72 - Loja 1 - 86010-390 **Londrina**, PR
✆ / Fax: (0432) 37-3129

A LORENZET DISTRIB. E COM. DE LIVROS LTDA.
Av. São José, 587 loja 03 - 80050-350 **Curitiba**, PR
✆ (041) 262-8992

PAULINAS
Rua Voluntários da Pátria, 225 - 80020-000 **Curitiba**, PR
✆ (041) 224-8550/ Fax: (041) 226-1450

PAULINAS
Av. Getúlio Vargas, 276 - 87013-130 **Maringá**, PR
✆ (044) 226-3536/ Fax: (044) 226-4250

Pernambuco, Paraíba, Alagoas, R. G. do Norte e Sergipe
EDITORA VOZES LTDA.
Rua do Príncipe, 482 - Boa Vista - 50050-410 **Recife**, PE
✆ (081) 221-4100/ Fax: (081) 221-4180

PAULINAS
Av. Norte, 3.892 - 52110-210 **Recife**, PE
✆ (081)441-6144/ FAX (081) 441-5340

PAULINAS
Rua Frei Caneca, 59 - Loja 1 - 50010-120 **Recife**, PE
✆ (081) 224-5812/ 224-5609/ Fax: (081) 224-9028

R. G. do Sul
EDITORA VOZES LTDA.
Rua Riachuelo, 1280 - 90010-273 **Porto Alegre**, RS
✆ (051) 226-3911/ Fax: (051) 226-3710

EDITORA VOZES LTDA.
Rua Joaquim Nabuco, 543
93310-002 **Novo Hamburgo**, RS - ℗ / Fax: (051) 593-8143

ECO LIVRARIA E DIST. DE LIVROS
Rua Visconde do Herval, 575
90130-151 **Porto Alegre**, RS - ℗ (051) 231-5859

PAULINAS
Rua dos Andradas, 1.212 - 90020-008 **Porto Alegre**, RS
℗ (051) 221-0422/ Fax: (051) 224-4354

Rio de Janeiro
ZÉLIO BICALHO PORTUGAL CIA. LTDA
Av. Presidente Vargas, 502 - 17º andar
20071-000 **Rio de Janeiro**, RJ
℗ / Fax: (021) 233-4295/ 263-4280

EDITORA CRESCER
Rua Joaquim Palhares, 227 fundos
20260-080 **Rio de Janeiro**, RJ
℗ / Fax: (021) 273-3196

Rua Uruguaiano, 98 — Centro
℗ (021) 232-6591
20050-092 – **Rio de Janeiro**, RJ
℗ (021) 232-6591

EDITORA VOZES LTDA
Rua Senador Dantas, 118-I
20031-201 **Rio de Janeiro**, RJ - ℗ / Fax: (021) 220-6445

EDITORA VOZES LTDA
Rua Frei Luís, 100
Cx. P.l 90023 - 25685-020 **Petrópolis**, RJ
℗ (0242) 43-5112/ Fax: (0242) 42-0692

PAULINAS
Rua 7 de Setembro, 81-A - 20050-005 **Rio de Janeiro**, RJ
℗ (021) 224-3486/ Fax: (021) 224-1889

PAULINAS
Rua Doutor Borman, 33 - Rink - 24020-320 **Niterói**, RJ
℗ (021) 717-7231/ Fax: (021) 717-7353

Rondônia
PAULINAS
Rua Dom Pedro II, 864 - 78900-010 **Porto Velho**, RO
℗ (069) 223-2363/ Fax: (069) 224-1361

Santa Catarina
LIVRARIA SÃO PAULO
Pça. Irineu Bornhausen, s/n
Cx. Postal 2167 - 88304-970 **Itajaí**, SC
℗ / Fax: (0473) 48-2167

LIVRARIA DA TORRE LTDA.
Rua XV de Novembro, 963 - 89010-003 **Blumenau**, SC
℗ /Fax: (0473) 22-3471

LIVR. EDIT. SANTUÁRIO DE AZAMBUJA LTDA.
Rua Azambuja, 1076 sala 04 - 88350-000 **Brusque**, SC

LIVRARIA DA CATEDRAL LTDA.
Rua dos Príncipes, 690 - 89201-972 **Joinville**, SC
℗ (0474) 22-0460

São Paulo
DISTRIBUIDORA DE LIVROS LOYOLA LTDA
Rua Senador Feijó, 120 - 01006-000 **São Paulo**, SP
℗ / Fax: (011) 232-0449/ 287-0688

Rua Barão de Itapetininga, 246
01042-000 **São Paulo**, SP

EDITORA VOZES LTDA.
Rua Senador Feijó, 168 - 01006-000 **São Paulo**, SP
℗ (011) 605-7144/ Fax: (011) 607-7948

EDITORA VOZES LTDA
Rua Haddock Lobo, 360 - 01414-000 **São Paulo**, SP
℗ (011) 256-0611/ 256-2831/ Fax: (011) 258-2841

EDITORA VOZES LTDA
Av. Rodriguez Alves, 10-37 - 17015-002 **Bauru**, SP
℗ / Fax: (0142) 34-2044

EDITORA VOZES LTDA.
Rua Barão de Jaguara, 1164/1166 13015-002 **Campinas**, S
℗ (0192) 31-1323/ Fax: (0192) 34-9316

PAULINAS
Rua Domingos de Morais, 660
04010-100 **São Paulo**, SP
℗ (011) 549-9777 - R. 213/ 214/ Fax: (011) 549-9772

PAULINAS
Rua 15 de Novembro, 71 - 01013-001 **São Paulo**, SP
℗ (011) 606-4418/ 606-0602/ 606-3535/ Fax: (011) 606-353

PAULINAS
Via Raposo Tavares, km 19,5 - 05577-200 **São Paulo**, SP
℗ (011) 810-1444/ Fax: (011) 810-0972

PAULINAS
Av. Marechal Tito, 981 - São Miguel Paulista
08020-090 **São Paulo**, SP
℗ (011) 956-0162

Sergipe
LIVRARIA KYRIE
Av. Augusto Maynard, 543 49015-380 **Aracaju**, SE
℗ (079) 224-6279/ Fax: (079) 224-5837

MOTA & GONÇALVES LTDA.
Rua São Cristóvão, 34 - 49010-380 **Aracaju**, SE
℗ (079) 222-7691

Portugal
MULTINOVA UNIÃO LIV. CULTURAL
Av. Santa Joana Princesa, 12 E — 1700 **Lisboa**, Portugal
Fax: 848-3436/ 88-3365

Se o(a) senhor(a) não encontrar este ou qualquer um de nossos títulos em sua livraria preferida ou em nosso distribuidor, faça o pedido por reembolso postal diretamente a:

Edições Loyola

Rua 1822 nº 347 — Ipiranga
04216-000 São Paulo — SP
Caixa Postal 42.335
04299-970 São Paulo — SP
℗ (011) 914-1922

Edições Loyola

RUA 1822, 347
IPIRANGA
SÃO PAULO SP
IMPRESSÃO